올인원 라이브 합격열차란

01 올인원 교재로 과목별 전범위를
테마로 정리한 정규강의

이론과 문제를 한 권으로 정리하는 올인원 강의

02 실시간 라이브 강의로 한번더

① **매년 반드시 출제**되는 테마
② **매번 헷갈려서 틀리는** 테마
③ **킬러 문제** 테마를 **집중적
반복적으로 과외**하며 정복

03 실시간 소통을 통한 질문 즉시 해결

라이브 강의를 들으면서 생긴 궁금증을 바로바로 해결
언제까지 게시판에 질문올리고 48시간 기다리겠습니까?

04 과목별 1타강사가
직접 전화상담을?

과목별 강사들이 수강생 여러분들에게 직접 전화합니다.
그리고 그 과정을 모두가 함께 라이브로 시청합니다!
우리가 궁금했던것이 해결되는데 그것도 직접 전화로, 무려 1타강사가 직접?
고객센터 직원이 해주는 상담과 차원이 다른 그 누구도 따라할 수 없는 서비스!

[**매일 3시 출발**] [**2시간 연속 생방송**] [**다시보기 가능**]

자세한 내용은 홈페이지 **www.landhana.co.kr** 참고

문의전화 **1600-5577**

당신의 불합격·점수가
오르지 않는 이유가 무엇입니까?

90% 이상의 수험생은 이렇게 대답했습니다.

1 학습해야 할 교재가
너무 많아요

2 과목별 기본서 분량이
너무 많아요

3 재수생은 **이론 과정이**
너무 반복되어 시간낭비가
많은 것 같아요

4 아무리 공부해도 **무엇을 암기해야**
합격하는지 항상 애매해요

5 실제시험에서 주어진 시간내
문제를 다 풀지도 못하고
찍어버린 문제가 많아요

랜드하나가 해결해드립니다!

랜드하나는 다시 시작하는 수험생을 위해 가장 합리적인 교재를 제시합니다.

각 과목별 딱 한 권으로 정리하는
올인원 교재로 합격을 완성합니다.

올인원 교재 +  **정규 강의** +  **올라 유튜브 과외**

매일 3시 출발   **2시간 연속 생방송**   **다시보기 가능**

자세한 내용은 홈페이지 **www.landhana.co.kr** 참고

문의전화 **1600-5577**

2024 EBS 랜드하나

공인중개사
전원합격
올인원

2차 부동산공시법

랜드하나

머리말

매년 30만 명 가까이 국민 자격증인 공인중개사 시험을 치르고 있으며, 이 중에서 일부 수험생은 합격을 하고, 많은 수험생이 시험에서 실패를 합니다.

공인중개사 시험은 절대평가시험임에도 불구하고, 시험의 커트라인에 해당하는 평균 60점을 받지 못하여 시험에 실패하는 수험생들이 훨씬 더 많은 게 불편한 현실입니다.

모두가 최고의 합격자 최고의 강사진이라고 광고를 하고 있음에도 불구하고

그리고 그 어디에서도 55점으로 불합격한 수험생을 관리하고 50점으로 불합격한 수험생들의 학습과 공부 방법을 제시해 주지는 않습니다. 다시 두꺼운 기본서와 처음 공부하는 수험생들이 하는 기초 강의부터 다시 시작을 해야 하는 게 현재 공인중개사 수험시장의 상황입니다.

그러다 보니 불합격 후 공부를 다시 시작하는 시기가 늦어지고, 늦어지다 보니 작년에 공부했던 내용을 다 잊어버리고 늦게 시작하는 경우가 많고, 공부의 흥미를 잃어버리는 경우가 대부분입니다.

그래서 수험자들이 작년의 50점의 실력을 유지하면서 좀 더 효율적으로 공부할 수 있는 방법은 없을까? 교재는 없을까? 고민을 하게 되었고 이 고민의 과정 속에서 다시 재도전하는 수험생과 어느 정도 공부량이 되는 수험자에게 딱 적합한 전원합격 올인원교재를 구상하게 되었습니다.

전원합격 올인원 교재와 함께 한층 더 높은 수준의 강의를 통하여 시험의 실패 원인 분석을 한 맞춤 수업을 한다며 당해 연도에 실패한 수험자에게 다음 해에 희망을 주고 시간이 부족한 수험생에게 합격의 길로 안내할 수 있지 않을까라는 생각에서 본서를 출간하게 되었습니다.

처음 공부하는 수험자에게는 이론의 이해가 필요한 기본서가 필수 교재이지만 한 번 이상 시험을 치러본 수험자 또는 기본서로 1번이상 수업을 진행하여 시간절약이 필요한 분들에게는 개념이 어느 정도 파악되어 있기에 본 교재로 정리를 하여 시험장에서 합격의 길을 쉽게 찾을 수 있지 않을까 생각을 합니다.

본서의 특징은 다음과 같습니다.

1. 출제되는 것만 모았다.

기본서의 순서를 따르되 시험에서 출제되지 않는 것들은 과감히 빼고 시험에서 출제 가능성이 높은 부분만 테마로 구성을 하였습니다. 시험의 100%의 문제를 커버하지는 못하지만 80%까지 커버할 수 있는 교재라고 평가하고 싶습니다.

100점을 원하는 수험생은 보지 마시고, 합격을 원하는 수험자에게 적합한 교재입니다.

2. 2024년 제35회 출제 문제 완벽 예상

각 테마 안에는 출제경향분석과 2024년 35회 시험의 출제 예상을 하여 입체적이면서 중요도를 구분하여 내용을 파악하게 했습니다.

3년에 1번 정도 출제되는 패턴의 문제가 만약에 34회 시험에 출제되었다면, 35회 시험에서의 출제 가능성은 거의 없습니다.

하지만 5년에 한 번 정도 출제되는 문제가 출제된 지 5년이 넘었다면 35회 시험에서는 이 문제가 더 중요한 논점이 될 수 있기 때문에 출제경향분석을 통하여 35회 시험의 기출을 예측하고, 이를 통한 심화 학습이 가능하게 편제를 하였습니다. 굳이 재수생이 아니어도 공부량이 일정 수준이 되는 초시생도 5~6월 이후에는 상당히 효과적으로 학습을 할 수 있으리라고 봅니다.

3. 문제를 강화하여 합격의 가능성을 한층 높였습니다.

문제를 강화하여 기본 이론에 대한 정리 후 최근 기출문제와 예상문제를 통하여 기출문제의 출제경향을 파악하고, 이를 통해 시험에서 출제되는 응용문제와 난이도가 있는 심화 영역의 문제까지도 커버할 수 있게 문제를 구성하여 문제의 적응력을 키워 문제로 평가받는 수험자들에게 문제에 대한 두려움을 없애 시험에서 응용력과 적응력을 키우는데 중점을 두었습니다.

4. 이 교재 한 권으로 합격이 가능하게 구성을 하였다.

이런저런 교재가 많이 있고, 이런 자료 저런 자료가 많은 수험생 중에서 무엇을 봐야 할지? 과연 어떤 게 효과적인 자료인지? 자료의 홍수 속에 있는 수험생들에게 이 교재 1권으로 단권화를 통해 합격에 충분한 점수가 가능하게 편제를 하였습니다.

이 교재는 매년 한 두 개 차이로 떨어지는, 안타까움 수험자를 생각하면서 만들었습니다.

한두 문제의 부족으로 다시 시험을 치러야 하는 수험생을 위해 만들었습니다.

시험에 불합격하는 아쉬움이 없는 편안한 합격에 이 교재가 일조가 되었으면 하는 게 유일한 바람입니다.

공부도 많이 하고 책도 많이 구매하셨는데 시험에 실패하는 99%의 헛고생이 아닌 이 한 권의 선택으로 성공하는 수험 기간이 되길 기원하는 바입니다.

이 교재 출간을 위해 쉬어야 할 시간에도 수고를 마다하지 않은 편집자분들과 랜드하나 직원분들께 감사의 말씀을 전합니다.

편저자 배상

시험안내

출제경향 빈도표

내용별	회별	22회	23회	24회	25회	26회	27회	28회	29회	30회	31회	32회	33회	34회
지적에 관한 법	제1장 총설													
	제2장 토지등록	2	4	6	3	2	5	4	4	4	3	3	2	3
	제3장 지적공부	4	1	2	3	5	3	3	4	1	3	5	4	1
	제4장 토지이동	4	4	3	3	2	3	3	1	5	4	1	4	4
	제5장 지적측량	2	3	1	3	3	1	2	3	2	2	3	2	4
	소계	12	12	12	12	12	12	12	12	12	12	12	12	12
부동산 등기법	제1장 총설	3	2	1	1	1						1		2
	제2장 등기기관과 설비			1	1		1					1	1	
	제3장 등기절차총론	2	3	4	5	3	3	2	3	4	3	3	4	4
	제4장 표시에 관한 등기	1							1					
	제5장 권리에 관한 등기	3	2	5	4	4	5	4	4	4	5	5	4	3
	제6장 각종등기	4	5	3	2	3	2	5	4	3	3	2	3	2
	제7장 이의 및 벌칙					1	1	1			1	1		1
	소계	12	12	12	12	12	12	12	12	12	12	12	12	12
합계		24	24	24	24	24	24	24	24	24	24	24	24	24

제34회 공인중개사 자격시험 통계 자료

1. 시도별

지역	1차 합격자			최종 합격자		
	대상	응시	합격	대상	응시	합격
총계	179,734	134,354	27,458	108,022	65,705	15,157
강원	2,359	1,725	301	1,447	868	207
경기	53,419	40,204	8,414	32,525	20,014	4,817
경남	7,271	5,441	1,065	4,261	2,624	585
경북	4,998	3,718	708	2,893	1,767	367
광주	5,066	3,730	714	3,021	1,833	446
대구	7,530	5,707	1,142	4,218	2,629	554
대전	4,737	3,519	744	2,731	1,672	399
부산	12,155	9,289	1,823	7,213	4,567	1,063
서울	45,079	33,528	7,193	28,225	16,804	3,904
세종	2,031	1,451	329	1,293	788	201
울산	2,782	2,078	431	1,597	1,015	251
인천	11,547	8,707	1,655	6,576	3,973	856
전남	3,533	2,541	466	1,953	1,155	249
전북	4,104	3,033	590	2,386	1,433	284
제주	2,247	1,705	389	1,372	839	184
충남	5,523	4,134	740	3,211	1,915	436
충북	3,911	2,855	549	2,309	1,397	290
기타	1,442	989	205	791	412	64

2. 성별

성별	1차 합격자			최종 합격자		
	대상	응시	합격	대상	응시	합격
총계	179,734	134,354	27,458	108,022	65,705	15,157
여성	90,056	69,912	14,134	50,850	32,351	7,924
남성	89,678	64,442	13,324	57,172	33,354	7,233

3. 연령대별

연령별	1차 합격자			최종 합격자		
	대상	응시	합격	대상	응시	합격
총계	179,734	134,354	27,458	108,022	65,705	15,157
10대	397	316	46	222	129	18
20대	19,554	13,401	3,365	11,778	6,458	1,690
30대	48,448	35,855	6,799	27,137	14,678	3,866
40대	57,948	43,431	7,999	32,836	19,435	4,613
50대	41,672	31,994	7,289	27,318	18,650	4,060
60대	10,897	8,673	1,872	8,117	5,905	887
70대	779	649	86	584	426	23
80대	38	34	2	29	23	0
90대	1	1	0	1	1	0

4. 접수유형별 2차시험합격자 현황

응시자유형코드	응시자유형명	합격자 수
01	일반응시자	5,123
02	1차시험 면제자	10,034

이 책의 차례 Contents

PART 01   공간정보의 구축 및 관리 등에 관한 법률

PART 02   부동산 등기법

PART 1
공간정보의 구축 및 관리 등에 관한 법률

지적과 등기를 일치시키기 위한 제도

16회, 18회

1 출제예상과 학습포인트

✦ 기출횟수

16회, 18회

✦ 35회 출제 예상

우리나라 공시제도의 기본 개념을 잡는 중요한 테마이다. 이부분만 구체적으로 내지는 않으나 전체적으로 관련 된 문제는 매년 나온다 해도 무방하다.

✦ 35회 중요도

★★

✦ 학습방법

전체 제도 취지를 이해하고 관련 조문을 숙지하면 될 거 같다.

✦ 핵심쟁점

❶ 공시의 이원화

❷ 지적제도와 등기제도의 관계

❸ 지적제도와 등기제도를 일치 시키기 위한 제도

2 핵심 내용

❶ 의의

등기제도는 토지에 대한 권리관계를 공시하고 지적제도는 토지에 관한 사실관계를 공시하는 점에서 차이가 있으나, 동일한 토지를 대상으로 한다는 점에서 밀접한 관련이 있다. 따라서 등기부와 지적공부의 기재된 내용(토지의 표시 및 소유권)은 서로 일치하여야 한다.

❷ 토지의 최초공시(선 신규등록, 후 보존등기 원칙)

① 신규등록시에는 미등기상태이다.

② 소유권보존등기 신청시에는 부동산표시증명정보(대장정보)를 제공해야 한다.

③ 토지의 표시사항(지적공부 기준)

1. 등기촉탁제도

지적공부상 토지이동정리로 인하여 토지등기부 표제부에 변경등기를 할 필요가 있는 경우에는 지적소관청은 지체없이 관할 등기관서에 그 등기를 촉탁하여야 한다. 이 경우 그 등기촉탁은 국가가 자기를 위하여 하는 등기로 본다.

※ 등기촉탁 불요 : 신규등록, 소유자정리시

2. 부동산표시변경등기의 신청의무

① 토지의 분합, 멸실, 면적의 증감 또는 지목의 변경이 있는 때에는 그 토지의 소유권의 등기명의인은 1월 이내에 그 등기를 신청하여야 한다. 이를 위반하여도 과태료부과 사항이 아니다.

② 건물의 분합, 번호·종류 또는 구조의 변경, 그 멸실, 그 면적의 증감 또는 부속건물의 신축, 건물대지의 지번의 변경 또는 대지권의 변경이나 소멸이 있는 때에는 그 건물의 소유권의 등기명의인은 1월 이내에 등기를 신청하여야 한다. 이를 위반하여도 과태료부과 사항이 아니다.

3. 등기신청의 각하(부동산등기법 제29조 11호)

등기기록에 기록된 부동산의 표시가 토지대장·임야대장 또는 건축물대장과 부합하지 아니하는 경우에는 그 부동산의 소유권의 등기명의인은 부동산의 표시 변경의 등기를 하지 아니하면 당해 부동산에 대하여 다른 등기를 신청할 수 없다. 명의인의 표시가 불일치하는 경우는 등기각하사유가 아니다.

④ 소유권에 관한 사항(등기부 기준)

1. 소유권변경사실의 통지

등기관은 다음의 등기를 완료한 때에는 지체 없이 그 사실을 지적소관청에 알려야 한다.

① 소유권 보존 또는 이전등기
② 소유권의 등기명의인 표시의 변경 또는 경정등기
③ 소유권의 변경 또는 경정등기
④ 소유권의 말소, 말소회복등기

※ 소유권가등기, 가압류등기 통지 불요

2. 지적공부의 소유자정리

① 지적공부에 등록된 토지소유자의 변경사항은 등기관서에서 등기한 것을 증명하는 등기필증, 등기완료통지서, 등기사항증명서 또는 등기관서에서 제공한 등기전산정보자료에 의하여 정리한다. 다만, 신규등록하는 토지의 소유자는 지적소관청이 조사하여 등록한다.

② 위의 경우, 등기부에 기록된 토지의 표시가 지적공부와 일치하지 아니하는 때에는 이를 정리할 수 없다. 이 경우 그 뜻을 관할 등기관서에 통지하여야 한다(불일치통지).

3. 지적공부의 소유자에 관한 사항의 정정

지적공부의 정정사항이 토지소유자에 관한 사항인 경우에는 등기필증, 등기완료통지서, 등기사항증명서 또는 등기관서에서 제공한 등기전산정보자료에 따라 정정하여야 한다.

---

3 대표 기출문제

제18회 수정

01 등기부와 대장의 관계에 관한 설명 중 틀린 것은?

① 토지소유권의 이전등기가 완료된 때에는 등기관은 지체 없이 지적소관청에 그 뜻을 통지하여야 한다.

② 건물의 구조 변경이 있는 경우 등기부상 소유자는 1개월 내에 등기신청을 하여야 한다.

③ 등기부와 대장상 부동산의 표시가 불일치한 경우 소유자는 등기부를 기초로 대장상 부동산의 표시변경등록을 하지 않으면 그 부동산에 대해 다른 등기를 신청할 수 없다.

④ 등기부와 대장상 소유자 표시가 불일치한 경우 등기부를 기초로 대장상 소유자의 표시변경등록을 하여야 한다.

⑤ 토지소유권이전등기 신청시에는 토지대장등본 기타 부동산의 표시를 증명하는 서면을 첨부하여야 한다.

해설

대장과 등기와의 관계는 최근 자주 나오는 부분이다. 우리나라 공시제도의 이원화의 구조를 이해하여야 풀 수 있는 문제이다. 부동산의 표시는 대장을 기준으로 권리(소유권)는 등기를 기준으로 공시를 한다. 양자가 서로 불일치하는 경우에 이를 일치시켜야 다른 등기를 할 수 있도록 요구하고 있다. 부동산의 표시가 일치하지 않는 경우에는 대장을 기초로 등기부상 부동산표시변경등기를 하여야 하고, 소유자의 표시가 일치하지 않는 경우에는 등기부를 기초로 대장상 표시변경등록을 하여야 한다.

정답 ③

02 토지대장과 임야대장의 등록사항에 관한 설명 중 옳은 것은?

① 토지대장과 임야대장에 등록된 대지권 비율은 집합건물 등기부를 정리하는 기준이 된다.

② 토지대장과 임야대장에 등록된 경계는 모든 지적측량의 기준이 된다.

③ 토지대장과 임야대장에 등록된 소유자가 변경된 날은 부동산등기부의 등기원인일을 정리하는 기준이 된다.

④ 토지대장과 임야대장에 등록된 개별공시지가는 지적공부정리 신청수수료의 기준이 된다.

⑤ 토지대장과 임야대장에 등록된 토지의 소재·지번·지목·면적은 부동산등기부의 표제부에 토지의 표시사항을 기재하는 기준이 된다.

해설

⑤ 소유권에 관한 사항의 변경은 등기부를 기준으로 하여 대장을 정리하고, 토지의 표시와 관련된 사실에 관한 변경은 대장을 기준으로 등기부의 표제부를 정리한다.

①, ② 토지대장과 임야대장에는 대지권비율이나 경계·좌표는 등록되지 않는다. 대지권비율은 대지권등록부에 등록된다.

③ 토지대장과 임야대장에 등록되는 토지소유자가 변경된 날은 등기부에 기입되는 '등기접수일자'를 등록하고, 그 변경원인은 '등기원인'을 등록한다.

④ 지적공부정리 신청수수료는 필지수를 기준으로 부과되며, 개별공시지가는 토지에 대한 세금과 부담금의 부과기준이 된다.

답 ⑤

4 출제 예상문제

01 등기부와 대장의 관계에 관한 설명 중 틀린 것은?

① 등기관이 토지소유권의 등기명의인 표시변경등기를 하였을 때에는 지체 없이 그 사실을 지적소관청에 알려야 한다.

② 토지의 지목 변경이 있는 경우 등기부상 소유자는 1개월 내에 등기신청을 하여야 한다.

③ 등기부와 대장상 부동산의 표시가 불일치한 경우 그 부동산의 소유권의 등기명의인은 부동산의 표시의 변경의 등기를 하지 아니하면 그 부동산에 대하여 다른 등기를 신청할 수 없다.

④ 지적소관청이 신규등록하는 경우에 지체 없이 관할 등기관서에 그 등기를 촉탁하여야 한다.

⑤ 지적공부의 정정사항이 토지소유자에 관한 사항인 경우에는 등기필증, 등기완료통지서, 등기사항증명서 또는 등기관서에서 제공한 등기전산정보자료에 따라 정정하여야 한다.

해설 ✦ 신규등록을 하는 경우에는 미등기상태이기 때문에 등기촉탁을 하지 않는다.

정답 ✦ ④

테마 **02** **토지의 등록**

23회, 24회, 28회, 33회

1 **출제예상과 학습포인트**

✦ 기출횟수

23회, 24회, 28회, 33회

✦ 35회 출제 예상

통상 거의 매년 출제되었으나, 35회 시험에서는 출제가능성이 70% 정도로 보면 좋을 거 같다.

✦ 35회 중요도

★★★

✦ 학습방법

전체 제도 취지를 이해하고 관련 조문을 숙지하면 될 것이다.

✦ 핵심쟁점

❶ 토지등록의 주체와 방법
❷ 토지이동 결정의 주체와 정리 방법
❸ 직권 토지이동정리의 절차
❹ 양입지의 개념 및 제한

2 **핵심 내용**

❶ 국토교통부장관은 모든 토지에 대하여 필지별로 소재·지번·지목·면적·경계 또는 좌표 등을 조사·측량하여 지적공부에 등록하여야 한다.

❷ 지적공부에 등록하는 지번·지목·면적·경계 또는 좌표는 토지의 이동이 있을 때 토지소유자(법인이 아닌 사단이나 재단의 경우에는 그 대표자나 관리인)의 신청을 받아 지적소관청이 결정한다. 다만, 신청이 없으면 지적소관청이 직권으로 조사·측량하여 결정할 수 있다.

❸ 지적소관청의 직권정리

① 지적소관청은 토지의 이동현황을 직권으로 조사·측량하여 토지의 지번·지목·면적·경계 또는 좌표를 결정하고자 하는 때에는 토지이동현황조사계획을 수립하여야 한다(이 경우 토지이동현황조사계획은 시·군·구별로 수립하되, 부득이한 사유가 있는 때에는 읍·면·동별로 수립할 수 있다). (시·도지사 승인 불요)
② 지적소관청은 토지이동현황조사계획에 따라 토지의 이동현황을 조사한 때에는 토지이동조사부에 토지의 이동현황을 적어야 한다.
③ 지적소관청은 직권으로 지적공부를 정리하고자 하는 때에는 토지이동조사부를 근거로 토지이동조서를 작성하여 토지이동정리결의서에 첨부하여야 한다.

❹ 양입지 제20회

1. 의의 : 양입지란 주된 토지와 용도가 다른 토지로서 주된 토지에 편입되어 주된 토지와 함께 1필지로 획정되는 종된 토지이다(주지목추종의 원칙).

2. 성립요건

① 주된 용도의 토지의 편의를 위하여 설치된 도로·구거(溝渠: 도랑) 등의 부지
② 주된 용도의 토지에 접속되거나 주된 용도의 토지로 둘러싸인 토지로서 다른 용도로 사용되고 있는 토지

3. 양입의 제한

① 종된 토지의 지목이 "대"인 경우
② 종된 토지의 면적이 주된 토지 면적의 10%를 초과하는 경우
③ 종된 토지 면적이 330㎡를 초과하는 경우

3 대표 기출문제

제23회 출제

01 「공간정보의 구축 및 관리 등에 관한 법률」상 토지의 조사·등록 등에 관한 내용이다. ( )에 들어갈 사항으로 옳은 것은?

> (ㄱ)은(는) (ㄴ)에 대하여 필지별로 소재·지번·지목·면적·경계 또는 좌표 등을 조사·측량하여 지적공부에 등록하여야 한다. 지적공부에 등록하는 지번·지목·면적·경계 또는 좌표는 (ㄷ)이 있을 때 토지소유자의 신청을 받아 (ㄹ)이 결정한다.

① ㄱ : 지적소관청, ㄴ : 모든 토지, ㄷ : 토지의 이용, ㄹ : 국토교통부장관

② ㄱ : 지적측량수행자, ㄴ : 관리 토지, ㄷ : 토지의 이동, ㄹ : 국토교통부장관

③ ㄱ : 지적측량수행자, ㄴ : 모든 토지, ㄷ : 토지의 이동, ㄹ : 지적소관청

④ ㄱ : 국토교통부장관, ㄴ : 관리 토지, ㄷ : 토지의 이용, ㄹ : 지적소관청

⑤ ㄱ : 국토교통부장관, ㄴ : 모든 토지, ㄷ : 토지의 이동, ㄹ : 지적소관청

해설

국토교통부장관은 모든 토지에 대하여 필지별로 소재·지번·지목·면적·경계 또는 좌표 등을 조사·측량하여 지적공부에 등록하여야 한다(법 제64조 제1항). 지적공부에 등록하는 지번·지목·면적·경계 또는 좌표는 토지의 이동이 있을 때 토지소유자의 신청을 받아 지적소관청이 결정한다(법 제64조 제2항).

답⑤

제33회 출제

02 공간정보의 구축 및 관리 등에 관한 법령상 토지의 조사·등록에 관한 설명이다. (   )에 들어갈 내용으로 옳은 것은?

> 지적소관청은 토지의 이동현황을 직권으로 조사·측량하여 토지의 지번·지목·면적·경계 또는 좌표를 결정하려는 때에는 토지이동현황 조사계획을 수립하여 한다. 이 경우 토지이동현황 조사계획은 (ㄱ)별로 수립하되, 부득이한 사유가 있는 때에는 (ㄴ)별로 수립할 수 있다.

① ㄱ: 시·군·구   ㄴ: 읍·면·동
② ㄱ: 시·군·구   ㄴ: 시·도
③ ㄱ: 읍·면·동   ㄴ: 시·군·구
④ ㄱ: 읍·면·동   ㄴ: 시·도
⑤ ㄱ: 시·도   ㄴ: 시·군·구

해설

지적소관청은 토지의 이동현황을 직권으로 조사·측량하여 토지의 지번·지목·면적·경계 또는 좌표를 결정하려는 때에는 토지이동현황 조사계획을 수립하여야 한다. 이 경우 토지이동현황 조사계획은 시·군·구별로 수립하되, 부득이한 사유가 있는 때에는 읍·면·동별로 수립할 수 있다.

답 ①

제20회 출제

03 토지의 조건이 다음과 같을 때 1필지로 할 수 있는 경우는?

> • 지번부여지역안의 토지로서 소유자가 동일하고 지반이 연속된 토지임
> • 주된 용도(과수원)의 토지가 종된 용도(유지)의 토지를 둘러싸고 있음

① 과수원의 면적이 5,000㎡이고, 유지의 면적이 450㎡인 경우
② 과수원의 면적이 4,000㎡이고, 유지의 면적이 331㎡인 경우
③ 과수원의 면적이 3,000㎡이고, 유지의 면적이 301㎡인 경우
④ 과수원의 면적이 2,000㎡이고, 유지의 면적이 220㎡인 경우
⑤ 과수원의 면적이 1,000㎡이고, 유지의 면적이 100㎡인 경우

해설

⑤ 종된 용도의 토지의 지목이 '대'가 아니며, 유지의 면적이 과수원 면적의 10퍼센터이므로 종된 토지의 면적이 주된 용도의 토지면적의 10퍼센트를 초과하지 못했고, 또한 유지의 면적이 301㎡이므로 종된 용도의 토지면적이 330㎡를 초과하는 경우에 해당하지도 않으므로 양입제한 사유에 해당하지 않는다(영 제5조 제2항). 따라서 이 경우 유지는 과수원에 양입되어 면적이 1,100㎡인 1필지의 '과수원'으로 할 수 있다.

①, ② 종된 토지의 면적이 330㎡를 초과하였으므로 양입시킬 수 없고, 별개의 필지로 하여야 한다.

③, ④ 종된 용도의 토지의 면적이 주된 용도의 토지의 면적의 10퍼센트를 초과하는 경우에 해당하므로 양입시킬 수 없고, 별개의 필지로 하여야 한다.

답 ⑤

4 출제 예상문제

01 공간정보의 구축 및 관리 등에 관한 법령상 토지의 조사·등록에 관한 설명으로 옳은 것은?

① 지적소관청은 모든 토지에 대하여 필지별로 소재·지번·지목·면적·경계 또는 좌표 등을 조사·측량하여 지적공부에 등록하여야 한다.

② 지적공부에 등록하는 지번·지목·면적·경계 또는 좌표는 토지의 이동이 있을 때 토지소유자의 신청을 받아 지적소관청이 결정한다. 다만, 신청이 없으면 지적소관청이 직권으로 조사·측량하여 결정할 수 있다.

③ 지적소관청은 토지의 이동현황을 직권으로 조사·측량 하여 토지의 지번·지목·면적·경계 또는 좌표를 결정 하려는 때에는 토지이동현황 조사계획을 수립하여 시·도지사 또는 대도시 시장의 승인을 받아야 한다.

④ 지적소관청은 토지이동현황 조사계획에 따라 토지의 이동 현황을 조사한 때에는 토지이용계획서에 토지의 이동 현황을 적어야 한다.

⑤ 지적소관청은 토지이용현황 조사 결과에 따라 토지의 지번·지목·면적·경계 또는 좌표를 결정한 때에는 이에 따라 지적공부를 정리하여야 한다.

해설 ✦ ① 국토교통부장관은 모든 토지에 대하여 필지별로 소재·지번·지목·면적·경계 또는 좌표 등을 조사·측량하여 지적공부에 등록하여야 한다.
③ 시·도지사 또는 대도시 시장의 승인을 받을 필요가 없다.
④ 지적소관청은 토지이동현황 조사계획에 따라 토지의 이동 현황을 조사한 때에는 토지이동 조사부에 토지의 이동 현황을 적어야 한다.
⑤ 지적소관청은 토지이동현황 조사 결과에 따라 토지의 지번·지목·면적·경계 또는 좌표를 결정한 때에는 이에 따라 지적공부를 정리하여야 한다.

정답 ✦ ②

02 다음 중 지적소관청의 직권에 의한 토지의 조사·등록의 절차를 바르게 배열한 것은?

> ㉠ 토지이동현황조사계획 ㉡ 토지이동조사부 작성
> ㉢ 토지이동현황조사 ㉣ 지적공부 정리
> ㉤ 토지이동정리결의서 작성

① ㉠ → ㉡ → ㉢ → ㉤ → ㉣ ② ㉠ → ㉢ → ㉡ → ㉤ → ㉣
③ ㉡ → ㉠ → ㉢ → ㉤ → ㉣ ④ ㉡ → ㉢ → ㉠ → ㉤ → ㉣
⑤ ㉢ → ㉡ → ㉠ → ㉤ → ㉣

해설 ✦ ② 지적소관청은 토지의 이동현황을 직권으로 조사·측량하여 토지의 지번·지목·면적·경계 또는 좌표를 결정하려는 때에는 토지이동현황조사계획을 수립(㉠)하여야 한다(규칙 제59조 제1항 전문). 지적소관청은 토지이동현황 조사계획에 따라 토지의 이동현황을 조사한 때에는(㉢) 토지이동조사부에 토지의 이동현황을 적어야 하고(㉡), 지적소관청은 지적공부를 정리하고자 하는 때에는 토지이동조사부를 근거로 토지이동조서를 작성하여 토지이동정리결의서(㉤)에 첨부하여야 한다(규칙 제59조 제2항, 제4항). 지적소관청은 토지이동현황조사결과에 의하여 토지의 지번·지목·면적·경계 또는 좌표를 결정한 때에는 이에 따라 지적공부(㉣)를 정리하여야 한다(규칙 제59조 제3항).

정답 ✦ ②

테마 03 지번

20회, 22회, 24회, 27회, 28회, 29회, 30회

1 출제예상과 학습포인트

✦ 기출횟수

20회, 22회, 24회, 27회, 28회, 29회, 30회

✦ 35회 출제 예상

매년 출제가 이루어진다. 34회 시험에서 출제가 되지 않았기에 35회 시험에서는 출제가능성이 90% 이상으로 보면 좋을 거 같다.

✦ 35회 중요도

★★★

✦ 학습방법

전체 제도 취지를 이해하고 관련 조문을 반복해서 숙지하면 될 거 같다.

✦ 핵심쟁점

❶ 지번의 표시

❷ 각종 토지이동시 지번부여방법

❸ 지번 변경 절차

2 핵심 내용

❶ 지번의 표시

1. 아라비아 숫자로 표시하는 것이 원칙이지만 임야대장과 임야도에 등록된 토지는 숫자 앞에 "산"자를 붙인다.

2. 단식지번(100), 복식지번(100-1)

3. 지번은 본번(本番)과 부번(副番)으로 구성하되, 본번과 부번 사이에 "-" 표시로 연결한다. 이 경우 "-" 표시는 "의"라고 읽는다.

❷ 법령상 지번의 부여 방법 ★★★ 제23회, 제24회, 제26회

1. 기본원칙(북서기번법)

지번은 지적소관청이 지번부여지역별로 북서에서 남동으로 순차적으로 부여한다.

2. 신규등록 및 등록전환

① 원칙 : 그 지번부여지역에서 인접토지의 본번에 부번을 붙여서 지번을 부여한다.

② 예외 : 다음의 경우에는 그 지번부여지역의 최종 본번의 다음 순번부터 본번으로 하여 순차적으로 지번을 부여할 수 있다.

　㉠ 대상 토지가 최종 지번 토지에 인접한 경우

　㉡ 대상 토지가 여러 필지로 된 경우

　㉢ 대상 토지가 이미 등록된 토지와 멀리 떨어져 있어 부번을 붙이는 것이 불합리한 경우

3. 분할

① 원칙 : 분할 후의 필지 중 1필지의 지번을 분할 전의 지번으로 하고 나머지 필지의 지번은 본번의 최종 부번 다음 순번으로 부번을 부여한다.

② 예외 : 분할 후의 필지 중 주거, 사무실 등의 건축물이 있는 필지에 대하여는 분할 전의 지번을 우선하여 부여하여야 한다(주의 : 신청 없이 당연히 부여된다).

4. 합병

① 원칙 : 합병대상 지번 중 선순위의 지번을 그 지번으로 하되, 본번으로 된 지번이 있을 때에는 본번 중 선순위의 지번을 합병 후의 지번으로 한다.

② 예외 : 합병 전의 필지에 주거 또는 사무실 등의 건축물이 있어서 소유자가 그 건축물이 위치하는 지번을 합병 후의 지번으로 신청한 때에는 그 지번을 합병 후의 지번으로 부여하여야 한다.

5. 지적확정측량 실시 지역(도시개발사업 등의 시행지역)

① 원칙 : 당해 사업시행지역 안에 있는 종전의 지번 중 본번으로만 부여한다.

　(단 지적확정측량을 실시한 지역 안의 종전의 지번과 지적확정측량을 실시한 지역 밖에 있는 본번이 같은 지번이 있을 때의 그 지번, 또는 지적확정측량을 실시한 지역의 경계에 걸쳐 있는 지번은 제외)

② 예외 : 부여할 수 있는 종전의 지번의 수가 새로이 부여할 지번의 수보다 적은 경우

　㉠ 당해 지번부여지역의 최종 본번의 다음 순번부터 본번으로 하여 순차적으로 지번을 부여한다.

　㉡ 블록 단위로 하나의 본번을 부여한 후 필지별로 부번을 부여할 수 있다.

③ 지적확정측량 실시지역의 지번부여 규정을 준용하는 경우 제21회, 제24회, 제28회
　　㉠ 지번변경을 한 때
　　㉡ 행정구역 개편에 따른 새로운 지번부여시
　　㉢ 축척변경 시행시

6. 도시개발사업 등의 준공 전 지번부여 제27회

도시개발사업 등의 준공 전에 사업시행자가 지번부여 신청을 한 때에는 지번을 부여할 수 있다. 이 경우 사업의 착수변경신청시 제출한 사업계획도(지번별조서 ×)에 의한다.

❸ 지번의 변경 제21회

1. 지적소관청은 지적공부에 등록된 지번을 변경할 필요가 있다고 인정하면 시·도지사나 대도시 시장의 승인을 받아 지번부여지역의 전부 또는 일부에 대하여 지번을 새로 부여할 수 있다.

2. 지번변경대상

① 행정구역 통·폐합으로 지번부여지역 내의 지번이 연속성이 없을 경우
② 행정구역 변경으로 지번부여지역 내의 지번이 연속성이 없을 경우
③ 빈번한 토지이동으로 지번의 순번이 복잡한 경우
④ 기타 지번변경이 필요한 경우

3. 지번변경시 지번부여 방법 : 지적확정측량 실시지역에서의 지번부여 방법에 의한다.

❹ 결번

1. 의의 : 지적소관청은 행정구역의 변경, 도시개발사업의 시행, 지번변경, 축척변경, 지번정정 등의 사유로 지번에 결번이 생긴 때에는 지체 없이 그 사유를 결번대장에 적어 영구히 보존하여야 한다.

2. 결번발생 사유

① 합병　② 행정구역변경　③ 도시개발사업　④ 지번변경　⑤ 축척변경
(※ 분할, 신규등록의 경우는 결번이 생기지 않는다.)

3 대표 기출문제

제29회 출제

01 공간정보의 구축 및 관리 등에 관한 법령상 지번의 구성 및 부여방법 등에 관한 설명으로 **틀린** 것은?

① 지번은 아라비아숫자로 표기하되, 임야대장 및 임야도에 등록하는 토지의 지번은 숫자 앞에 "산"자를 붙인다.

② 지번은 북서에서 남동으로 순차적으로 부여한다.

③ 지번은 본번과 부번으로 구성하되, 본번과 부번 사이에 "-" 표시로 연결한다.

④ 지번은 국토교통부장관이 시·군·구별로 차례대로 부여한다.

⑤ 분할의 경우에는 분할 후의 필지 중 1필지의 지번은 분할 전의 지번으로 하고, 나머지 필지의 지번은 본번의 최종 부번 다음 순번으로 부번을 부여한다.

해설

④ 지번은 지적소관청이 지번부여지역별로 차례대로 부여한다.

답 ④

제28회 출제

02 공간정보의 구축 및 관리 등에 관한 법령상 지적확정측량을 실시한 지역의 각 필지에 지번을 새로 부여하는 방법을 준용하는 것을 모두 고른 것은?

> ㄱ. 지번부여지역의 지번을 변경할 때
> ㄴ. 행정구역 개편에 따라 새로 지번을 부여할 때
> ㄷ. 축척변경 시행지역의 필지에 지번을 부여할 때
> ㄹ. 등록사항정정으로 지번을 정정하여 부여할 때
> ㅁ. 바다로 된 토지가 등록 말소된 후 다시 회복등록을 위해 지번을 부여할 때

① ㄱ
② ㄱ, ㄴ
③ ㄱ, ㄴ, ㄷ
④ ㄱ, ㄴ, ㄷ, ㄹ
⑤ ㄴ, ㄷ, ㄹ, ㅁ

4 출제 예상문제

01 공간정보의 구축 및 관리 등에 관한 법령상 지번의 구성과 부여방법에 관한 설명으로 옳지 <u>않은</u> 것은?

① 지번은 북서에서 남동으로 순차적으로 부여하여야 한다.

② 분할의 경우에는 분할 후의 필지 중 주거·사무실 등의 건축물이 있는 필지에 대해서는 분할 전의 지번을 우선하여 부여하여야 한다.

③ 토지소유자가 합병 전의 필지에 주거·사무실 등의 건축물이 있어서 그 건축물이 위치한 지번을 합병 후의 지번으로 신청한 경우에도 합병 대상 지번 중 선순위의 지번으로 부여하여야 한다.

④ 지번은 아라비아숫자로 표기하되, 임야대장 및 임야도에 등록하는 토지의 지번은 숫자 앞에 "산"자를 붙인다.

⑤ 신규등록 및 등록전환의 경우에 대상 토지가 여러 필지로 되어 있는 경우에는 그 지번부여 지역의 최종 본번의 다음 순번부터 본번으로 하여 순차적으로 지번을 부여할 수 있다.

해설 ✦ 합병의 경우 합병대상 지번 중 선순위의 지번을 그 지번으로 하되, 본번으로 된 지번이 있을 때에는 본번 중 선순위의 지번을 합병 후의 지번으로 한다. 다만, 토지소유자가 합병 전의 필지에 주거·사무실 등의 건축물이 있어서 그 건축물 등이 위치한 지번을 합병 후의 지번으로 신청할 때에는 그 지번을 합병 후 지번으로 부여하여야 한다.

정답 ✦ ③

02 지적공부에 등록하는 지번의 부여 등에 대한 설명으로 **틀린** 것은?

① 신규등록의 경우에 대상 토지가 이미 등록된 토지와 멀리 떨어져 있어서 등록된 토지의 본번에 부번을 부여하는 것이 불합리한 경우에는 그 지번부여지역의 최종 본번의 다음 순번부터 본번으로 하여 순차적으로 지번을 부여할 수 있다.

② 지적소관청은 축척변경으로 지번에 결번이 생긴 때에는 지체 없이 그 사유를 결번대장에 적어 영구히 보존하여야 한다.

③ 지적소관청은 지적공부에 등록된 지번을 변경할 필요가 있다고 인정하면 시·도지사나 대도시 시장의 승인을 받아 지번부여지역의 전부 또는 일부에 대하여 지번을 새로 부여할 수 있다.

④ 분할의 경우에는 1필지의 지번은 분할 전의 지번으로 하고, 나머지 필지의 지번은 지번부여지역의 최종 본번의 다음 순번부터 본번으로 지번을 부여한다.

⑤ 도시개발사업 등이 준공되기 전에 사업시행자가 지번부여신청을 하는 때에는 지적소관청은 사업계획도에 따라 지번을 부여할 수 있는데, 이 경우 도시개발사업이 완료된 경우의 지번부여방법에 따라 지번을 부여하여야 한다.

해설 ✦ ④ 분할의 경우에는 1필지의 지번은 분할 전의 지번으로 하고, 나머지 필지의 지번은 본번의 최종부번 다음 순번으로 부번을 부여한다(영 제56조 제3항 제3호 전문).

정답 ✦ ④

테마 **04** 지목

23회, 24회, 25회, 26회, 27회, 28회, 29회, 30회, 31회, 32회, 33회, 34회

1 출제예상과 학습포인트

✦ 기출횟수

23회, 24회, 25회, 26회, 27회, 28회, 29회, 30회, 31회, 32회, 33회, 34회

✦ 35회 출제 예상

매년 출제가 이루어진다. 35회 시험에서는 출제가능성이 90% 이상으로 보면 좋을 거 같다.

✦ 35회 중요도

★★★

✦ 학습범위

지금현재 이론에서 언급된 부분에서 더 이상 양을 늘리지 말고 반복해서 이 정도만 숙지하면 될 거 같다.

✦ 학습방법

먼저 법령상 지목의 명칭을 숙지하고 지목별로 예외 사항들을 정리하여야 한다. 지목의 도면상 부호표시도 정리하여야 한다.

✦ 핵심쟁점

❶ 지목의 종류 숙지

❷ 지목의 표기방법

❸ 지목의 용도별 구분

2 핵심 내용

❶ 의의

지목이란 토지의 주된 용도에 따라 토지의 종류를 구분하여 지적공부에 등록한 것

❷ 지목 설정의 원칙

① 지목법정주의

② 1필1목의 원칙

③ 주지목추종의 원칙
④ 영속성의 원칙(일시변경불변의 원칙)
⑤ 사용목적 추종의 원칙
⑥ 등록선후의 원칙
⑦ 용도경중의 원칙

❸ 지목의 표기방법 ★★★ 제23회, 제30회

① 토지(임야)대장에는 정식명칭과 코드번호를 기재하는 반면, 지적도에는 부호로 표기한다.
② 지목의 부호는 원칙적으로 지목명칭의 "두문자"를 사용하여 표기한다.
  • 공장용지 → 장
  • 주차장 → 차
  • 하천 → 천
  • 유원지 → 원

❹ 지목의 구분 ★★★ 제24회, 제25회, 제26회, 제27회, 제28회, 제30회, 제31회, 33회, 34회

지목 구분	내용
전	물을 상시적으로 이용하지 아니하고 곡물·원예작물(과수류를 제외한다)·약초·뽕나무·닥나무·묘목·관상수 등의 식물을 주로 재배하는 토지와 식용을 위하여 죽순을 재배하는 토지는 "전"으로 한다.
답	물을 상시적으로 직접 이용하여 벼·연·미나리·왕골 등의 식물을 주로 재배하는 토지는 "답"으로 한다.
과수원	사과·배·밤·호도·귤나무 등 과수류를 집단적으로 재배하는 토지와 이에 접속된 저장고 등 부속시설물의 부지는 "과수원"으로 한다. 다만, 주거용 건축물의 부지는 "대"로 한다.
목장용지	다음 각목의 토지는 "목장용지"로 한다. 다만, 주거용 건축물의 부지는 "대"로 한다. 가. 축산업 및 낙농업을 하기 위하여 초지를 조성한 토지 나. 축산법 제2조제1호의 규정에 의한 가축을 사육하는 축사 등의 부지 다. 가목 및 나목의 토지와 접속된 부속시설물의 부지
임야	산림 및 원야(原野)를 이루고 있는 수림지·죽림지·암석지·자갈땅·모래땅·습지·황무지 등의 토지는 "임야"로 한다.
광천지	지하에서 온수·약수·석유류 등이 용출되는 용출구와 그 유지(維持)에 사용되는 부지는 "광천지"로 한다. 다만, 온수·약수·석유류 등을 일정한 장소로 운송하는 송수관·송유관 및 저장시설의 부지를 제외한다.
염전	바닷물을 끌어 들여 소금을 채취하기 위하여 조성된 토지와 이에 접속된 제염장 등 부속시설물의 부지는 "염전"으로 한다. 다만, 천일제염방식에 의하지 아니하고 동력에 의하여 바닷물을 끌어들여 소금을 제조하는 공장시설물의 부지를 제외한다.

대	다음 각목의 토지는 "대"로 한다. 가. 영구적 건축물중 주거·사무실·점포와 박물관·극장·미술관 등 문화시설과 이에 접속된 정원 및 부속시설물의 부지 나. 국토의계획및이용에관한법률 등 관계법령에 의한 택지조성공사가 준공된 토지
공장용지	다음 각목의 토지는 "공장용지"로 한다. 가. 제조업을 하고 있는 공장시설물의 부지 나. 공업배치및공장설립에관한법률 등 관계법령에 의한 공장부지 조성공사가 준공된 토지 다. 가목 및 나목의 토지와 같은 구역안에 있는 의료시설 등 부속시설물의 부지
학교용지	학교의 교사와 이에 접속된 체육장 등 부속시설물의 부지는 "학교용지"로 한다.
주차장	자동차 등의 주차에 필요한 독립적인 시설을 갖춘 부지와 주차전용 건축물 및 이에 접속된 부속시설물의 부지는 "주차장"으로 한다. 다만, 다음 각호의 1에 해당하는 시설의 부지를 제외한다. 가. 주차장법 제2조 제1호 가목 및 다목의 규정에 의한 노상주차장 및 부설주차장 　(시설물의 부지인근에 설치된 부설주차장을 제외) 나. 자동차 등의 판매목적으로 설치된 물류장 및 야외전시장
주유소용지	다음 각목의 토지는 "주유소용지"로 한다. 다만, 자동차·선박·기차 등의 제작 또는 정비공장안에 설치된 급유·송유시설 등의 부지를 제외한다. 가. 석유·석유제품, 액화석유가스, 전기 또는 수소 등의 판매를 위하여 일정한 설비를 갖춘 시설물의 부지 나. 저유소 및 원유저장소의 부지와 이에 접속된 부속시설물의 부지
창고용지	물건 등을 보관 또는 저장하기 위하여 독립적으로 설치된 보관시설물의 부지와 이에 접속된 부속시설물의 부지는 "창고용지"로 한다.
도로	다음 각목의 토지는 "도로"로 한다. 다만, 아파트·공장 등 단일 용도의 일정한 단지안에 설치된 통로 등을 제외한다. 가. 일반공중의 교통운수를 위하여 보행 또는 차량운행에 필요한 일정한 설비 또는 형태를 갖추어 이용되는 토지 나. 도로법 등 관계법령에 의하여 도로로 개설된 토지 다. 고속도로안의 휴게소 부지 라. 2필지 이상에 진입하는 통로로 이용되는 토지
철도용지	교통운수를 위하여 일정한 궤도 등의 설비와 형태를 갖추어 이용되는 토지와 이에 접속된 역사·차고·발전시설 및 공작창 등 부속시설물의 부지는 "철도용지"로 한다.
제방	조수·자연유수·모래·바람 등을 막기 위하여 설치된 방조제·방수제·방사제·방파제 등의 부지는 "제방"으로 한다.
하천	자연의 유수(流水)가 있거나 있을 것으로 예상되는 토지는 "하천"으로 한다.
구거	용수 또는 배수를 위하여 일정한 형태를 갖춘 인공적인 수로·둑 및 그 부속시설물의 부지와 자연의 유수(流水)가 있거나 있을 것으로 예상되는 소규모 수로부지는 "구거"로 한다.
유지	물이 고이거나 상시적으로 물을 저장하고 있는 댐·저수지·소류지·호수·연못 등의 토지와 연·왕골 등이 자생하는 배수가 잘 되지 아니하는 토지는 "유지"로 한다.

양어장	육상에 인공으로 조성된 수산생물의 번식 또는 양식을 위한 시설을 갖춘 부지와 이에 접속된 부속시설물의 부지는 "양어장"으로 한다.
수도용지	물을 정수하여 공급하기 위한 취수·저수·도수(導水)·정수·송수 및 배수시설의 부지 및 이에 접속된 부속시설물의 부지는 "수도용지"로 한다.
공원	① 일반공중의 보건·휴양 및 정서생활에 이용하기 위한 시설을 갖춘 토지로서 국토의계획및이용에관한법률에 의하여 공원 또는 녹지로 결정·고시된 토지는 "공원"으로 한다. ② 도시공원법상의 어린이공원, 근린공원, 체육공원, 자연공원의 지목은 공원이지만 묘지공원의 지목은 묘지이다.
체육용지	국민의 건강증진 등을 위한 체육활동에 적합한 시설과 형태를 갖춘 종합운동장·실내체육관·야구장·골프장·스키장·승마장·경륜장 등 체육시설의 토지와 이에 접속된 부속시설물의 부지. 다만, 체육시설로서의 영속성과 독립성이 미흡한 정구장·골프연습장·실내수영장 및 체육도장과 유수(流水)를 이용한 요트장 및 카누장 등의 토지는 제외한다.
유원지	일반 공중의 위락·휴양 등에 적합한 시설물을 종합적으로 갖춘 수영장·유선장(遊船場)·낚시터·어린이놀이터·동물원·식물원·민속촌·경마장·야영장 등의 토지와 이에 접속된 부속시설물의 부지. 다만, 이들 시설과의 거리 등으로 보아 독립적인 것으로 인정되는 숙식시설 및 유기장(遊技場)의 부지와 하천·구거 또는 유지[공유(公有)인 것으로 한정한다]로 분류되는 것은 제외한다.
종교용지	일반공중의 종교의식을 위하여 예배·법요·설교·제사 등을 하기 위한 교회·사찰·향교 등 건축물의 부지와 이에 접속된 부속시설물의 부지는 "종교용지"로 한다.
사적지	문화재로 지정된 역사적인 유적·고적·기념물 등을 보존하기 위하여 구획된 토지는 "사적지"로 한다. 다만, 학교용지·공원·종교용지 등 다른 지목으로 된 토지안에 있는 유적·고적·기념물 등을 보호하기 위하여 구획된 토지를 제외한다.
묘지	사람의 시체나 유골이 매장된 토지, 도시공원법에 의한 묘지공원으로 결정·고시된 토지 및 장사등에관한법률 제2조제8호의 규정에 의한 봉안시설과 이에 접속된 부속시설물의 부지는 "묘지"로 한다. 다만, 묘지의 관리를 위한 건축물의 부지는 "대"로 한다.
잡종지	다음 각 목의 토지. 다만, 원상회복을 조건으로 돌을 캐내는 곳 또는 흙을 파내는 곳으로 허가된 토지는 제외한다. 가. 갈대밭, 실외에 물건을 쌓아두는 곳, 돌을 캐내는 곳, 흙을 파내는 곳, 야외시장 및 공동우물 나. 변전소, 송신소, 수신소 및 송유시설 등의 부지 다. 여객자동차터미널, 자동차운전학원 및 폐차장 등 자동차와 관련된 독립적인 시설물을 갖춘 부지 라. 공항시설 및 항만시설 부지 마. 도축장, 쓰레기처리장 및 오물처리장 등의 부지 바. 그 밖에 다른 지목에 속하지 않는 토지

3 대표 기출문제

제30회 출제

01 공간정보의 구축 및 관리 등에 관한 법령상 지목을 지적도에 등록하는 때에 표기하는 부호로서 옳은 것은?

① 광천지 - 천   ② 공장용지 - 공   ③ 유원지 - 유

④ 제방 - 제   ⑤ 도로 - 로

> **해설**
>
> 지목을 지적도 및 임야도에 등록하는 때에는 다음의 부호로 표기하여야 한다.
> ① 광천지 - 광
> ② 공장용지 - 장
> ③ 유원지 - 원
> ④ 제방 - 제
> ⑤ 도로 - 도
>
> 답 ④

제33회 출제

02 공간정보의 구축 및 관리 등에 관한 법령상 지목의 구분에 관한 설명으로 옳은 것은?

① 온수·약수·석유류 등을 일정한 장소로 운송하는 송수관·송유관 및 저장시설의 부지는 "광천지"로 한다.

② 사과·배·밤·호두·귤나무 등 과수류를 집단적으로 재배하는 토지와 이에 접속된 주거용 건축물의 부지는 "과수원"으로 한다.

③ 종교용지에 있는 유적·고적·기념물 등을 보호하기 위하여 구획된 토지는 "사적지"로 한다.

④ 물을 정수하여 공급하기 위하나 취수·저수·도수(導水)·정수·송수 및 배수 시설의 부지 및 이에 집속된 부속시설물의 부지는 "수도용지"로 한다.

⑤ 교통 운수를 위하여 일정한 궤도 등의 설비와 형태를 갖추어 이용되는 토지와 이에 접속된 차고·발전시설등 부속시설물의 부지는 "도로"로한다.

> **해설**
>
> ① 온수·약수·석유류 등을 일정한 장소로 운송하는 송수관·송유관 및 저장시설의 부지는 "광천지"에서 제외한다.
> ② 사과·배·밤·호두·귤나무 등 과수류를 집단적으로 재배하는 토지는 "과수원"이나 이에 접속된 주거용 건축물의 부지는 "대"로 한다.
> ③ 종교용지에 있는 유적·고적·기념물 등을 보호하기 위하여 구획된 토지는 "종교용지"로 한다.
> ⑤ 교통 운수를 위하여 일정한 궤도 등의 설비와 형태를 갖추어 이용되는 토지와 이에 접속된 차고·발전시설등 부속시설물의 부지는 "철도용지"로한다.
>
> 답 ④

4 출제 예상문제

01 '공간정보의 구축 및 관리 등에 관한 법률'상 지목에 관한 설명으로 옳지 <u>않은</u> 것은?

① 지목은 법정지목인 철도용지를 포함하여 모두 28개 종류로 구분한다.
② 지적소관청이 지목을 결정한 경우에는 모든 지적공부에 지목을 등록하여야 한다.
③ 토지가 일시적 또는 임시적인 용도로 사용되는 때에는 지목변경을 하지 않는다.
④ 지적소관청은 토지의 이동현황을 직권조사하여 지목을 결정할 때 토지이동현황조사계획을 수립하여야 한다.
⑤ 물을 상시적으로 직접 이용하여 벼·연·미나리·왕골 등의 식물을 주로 재배하는 토지는 "답"으로 한다.

해설 ✦ ② 지목은 지적공부 중 토지대장, 임야대장, 지적도, 임야도에만 등록한다.
　　　① 법 제67조 제1항
　　　③ 영속성의 원칙(영 제59조 제2항)
　　　④ 규칙 제59조 제1항
　　　⑤ 영 제64조 제2항 제2호

정답 ✦ ②

02 지목의 구분에 대한 설명 중 옳은 것은?

① '도시공원 및 녹지 등에 관한 법률'에 따라 결정고시 된 묘지공원에 봉안시설이 설치된 부지는 "공원"으로 한다.

② 학교용지, 공원 등 다른 지목으로 된 토지에 있는 유적, 고적, 기념물 등을 보호하기 위하여 구획된 토지의 지목은 "사적지"로 한다.

③ 천일제염방식에 의하지 아니하고 동력으로 바닷물을 끌여 들여 소금을 제조하는 공장시설물의 부지는 "염전"으로 한다.

④ 「산업집적활성화 및 공장설립에 관한 법률」 등 관계법령에 따른 공장부지 조성공사가 준공된 토지의 지목은 "산업용지"로 한다.

⑤ 호두나무를 집단적으로 재배하는 토지와 이에 접속된 저장창고의 부지는 "과수원"으로 한다.

해설 ✦ ⑤ 사과·배·밤·호도·귤나무 등 과수류를 집단적으로 재배하는 토지와 이에 접속된 저장고 등 부속시설물의 부지는 "과수원"으로 한다. 다만, 주거용 건축물의 부지는 "대"로 한다(영 제58조 제3호).

　① 사람의 시체나 유골이 매장된 토지, '도시공원 및 녹지 등에 관한 법률'에 따른 묘지공원으로 결정·고시된 토지 및 '장사 등에 관한 법률' 제2조 제9호의 규정에 따른 봉안시설과 이에 접속된 부속시설물의 부지는 "묘지"로 한다. 다만, 묘지의 관리를 위한 건축물의 부지는 "대"로 한다(영 제58조 제27호).

　② 학교용지, 공원 등 다른 지목으로 된 토지에 있는 유적, 고적, 기념물 등을 보호하기 위하여 구획된 토지의 지목은 "사적지"로 하지 않는다.

　③ 바닷물을 끌어들여 소금채취를 위하여 조성된 토지와 이에 접속된 제염장 등 부속시설물의 부지는 "염전"으로 한다. 다만, 천일제염방식으로 하지 아니하고 동력으로 바닷물을 끌어들여 소금을 제조하는 공장시설물의 부지는 제외한다(영 제5조 제7호). 즉, 동력에 의하여 바닷물을 끌어 들여 소금을 제조하는 공장시설물의 부지는 "공장용지"로 하여야 한다.

　④ 「산업집적활성화 및 공장설립에 관한 법률」 등 관계법령에 따른 공장부지 조성공사가 준공된 토지의 지목은 "공장용지"로 한다.

정답 ✦ ⑤

테마 **05** 경계

20회, 22회, 23회, 24회, 27회, 28회, 29회, 30회, 32회

1 출제예상과 학습포인트

✦ 기출횟수

20회, 22회, 23회, 24회, 27회, 28회, 29회, 30회, 32회

✦ 35회 출제 예상

거의 매년 출제가 이루어진다. 35회 시험에서는 출제가능성이 90% 이상으로 보면 좋을 거 같다.

✦ 35회 중요도

★★★

✦ 학습방법

지금현재 이론에서 언급된 부분에서 더 이상 양을 늘리지 말고 반복해서 이 정도만 숙지하면 될 거 같다.

✦ 핵심쟁점

❶ 경계와 지상경계의 개념
❷ 경계의 구분기준
❸ 건물을 걸리게 분할할 수 있는 경우
❹ 지상경계점등록부

2 핵심 내용

❶ 의의

① 경계란 필지별로 경계점간을 직선으로 연결하여 지적공부에 등록한 선이다.
② 토지의 지상경계는 둑, 담장이나 그 밖에 구획의 목표가 될 만한 구조물 및 경계점표지 등으로 구분한다.

❷ 경계에 관한 일반 원칙

① 경계국정주의 　　② 경계직선주의 　　③ 경계불가분의 원칙
④ 축척종대의 원칙 　　⑤ 경계부동성의 원칙

❸ 지상경계점등록부 제22회, 제28회, 제30회, 제34회

1. 지적소관청은 토지의 이동(異動)에 따라 지상경계를 새로 정한 경우에는 지상 경계점 등록부를 작성·관리하여야 한다.

2. 등록사항

① 토지의 소재   ② 지번

③ 경계점 좌표(경계점좌표등록부 시행지역에 한정)   ④ 경계점 위치 설명도

⑤ 경계점의 사진 파일   ⑥ 공부상 지목과 실제 토지이용 지목

⑦ 경계점표지의 종류 및 경계점 위치

❹ 경계의 설정 기준 ★ 제19회, 제22회, 25회, 27회

지상경계를 새로이 결정하고자 하는 경우에는 다음의 기준에 의한다. 다만, 지상경계의 구획을 형성하는 구조물 등의 소유자가 다른 경우에는 ①②③의 규정에 불구하고 그 소유권에 의하여 지상경계를 정한다.

---

① 연접되는 토지 사이에 고저가 없는 경우 - 그 구조물 등의 중앙
② 연접되는 토지 사이에 고저가 있는 경우 - 그 구조물 등의 하단부
③ 도로, 구거 등의 토지에 절토된 부분이 있는 경우- 그 경사면의 상단부
④ 토지가 해면 또는 수면에 접하는 경우 - 최대만조위 또는 최대만수위 되는 선
⑤ 공유수면매립지의 토지 중 제방 등을 토지에 편입하여 등록하는 경우 - 바깥쪽 어깨부분

---

❺ 분할에 따른 경계결정 제22회, 제24회, 제27회

분할에 따른 지상경계는 지상건축물을 걸리게 결정하여서는 안 된다.

다만, 다음의 경우에는 예외로 한다.

① 법원의 확정판결이 있는 경우

② 공공사업 등으로 학교용지, 도로, 철도용지, 제방, 하천, 구거, 유지, 수도용지 등의 지목으로 되는 토지를 분할하는 경우

③ 도시개발사업 등의 사업시행자가 사업지구의 경계를 결정하기 위하여 분할하고자 하는 경우

④ 「국토의 계획 및 이용에 관한 법률」 제30조제6항에 따른 도시·군관리계획 결정고시와 같은 법 제32조제4항에 따른 지형도면 고시가 된 지역의 도시·군관리계획선에 따라 토지를 분할하려는 경우

3 대표 기출문제

제25회 출제

01 공간정보의 구축 및 관리 등에 관한 법령상 지상 경계의 결정기준에 관한 설명으로 옳은 것을 모두 고른 것은? (단, 지상 경계의 구획을 형성하는 구조물 등의 소유자가 다른 경우는 제외함)

> ㄱ. 연접되는 토지 간에 높낮이 차이가 없는 경우 : 그 구조물 등의 바깥쪽 면
> ㄴ. 연접되는 토지 간에 높낮이 차이가 있는 경우 : 그 구조물 등의 상단부
> ㄷ. 도로·구거 등의 토지에 절토(切土)된 부분이 있는 경우 : 그 경사면의 하단부
> ㄹ. 토지가 해면 또는 수면에 접하는 경우 : 최대만조위 또는 최대만수의가 되는 선
> ㅁ. 공유수면 매립지의 토지 중 제방 등을 토지에 편입하여 등록하는 경우 : 바깥쪽 어깨 부분

① ㄱ, ㄴ   ② ㄱ, ㅁ   ③ ㄴ, ㄷ

④ ㄷ, ㄹ   ⑤ ㄹ, ㅁ

해설

지상경계를 새로이 결정하고자 하는 경우에는 다음의 기준에 의한다. 다만, 지상경계의 구획을 형성하는 구조물 등의 소유자가 다른 경우에는 그 소유권에 의하여 지상경계를 정한다.

ㄱ. 연접되는 토지 간에 높낮이 차이가 없는 경우 : 그 구조물 등의 중앙
ㄴ. 연접되는 토지 간에 높낮이 차이가 있는 경우 : 그 구조물 등의 하단부
ㄷ. 도로·구거 등의 토지에 절토(切土)된 부분이 있는 경우 : 그 경사면의 상단부
ㄹ. 토지가 해면 또는 수면에 접하는 경우 : 최대만조위 또는 최대만수위가 되는 선
ㅁ. 공유수면 매립지의 토지 중 제방 등을 토지에 편입하여 등록하는 경우 : 바깥쪽 어깨 부분

답 ⑤

02 공간정보의 구축 및 관리 등에 관한 법령상 지상경계점등록부의 등록사항으로 <u>틀린</u> 것은?

① 지적도면의 번호   ② 토지의 소재

③ 공부상 지목과 실제 토지이용 지목   ④ 경계점의 사진 파일

⑤ 경계점표지의 종류 및 경계점 위치

해설

지상경계점등록부의 등록사항(법 제65조 ②)

1. 토지의 소재
2. 지번
3. 경계점 좌표(경계점좌표등록부 시행지역에 한정한다)
4. 경계점 위치 설명도
5. 공부상 지목과 실제 토지이용 지목
6. 경계점의 사진 파일
7. 경계점표지의 종류 및 경계점 위치

답 ①

---

4 출제 예상문제

01 공간정보의 구축 및 관리 등에 관한 법령상 지상 경계의 위치표시 및 결정 등에 관한 설명으로 <u>틀린</u> 것은?

① 토지의 지상 경계는 둑, 담장이나 그 밖의 구획의 목표가 될 만한 구조물 및 경계점표지 등으로 표시한다.

② 지적소관청은 토지의 이동에 따라 지상 경계를 새로 정한 경우에는 지상 경계점 등록부를 작성·관리하여야 한다.

③ 지상 경계의 구획을 형성하는 구조물 등의 소유자가 다른 경우에는 그 소유권에 따라 지상 경계를 결정한다.

④ 행정기관의 장 또는 지방자치단체의 장이 토지를 취득하기 위하여 분할하려는 경우에는 지상 경계점에 경계점표지를 설치한 후 지적측량을 할 수 있다.

⑤ 도시개발사업 등의 사업시행자가 사업지구의 경계를 결정하기 위하여 토지를 분할하는 경우, 지상 경계는 지상건축물을 걸리게 결정해서는 아니 된다.

해설 ✦ 도시개발사업 등의 사업시행자가 사업지구의 경계를 결정하기 위하여 토지를 분할하는 경우에는 지상 경계가 지상 건축물을 걸리게 결정할 수 있다.

분할에 따른 지상 경계는 지상건축물을 걸리게 결정해서는 아니 된다. 다만, 다음의 어느 하나에 해당하는 경우에는 그러하지 아니하다.(시행령 제55조 ④)

① 법원의 확정판결이 있는 경우
② 공공사업 등으로 학교용지, 도로, 철도용지, 제방, 하천, 구거, 유지, 수도용지 등의 지목으로 되는 토지를 분할하는 경우
③ 도시개발사업 등의 사업시행자가 사업지구의 경계를 결정하기 위하여 분할하고자 하는 경우
④ 도시계획법의 규정에 의한 도시관리계획 결정고시와 지형도면 고시가 된 지역의 도시·군관리계획선에 따라 토지를 분할하고자 하는 경우

정답 ✦ ⑤

02 다음 중 지상경계점등록부의 등록사항이 <u>아닌</u> 것은?

① 토지의 소재와 지번
② 공부상 지목과 실제 토지이용 지목
③ 경계점 좌표(경계점좌표등록부 시행지역에 한정한다)
④ 지적기준점의 종류 및 위치
⑤ 경계점의 사진파일

해설 ✦ 지상경계점등록부에는 다음의 사항을 등록한다.
① 토지의 소재
② 지번
③ 경계점 좌표(경계점좌표등록부 시행지역에 한정한다)
④ 경계점 위치 설명도
⑤ 공부상 지목과 실제 토지이용 지목
⑥ 경계점의 사진 파일
⑦ 경계점표지의 종류 및 경계점 위치

정답 ✦ ④

테마 **06** 면적

22회, 24회, 25회, 27회, 30회, 31회, 34회

1 출제예상과 학습포인트

✦ 기출횟수

22회, 24회, 25회, 27회, 30회, 31회

✦ 35회 출제 예상

거의 매년 출제되는 부분이다. 34회 시험에서는 출제가능성이 90% 정도로 보면 좋을 거 같다.

✦ 35회 중요도

★★★

✦ 학습방법

지금현재 이론에서 언급된 부분에서 더 이상 양을 늘리지 말고 반복해서 이 정도만 숙지하면 될 거 같다.

✦ 핵심쟁점

❶ 면적의 측정방법

❷ 면적의 등록단위 및 끝수처리방법

❸ 면적의 오차처리 방법

2 핵심 내용

❶ 의의

① 면적이란 지적공부에 등록한 필지의 수평면상의 넓이를 말한다.

② 면적은 도상에서 측정한다(전자면적측정기). 다만, 경계점좌표등록부를 작성 비치하는 지역의 면적은 좌표로서 계산한다(좌표면적계산법).

③ 면적은 토지대장이나 임야대장에만 등록한다. 제25회

❷ 면적측정

1. 필요한 경우

① 지적공부 복구(복구자료가 없는 경우)

② 신규등록

③ 등록전환

④ 토지분할

⑤ 도시개발사업 등으로 새로이 경계를 획정하는 경우

⑥ 축척변경

⑦ 경계정정

⑧ 경계복원측량 및 현황측량(항상 하는 것이 아니라 면적측량이 수반되는 때만 한다.)

2. 불필요한 경우 제24회

① 지번·지목변경

② 합병

③ 위치정정

④ 경계복원측량

⑤ 지적현황측량

❸ 면적의 등록단위 제25회, 제30회, 제34회

① 면적의 단위는 ㎡다.

② **일반지역** : 1㎡까지 등록. 1필지의 면적이 1제곱미터 미만일 때에는 1제곱미터로 한다.

③ **1/600 축척 및 좌표등록지** : 0.1㎡까지 등록. 1필지의 면적이 0.1제곱미터 미만일 때에는 0.1 제곱미터로 한다.

❹ 끝수 처리 제27회

① 토지의 면적에 1제곱미터 미만의 끝수가 있는 경우 0.5제곱미터 미만일 때에는 버리고 0.5제곱미터를 초과하는 때에는 올리며, 0.5제곱미터일 때에는 구하려는 끝자리의 숫자가 0 또는 짝수이면 버리고 홀수이면 올린다.

② 지적도의 축척이 600분의 1인 지역과 경계점좌표등록부에 등록하는 지역의 토지 면적은 제곱미터 이하 한 자리 단위로 하되, 0.1제곱미터 미만의 끝수가 있는 경우 0.05제곱미터 미만일 때에는 버리고 0.05제곱미터를 초과할 때에는 올리며, 0.05제곱미터일 때에는 구하려는 끝자리의 숫자가 0 또는 짝수이면 버리고 홀수이면 올린다.

③ 끝수 처리 예

일반지역		축척 1/600 지역 경계점좌표등록부 시행지역	
측량면적(㎡)	등록면적(㎡)	측량면적(㎡)	등록면적(㎡)
123.4	123	123.34	123.3
123.6	124	123.36	123.4
123.5	124	123.35	123.4
124.5	124	123.45	123.4
124.53	125	123.453	123.5
1㎡미만	1	0.1㎡미만	0.1

❺ 등록전환 및 분할에 따른 면적오차의 처리 등 ★ 제15-1회, 제18회, 제22회, 제31회

① 등록전환 : 등록전환을 위하여 면적을 정함에 있어 오차가 발생하는 경우
　　㉠ 그 오차가 허용범위 이내인 경우에는 등록전환될 면적을 등록전환면적으로 결정
　　㉡ 그 오차가 허용범위를 초과하는 경우에는 임야대장의 면적 또는 임야도의 경계를 지적소관청이
　　　직권으로 정정하여야 한다.

② 분할 : 분할 시 면적의 단수처리에 있어서 분할 전의 면적에 증감이 없도록 한다.
　　㉠ 오차가 허용범위 이내인 경우에는 그 오차를 분할 후의 각 필지의 면적에 따라 나누고.
　　㉡ 오차가 허용범위를 초과하는 경우에는 지적공부상의 면적 또는 경계를 정정하여야 한다.

③ 경계점좌표등록부 시행지역의 토지분할
　　㉠ 분할 후 각 필지의 면적합계가 분할 전 면적보다 많은 경우에는 구하려는 끝자리의 다음 숫자가
　　　작은 것부터 순차적으로 버려서 정하되, 분할 전 면적에 증감이 없도록 할 것
　　㉡ 분할 후 각 필지의 면적합계가 분할 전 면적보다 적은 경우에는 구하려는 끝자리의 다음 숫자가
　　　큰 것부터 순차적으로 올려서 정하되, 분할 전 면적에 증감이 없도록 할 것

④ 축척변경
　　축척변경전의 면적과 축척변경후의 면적의 오차가 허용범위 이내인 경우에는 축척변경전의 면적을
　　결정면적으로 하고, 허용면적을 초과하는 경우에는 축척변경후의 면적을 결정면적으로 한다.

3 대표 기출문제

01 공간정보의 구축 및 관리 등에 관한 법령상 지적도의 축척이 600분의 1인 지역에서 신규등록할 1필지의 면적을 측정한 값이 145.450㎡인 경우 토지대장에 등록하는 면적의 결정으로 옳은 것은?

① 145㎡   ② 145.4㎡   ③ 145.45㎡   ④ 145.5㎡   ⑤ 146㎡

해설

지적도의 축척이 600분의 1인 지역과 경계점좌표등록부에 등록하는 지역의 토지 면적은 제곱미터 이하 한 자리 단위로 하되, 0.1제곱미터 미만의 끝수가 있는 경우 0.05제곱미터 미만일 때에는 버리고 0.05제곱미터를 초과할 때에는 올리며, 0.05제곱미터일 때에는 구하려는 끝자리의 숫자가 0 또는 짝수이면 버리고 홀수이면 올린다. 다만, 1필지의 면적이 0.1제곱미터 미만일 때에는 0.1제곱미터로 한다.
따라서 제시된 값은 끝수가 0.050 이고 구하려는 끝자리의 숫자가 짝수(4)이므로 끝수를 버린다. 따라서 145.4㎡ 이다.

답 ②

02 공간정보의 구축 및 관리 등에 관한 법령상 등록전환을 할 때 임야대장의 면적과 등록전환될 면적의 차이가 오차의 허용범위를 초과하는 경우 처리방법으로 옳은 것은?

① 지적소관청이 임야대장의 면적 또는 임야도의 경계를 직권으로 정정하여야 한다.
② 지적소관청이 시·도지사의 승인을 받아 허용범위를 초과하는 면적을 등록전환 면적으로 결정하여야 한다.
③ 지적측량수행자가 지적소관청의 승인을 받아 허용범위를 초과하는 면적을 등록전환 면적으로 결정하여야 한다.
④ 지적측량수행자가 토지소유자와 합의한 면적을 등록전환 면적으로 결정하여야 한다.
⑤ 지적측량수행자가 임야대장의 면적 또는 임야도의 경계를 직권으로 정정하여야 한다.

해설

임야대장의 면적과 등록전환될 면적의 차이가 오차허용범위 이내인 경우에는 등록전환될 면적을 등록전환면적으로 결정하고, 허용오차를 초과하는 경우에는 임야대장의 면적 또는 임야도의 경계를 지적소관청이 직권으로 정정한 후 등록전환을 하여야 한다.

답 ①

4 출제 예상문제

01 지적법령에서 규정하고 있는 면적에 관한 설명 중 틀린 것은?

① '면적'이란 지적공부에 등록된 필지의 수평면상의 넓이를 말한다.

② 경계점좌표등록부에 등록하는 지역의 토지 면적은 제곱미터 이하 한자리 단위로 결정한다.

③ 경위의측량방법으로 세부측량을 한 지역의 필지별 면적측정은 전자면적측정기에 의한다.

④ 신규등록·등록전환을 하는 때에는 새로이 측량하여 각 필지의 면적을 정한다.

⑤ 토지합병을 하는 경우의 면적결정은 합병 전의 각 필지의 면적을 합하여 그 필지의 면적으로 한다.

해설 ✦ ③ 경위의측량방법으로 세부측량을 한 지역의 필지별 면적측정은 좌표면적계산법에 의한다.(지적측량 시행규칙 제20조 제1항)

정답 ✦ ③

02 토지이동에 따른 면적결정 방법으로 옳지 않은 것은?

① 합병토지의 면적은 합병전의 각 필지의 면적을 합산하여 그 필지의 면적으로 한다.

② 신규등록 토지에 대해서는 새로 측량하여 각 필지의 면적을 정한다.

③ 지목변경 토지에 대한 면적은 종전면적을 그대로 그 필지의 면적으로 한다.

④ 분할토지의 면적은 분할 전 면적에 증감이 없도록 결정한다.

⑤ 등록전환 토지의 면적은 임야대장상 면적을 그대로 등록한다.

해설 ✦ ②, ④, ⑤ 신규등록·등록전환·분할 및 경계정정 등을 하는 때에는 새로 측량하여 각 필지의 경계 또는 좌표와 면적을 정한다(법 제23조 제1항 제3호).

정답 ✦ ⑤

23회, 24회, 25회, 26회, 27회, 28회, 29회, 30회, 31회, 33회, 34회

1 출제예상과 학습포인트

✦ **기출횟수**

23회, 24회, 25회, 26회, 27회, 28회, 29회, 30회, 31회, 33회, 34회

✦ **35회 출제 예상**

매년 1문제 이상은 출제가 되는 부분이다.

✦ **35회 중요도**

★★★

✦ **학습방법**

토지대장의 양식을 반드시 직접 그려보고 이를 바탕으로 다른 지적공부의 등록사항을 정리하면 된다.

✦ **핵심쟁점**

❶ 지적공부의 종류별 등록사항
❷ 경계점좌표등록부 비치지역의 지적도의 특징
❸ 수립권자 및 수립단계에서의 절차
❹ 승인권자 및 승인단계에서의 절차
❺ 재량적 수립대상지역은?

2 핵심 내용

❶ 토지대장, 임야대장 제31회

1. 필요적 등록사항

① **토지의 소재** : 리, 동 단위까지 행정구역을 기재
② **지번**
③ **지목** : 공장용지, 과수원 등의 정식명칭을 기재
④ **면적** : ㎡로 표시
⑤ **소유자의 성명**(명칭), 주소, 주민등록번호(부동산등기용등록번호)
⑥ **토지의 이동사유**

⑦ 토지소유자가 변경된 날과 그 원인(등기접수일자 및 등기원인)

⑧ 토지의 고유번호

⑨ 도면번호와 필지별 대장의 장번호 및 축척

⑩ 토지등급 또는 기준수확등급과 그 설정, 수정 연월일

⑪ 개별공시지가와 그 기준일

⑫ 기타 국토교통부 장관이 정하는 사항

2. 임의적 등록사항 : 용도지역에 관한 사항

토지대장

고유번호				도면번호		장번호	
토지소재			지번	축 척		비 고	
토 지 표 시				소 유 자			
지목	면 적		사 유	변동일자	주 소	등 록 번 호	
		m²		변동원인		성명 또는 명칭	
				년 월 일			
				년 월 일			
등 급 수 정 연 월 일							
토 지 등 급 (기준수확량등급)			( )	( )	( )	( )	( ) ( ) ( )
개별공시지가 기준일						용도지역 등	
개별공시지가(원/m²)							

3. 토지의 고유번호

행정구역표시				지적공부구분	지번	
1 2	1 9 0	0 0 3	0 1	- 1	0 5 6 5	0 0 0 4
(시·도)	(시·군·구)	(읍·면·동)	(리)		(본번)	(부번)

① 고유번호로 알 수 있는 정보 : 소재지, 지번, 대장의 종류(지목 ×, 면적 ×)

② 지적공부구분 : "1" – 토지대장, "2" – 임야대장

❷ 공유지연명부 제27회

1. 의의

1필지의 토지를 2인 이상이 공동으로 소유하는 경우에 이에 대한 지적 사항을 등록하는 지적공부

2. 등록사항

① 토지의 소재
② 지번
③ 소유권 지분
④ 소유자의 성명, 주소, 주민등록번호
⑤ 고유번호
⑥ 필지별 공유지연명부의 장 번호
⑦ 토지소유자가 변경된 날과 그 원인

고유번호		공유지연명부		장번호	
토지소재		지 번		비 고	
변동일	소유권 지분	소 유 자		변동일	소유권 지분	소 유 자	

<table>
<tr><td>고유번호</td><td colspan="3" style="text-align:center">공유지연명부</td><td>장번호</td><td></td></tr>
<tr><td>토지소재</td><td></td><td>지 번</td><td></td><td>비 고</td><td></td></tr>
<tr><td>변동일</td><td rowspan="2">소유권
지분</td><td colspan="2" style="text-align:center">소 유 자</td><td>변동일</td><td rowspan="2">소유권
지분</td><td colspan="2" style="text-align:center">소 유 자</td></tr>
<tr><td>변동
원인</td><td>주 소</td><td>등록번호
성명 또는 명칭</td><td>변동
원인</td><td>주 소</td><td>등록번호
성명 또는 명칭</td></tr>
<tr><td>년월일</td><td></td><td></td><td></td><td>년월일</td><td></td><td></td><td></td></tr>
<tr><td></td><td></td><td></td><td></td><td></td><td></td><td></td><td></td></tr>
<tr><td>년월일</td><td></td><td></td><td></td><td>년월일</td><td></td><td></td><td></td></tr>
<tr><td></td><td></td><td></td><td></td><td></td><td></td><td></td><td></td></tr>
</table>

❸ 대지권등록부 제33회

1. 의의 : 부동산등기법에 의하여 대지권등기가 된 토지에 대하여 작성하는 대장

2. 등록사항

① 토지의 소재
② 지번

③ 대지권비율

④ 소유자의 성명(명칭), 주소, 주민등록번호(부동산등기용등록번호)

⑤ 토지의 고유번호

⑥ 전유부분의 건물표시

⑦ 건물명칭

⑧ 집합건물별 대지권등록부의 장 번호

⑨ 토지소유자가 변경된 날과 그 원인

⑩ 소유권 지분

고유번호		대지권등록부			전유부분의 건물표시		건물 명칭	
토지소재		지번			대지권 비 율		장번호	
지 번								
대지권 비 율								
변동일		소 유 자			변동일		소 유 자	
변동원인	소유권 지 분	주소	등록번호		변동원인	소유권 지 분	주소	등록번호
			성명 또는 명칭					성명 또는 명칭
년 월 일					년 월 일			
년 월 일					년 월 일			

❹ 지적도, 임야도

1. 의의 : 도면이란 지적도와 임야도로서 토지의 경계를 도면에 도해적으로 표시해 놓은 지적공도이다.

2. 도면의 축척 제29회

① 지적도의 법정축척

ㄱ 1/500, 1/600, 1/1000, 1/1200, 1/2400, 1/3000, 1/6000

ㄴ 가장 일반적인 축척 : 1/1200

ㄷ 도시개발사업 등이 완료된 지역 : 1/500(시·도지사의 승인시 1/3000, 1/6000 가능)

② 임야도의 법정축척 : 1/3000, 1/6000

3. 등록사항 제21회, 제24회, 제26회

① 토지의 소재

② 지번

③ **지목** : 지번 오른쪽 옆에 부호로 기재

④ 경계

⑤ 도면의 색인도

⑥ 도면의 제명 및 축척

⑦ 도곽선 및 도곽선 수치

⑧ **좌표에 의하여 계산된 경계점간의 거리** : 경계점좌표등록부 시행지역에 한함

⑨ 삼각점 및 지적기준점의 위치

⑩ 건축물 및 구조물 등의 위치

⑪ 그 밖에 국토교통부장관이 정하는 사항

▷ **일반적 지적도**

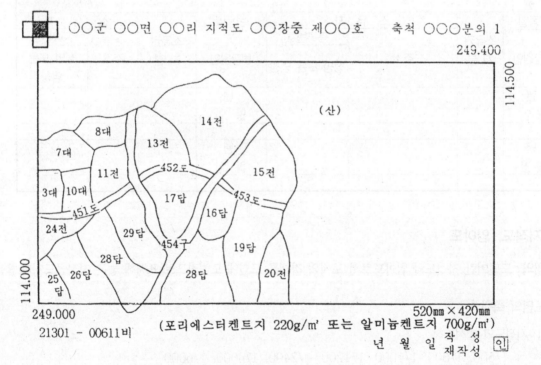

○○군 ○○면 ○○리 지적도 ○○장중 제○○호   축척 ○○○분의 1

249.400

114.500

114.000

249.000

21301 - 00611비

520㎜×420㎜

(포리에스터켄트지 220g/㎡ 또는 알미늄켄트지 700g/㎡)

년 월 일 작성 재작성 ⑪

➡ **경계점좌표등록부를 갖춰 두는 지역의 지적도**

용인시 운학동 지적도(좌표) 20장중 제8호   축척 500분의 1

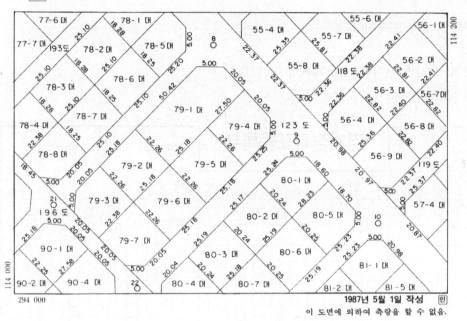

참고 경계점좌표등록부를 비치하는 지역의 지적도 특징

① 도면의 제명 끝에 '(좌표)'라고 표시
② 좌표에 의하여 계산된 경계점 간 거리(cm단위까지)를 표시
③ 도곽선의 오른쪽 아래 끝에 "이 도면에 의하여 측량할 수 없음."이라고 기재

---

❺ 경계점좌표등록부 제24회, 제25회, 제27회, 34회

1. 의의

① 경계점좌표등록부란 토지의 경계점의 위치를 평면직각종횡선 수치인 X, Y 좌표로 등록 공시하는 지적공부를 말한다.
② 정밀성이 높다는 장점이 있으나 비용이 많이 들고 일반인이 이해하기 곤란하다는 단점이 있다.

2. 작성, 비치 지역

① 도시개발사업 등의 시행지역으로 지적확정측량을 실시하는 지역
② 시가지지역의 축척변경측량을 실시하여 경계점을 좌표로 등록한 지역

3. 등록사항

① 토지의 소재
② 지번
③ **좌표** : 평면직각종횡선 수치(X. Y)
④ 고유번호
⑤ 도면부호 및 필지별 경계점좌표등록부의 장 번호
⑥ 부호 및 부호도

고유번호		**경계점좌표등록부**			도면번호		장번호	
토지 소재		지 번			비 고			
부 호 도		부호	좌 표		부호	좌 표		
			X	Y		X	Y	
			m	m		m	m	

▶ 등록사항 정리

등록사항	대장			대장형식의 도면	도면
	토지대장 임야대장	공유지연명부	대지권등록부	경계점좌표등록부	지적도 임야도
소재·지번	O	O	O	O	O
지목(축척)	O	X	X	X	O
면적(토지이동사유)	O	X	X	X	X
경계	X	X	X	X	O
좌표	X	X	X	O	X
고유번호	O	O	O	O	X
소유권	O	O	O	X	X
도면번호	O	X	X	O	O

3 대표 기출문제

01 공간정보의 구축 및 관리 등에 관한 법령상 지적공부와 등록사항의 연결이 옳은 것은?

① 토지대장 – 경계와 면적

② 임야대장 – 건축물 및 구조물 등의 위치

③ 공유지연명부 – 소유권 지분과 토지의 이동사유

④ 대지권등록부 – 대지권 비율과 지목

⑤ 토지대장·임야대장·공유지연명부·대지권등록부 – 토지소유자가 변경된 날과 그 원인

> **해설**
>
> ① 경계는 도면의 등록사항이다.
> ② 건축물 및 구조물 등의 위치는 도면의 등록사항이다.
> ③ 토지의 이동사유는 토지대장, 임야대장의 등록사항이다.
> ④ 지목은 토지대장, 임야대장, 지적도, 임야도의 등록사항이다.
>
> 답 ⑤

02 공간정보의 구축 및 관리 등에 관한 법령상 대지권등록부의 등록사항만으로 나열된 것이 아닌 것은?

① 지번, 지목

② 토지의 소재, 토지의 고유번호

③ 대지권 비율. 전유부분(專有部分)의 건물표시

④ 소유권 지분, 토지소유자가 변경된 날과 그 원인

⑤ 건물의 명칭, 집합건물별 대지권등록부의 장번호

> **해설**
>
> 지목은 토지대장, 임야대장, 지적도, 임야도의 등록사항이다.
>
> 답 ①

03 공간정보의 구축 및 관리 등에 관한 법령상 경계점좌표등록부를 갖춰 두는 지역의 지적공부 및 토지의 등록 등에 관한 설명으로 **틀린** 것은?

① 지적도에는 해당 도면의 제명 앞에 "(수치)"라고 표시하여야 한다.

② 지적도에는 도곽선의 오른쪽 아래 끝에 "이 도면에 의하여 측량을 할 수 없음"이라고 적어야 한다.

③ 토지 면적은 제곱미터 이하 한 자리 단위로 결정하여야 한다.

④ 면적측정 방법은 좌표면적계산법에 의한다.

⑤ 경계점좌표등록부를 갖춰 두는 토지는 지적확정측량 또는 축척변경을 위한 측량을 실시하여 경계점을 좌표로 등록한 지역의 토지로 한다.

> **해설**
>
> 경계점좌표등록부를 갖춰 두는 지역의 지적도에는 해당 도면의 제명 끝에 "(좌표)"라고 표시하고, 도곽선의 오른쪽 아래 끝에 "이 도면에 의하여 측량을 할 수 없음"이라고 적어야 한다.
>
> 답 ①

4 | 출제 예상문제

01 다음은 지적공부의 등록사항에 관한 설명이다. **틀린** 것은?

① 토지의 고유번호는 토지대장·임야대장·공유지연명부·대지권등록부와 경계점좌표등록부 및 지적도면에 등록한다.

② 토지소유자가 변경된 날과 그 원인은 토지대장의 등록사항이다.

③ 지목은 경계점좌표등록부와 공유지연명부, 대지권등록부에는 등록되지 않는다.

④ 소유권의 지분은 공유지연명부, 대지권등록부에 등록한다.

⑤ 면적은 지적도·임야도에는 등록되지 않는다.

해설 ✦ ① 고유번호는 지적도면에 등록되지 않는다.

정답 ✦ ①

테마 08 지적공부의 보존 등

21회, 26회, 30회

1 출제예상과 학습포인트

✦ 기출횟수

21회, 26회, 30회

✦ 35회 출제 예상

통상 3년에 한번 정도씩 출제가 이루어진다. 34회 시험에서 출제가 되지 않았기에 35회 시험에서는 출제가능성이 70%정도로 보면 좋을 거 같다.

✦ 35회 중요도

★★

✦ 학습방법

지금현재 이론에서 언급된 부분에서 더 이상 양을 늘리지 말고 반복해서 이 정도만 숙지하면 될 거 같다.

✦ 핵심쟁점

❶ 지적공부의 보존 및 반출
❷ (종이)지적공부와 전산지적공부를 구분하여 공개와 관련된 조문정리
❸ 지적전산자료 이용절차
❹ 지적정보 전담관리기구

2 핵심 내용

❶ (일반적) 지적공부

① 지적소관청은 해당 청사에 지적서고를 설치하고 그 곳에 지적공부를 영구히 보존
② 예외적 반출
　　㉠ 천재지변이나 그 밖에 이에 준하는 재난을 피하기 위하여 필요한 경우
　　㉡ 관할 시·도지사 또는 대도시 시장의 승인을 받은 경우
③ 지적공부를 열람하거나 그 등본을 발급받으려는 자는 해당 지적소관청에 그 열람 또는 발급을 신청하여야 한다.

> **참고**
>
> ① 지적서고는 지적사무를 처리하는 사무실과 연접(連接)하여 설치하여야 한다.
> ② 부책(簿冊)으로 된 토지대장·임야대장 및 공유지연명부는 지적공부 보관상자에 넣어 보관하고, 카드로 된 토지대장·임야대장·공유지연명부·대지권등록부 및 경계점좌표등록부는 100장 단위로 바인더(binder)에 넣어 보관하여야 한다.
> ③ 일람도·지번색인표 및 지적도면은 지번부여지역별로 도면번호순으로 보관하되, 각 장별로 보호대에 넣어야 한다.

② 정보처리시스템에 기록 저장된 지적공부 제30회

① 관할 시·도지사, 시장·군수 또는 구청장은 그 지적공부를 지적정보관리체계에 영구히 보존하여야 한다. (반출 규정 없음)

② 국토교통부장관은 정보처리시스템을 통하여 기록·저장한 지적공부가 멸실되거나 훼손될 경우를 대비하여 지적공부를 복제하여 관리하는 정보관리체계를 구축하여야 한다.

③ 열람하거나 그 등본을 발급받으려는 경우에는 특별자치시장, 시장·군수 또는 구청장이나 읍·면·동의 장에게 신청할 수 있다.

③ 지적정보 전담 관리기구 제21회, 제26회

① 국토교통부장관은 지적공부의 효율적인 관리 및 활용을 위하여 지적정보 전담 관리기구를 설치·운영한다.

② 국토교통부장관은 지적공부를 과세나 부동산정책자료 등으로 활용하기 위하여 주민등록전산자료, 가족관계등록전산자료, 부동산등기전산자료 또는 공시지가전산자료 등을 관리하는 기관에 그 자료를 요청할 수 있으며 요청을 받은 관리기관의 장은 특별한 사정이 없는 한 이에 응하여야 한다.

④ 지적전산자료의 이용 제21회, 제26회

1. 지적전산자료의 이용의 심사

지적전산자료를 신청하려는 자는 자료의 이용 또는 활용목적 등에 관하여 미리 관계중앙행정기관의 심사를 받아야 한다. 다만, 중앙행정기관의 장이나 그 소속기관의 장 또는 지방자치단체의 장이 신청하는 때에는 관계 중앙행정기관의 장의 심사를 받지 않는다.

2. 심사를 받지 않는 경우

① 토지소유자가 자기 토지에 대한 지적전산자료를 신청하는 경우

② 토지소유자가 사망하여 그 상속인이 피상속인의 토지에 대한 지적전산자료를 신청하는 경우
③ 「개인정보보호법」 제2조 제1호에 따른 개인정보를 제외한 지적전산자료를 신청하는 경우

3. 지적전산자료의 이용 신청(승인 X)

지적공부에 관한 전산자료(지적전산정보자료)를 이용 또는 활용하고자 하는 자는 다음 구분에 따라
국토교통부장관, 시도지사 또는 지적소관청에 지적전산자료를 신청하여야 한다.
① 전국 단위의 지적전산자료 : 국토교통부장관 시·도지사 또는 지적소관청
② 시·도 단위의 지적전산자료 : 시·도지사 또는 지적소관청
③ 시·군·구 단위의 지적전산자료 : 지적소관청

3 대표 기출문제

제31회 출제

01 공간정보의 구축 및 관리 등에 관한 법령상 지적공부의 보존 및 보관방법 등에 관한 설명으로
   틀린 것은? (단, 정보처리시스템을 통하여 기록·저장한 지적공부는 제외함)

   ① 지적소관청은 해당 청사에 지적서고를 설치하고 그 곳에 지적공부를 영구히 보존하여야
      한다.
   ② 국토교통부장관의 승인을 받은 경우 지적공부를 해당청사 밖으로 반출할 수 있다.
   ③ 지적서고는 지적사무를 처리하는 사무실과 연접(連接)하여 설치하여야 한다.
   ④ 지적도면은 지번부여지역별로 도면번호순으로 보관하되, 각 장별로 보호대에 넣어야 한다.
   ⑤ 카드로 된 토지대장·임야대장·공유지연명부·대지권등록부 및 경계점좌표등록부는 100장
      단위로 바인더(binder)에 넣어 보관하여야 한다.

   > **해설**
   > 관할 시·도지사 또는 대도시 시장의 승인을 받은 경우 지적공부를 해당청사 밖으로 반출할 수 있다.
   >
   > 답②

02 공간정보의 구축 및 관리 등에 관한 법령상 지적공부의 열람 및 등본 발급, 부동산종합공부의 등록사항 및 열람·증명서 발급 등에 관한 설명으로 틀린 것은?

① 정보처리시스템을 통하여 기록·저장된 지적공부(지적도 및 임야도는 제외한다)를 열람하거나 그 등본을 발급받으려는 경우에는 시·도지사, 시장·군수 또는 구청장이나 읍·면·동의 장에게 신청할 수 있다.

② 지적소관청은 부동산종합공부에 「공간정보의 구축 및 관리 등에 관한 법률」에 따른 지적공부의 내용에서 토지의 표시와 소유자에 관한 사항을 등록하여야 한다.

③ 부동산종합공부를 열람하거나 부동산종합공부 기록사항에 관한 증명서를 발급받으려는 자는 지적공부·부동산 종합공부 열람·발급 신청서(전자문서로 된 신청서를 포함한다)를 지적소관청 또는 읍·면·동장에게 제출하여야 한다.

④ 지적소관청은 부동산종합공부에 「토지이용규제 기본법」 제10조에 따른 토지이용계획확인서의 내용에서 토지의 이용 및 규제에 관한 사항을 등록하여야 한다.

⑤ 지적소관청은 부동산종합공부에 「건축법」 제38조에 따른 건축물대장의 내용에서 건축물의 표시와 소유자에 관한 사항(토지에 건축물이 있는 경우만 해당한다)을 등록하여야 한다.

> **해설**
>
> ① 정보처리시스템을 통하여 기록·저장된 지적공부(지적도 및 임야도는 제외한다)를 열람하거나 그 등본을 발급받으려는 경우에는 (해당 지적소관청이 아닌) 특별자치시장, 시장·군수 또는 구청장이나 읍·면·동의 장에게 신청할 수 있다(법 제75조).
>
> 目 ①

4 출제 예상문제

01 다음 지적공부의 보존 등에 관한 설명 중 바르지 않은 것은?

① 지적소관청은 해당 청사에 지적서고를 설치하고 그 곳에 지적공부(정보처리시스템을 통하여 기록·저장한 경우는 제외)를 영구히 보존하여야 한다.

② 천재지변이나 그 밖에 이에 준하는 재난을 피하기 위하여 필요한 경우 또는 관할 시·도지사 또는 대도시 시장의 승인을 받은 경우에는 시·군·구의 청사 밖으로 지적공부를 반출할 수 있다.

③ 지적공부를 정보처리시스템을 통하여 기록·보존하는 때에는 그 지적공부를 「공공기관의 기록물 관리에 관한 법률」에 따라 기록물관리기관에 이관할 수 있다.

④ 지적공부를 정보처리시스템을 통하여 기록·저장한 경우에는 관할 시·도지사, 시장·군수 또는 구청장은 그 지적공부를 지적전산정보시스템에 영구히 보존하여야 한다.

⑤ 위 ④의 경우 관할 시·도지사, 시장·군수 또는 구청장은 그 지적공부가 멸실되거나 훼손될 경우를 대비하여 지적공부를 복제하여 관리하는 정보관리체계를 구축하여야 한다.

해설 ✦ ⑤ 이 경우 그 지적공부가 멸실되거나 훼손될 경우를 대비하여 지적공부를 복제하여 관리하는 정보관리체계를 구축하여야 하는 것은 '국토교통부장관'이다(법 제69조 제3항).

정답 ✦ ⑤

02 지적전산자료의 이용과 활용에 대한 설명 중 틀린 것은?

① 전국 단위의 지적전산자료를 이용하거나 활용하려는 자는 전산자료의 범위에 따라 국토교통부장관, 시·도지사 또는 지적소관청에 지적전산자료를 신청하여야 한다.

② 지적전산자료를 신청하려는 자는 대통령령으로 정하는 바에 따라 지적전산자료의 이용 또는 활용 목적 등에 관하여 미리 관계 중앙행정기관의 심사를 받아야 한다.

③ 중앙행정기관의 장, 그 소속 기관의 장 또는 지방자치단체의 장이 승인을 신청하는 경우에는 관계 중앙행정기관의 장의 심사를 받지 아니한다.

④ 토지소유자가 자기 토지에 대한 지적전산자료를 신청하는 경우에도 심사를 받아야 한다.

⑤ 「개인정보 보호법」 제2조제1호에 따른 개인정보를 제외한 지적전산자료를 신청하는 경우에는 관계 중앙행정기관의 심사를 받지 아니할 수 있다.

해설 ✦ ④ 토지소유자가 자기 토지에 대한 지적전산자료를 신청하거나, 토지소유자가 사망하여 그 상속인이 피상속인의 토지에 대한 지적전산자료를 신청하는 경우에는 심사를 받지 아니할 수 있다. (법 제76조 제3항)

정답 ✦ ④

1 출제예상과 학습포인트

✦ 기출횟수

　25회, 27회, 30회, 33회

✦ 35회 출제 예상

　통상 3년에 한번 정도씩 출제가 이루어진다. 35회 시험에서는 출제가능성이 70% 정도로 보면 좋을 거 같다.

✦ 35회 중요도

　★★

✦ 학습방법

　지금현재 이론에서 언급된 부분에서 더 이상 양을 늘리지 말고 반복해서 이 정도만 숙지하면 될 거 같다. 지적공부외의 기타공부로서 부동산종합공부에 관한 사항은 숙지하여야 한다.

✦ 핵심쟁점

　❶ 부동산종합공부의 관리 및 운영

　❷ 부동산종합공부의 등록사항

　❸ 일람도, 지번색인표, 결번대장의 개념

2 핵심 내용

제1절　지적관계 기타공부

❶ 부동산종합공부 제27회, 제33회

1. 부동산종합공부의 관리 및 운영

① 지적소관청은 부동산의 효율적 이용과 부동산과 관련된 정보의 종합적 관리·운영을 위하여 부동산종합공부를 관리·운영한다.

② 지적소관청은 부동산종합공부를 영구히 보존하여야 하며, 부동산종합공부의 멸실 또는 훼손에 대비하여 이를 별도로 복제하여 관리하는 정보관리체계를 구축하여야 한다.

③ 부동산종합공부의 등록사항을 관리하는 기관의 장은 지적소관청에 상시적으로 관련 정보를 제공하여야 한다.

④ 지적소관청은 부동산종합공부의 정확한 등록 및 관리를 위하여 필요한 경우에는 부동산종합공부의 등록사항을 관리하는 기관의 장에게 관련 자료의 제출을 요구할 수 있다. 이 경우 자료의 제출을 요구받은 기관의 장은 특별한 사유가 없으면 자료를 제공하여야 한다.

2. 부동산종합공부의 등록사항 제25회

① 토지의 표시와 소유자에 관한 사항
② 건축물의 표시와 소유자에 관한 사항(토지에 건축물이 있는 경우만 해당한다)
③ 토지의 이용 및 규제에 관한 사항
④ 부동산의 가격에 관한 사항
⑤ 「부동산등기법」 제48조에 따른 부동산의 권리에 관한 사항(영 제62조의2)

3. 부동산종합공부의 열람 및 증명서 발급

부동산종합공부를 열람하거나 부동산종합공부 기록사항의 전부 또는 일부에 관한 증명서(이하 "부동산종합증명서"라 한다)를 발급받으려는 자는 지적소관청이나 읍·면·동의 장에게 신청할 수 있다.

4. 부동산종합공부의 등록사항 정정 제25회

① 부동산종합공부의 등록사항 정정에 관하여는 지적공부의 등록사항의 정정에 관한 규정을 준용한다.
② 지적소관청은 부동산종합공부의 등록사항 정정을 위하여 부동산종합공부의 등록사항 상호 간에 일치하지 아니하는 사항을 확인 및 관리하여야 한다.
③ 지적소관청은 불일치 등록사항에 대해서는 등록사항을 관리하는 기관의 장에게 그 내용을 통지하여 등록사항 정정을 요청할 수 있다.

❷ 일람도 및 지번색인표

1. 의의

지적소관청은 지적도면의 관리에 필요한 경우에는 지번부여지역마다 일람도와 지번색인표를 작성하여 갖춰 둘 수 있다. 일람도는 지적도나 임야도의 배치나 그의 접속관계를 쉽게 알 수 있도록 지번부여지역단위로 작성한 도면을 말한다. 지번색인표는 지번을 쉽게 찾을수 있도록 만든 등록표로서 지적보조장부이다.

2. 일람도의 등록사항

① 지번부여지역의 경계 및 행정구역의 명칭
② 도면의 제명 및 명칭
③ 도곽선 및 도곽선수치
④ 도면번호
⑤ 하천·도로·철도·유지·취락 등 주요 지형지물의 표시

3. 일람도의 작성

일람도의 축척은 그 도면 축척의 10분의 1로 한다. 다만, 도면의 장수가 많아서 1장에 작성할 수 없는 경우에는 축척을 줄여서 작성할 수 있으며, 도면의 장수가 4장 미만인 경우에는 일람도의 작성을 하지 않을 수 있다.

❸ 결번대장

지적소관청은 행정구역의 변경, 도시개발사업의 시행, 지번변경, 축척변경, 지번정정 등의 사유로 지번에 결번이 생긴 때에는 지체 없이 그 사유를 결번대장에 적어 영구히 보존하여야 한다.

---

3 대표 기출문제

제27회 출제

01 공간정보의 구축 및 관리 등에 관한 법령상 부동산종합공부에 관한 설명으로 틀린 것은?

① 부동산종합공부를 열람하거나 부동산종합공부 기록사항의 전부 또는 일부에 관한 증명서를 발급받으려는 자는 지적소관청이나 읍·면·동의 장에게 신청할 수 있다.

② 지적소관청은 부동산종합공부의 등록사항정정을 위하여 등록사항 상호 간에 일치하지 아니하는 사항을 확인 및 관리하여야 한다.

③ 토지소유자는 부동산종합공부의 토지의 표시에 관한 사항(「공간정보의 구축 및 관리 등에 관한 법률」에 따른 지적공부의 내용)의 등록사항에 잘못이 있음을 발견하면 지적소관청이나 읍·면·동의 장에게 그 정정을 신청할 수 있다.

④ 토지의 이용 및 규제에 관한 사항(「토지이용규제 기본법」 제10조에 따른 토지이용계획확인서의 내용)은 부동산종합공부의 등록사항이다.

⑤ 지적소관청은 부동산종합공부의 등록사항 중 등록사항 상호 간에 일치하지 아니하는 사항에 대해서는 등록사항을 관리하는 기관의 장에게 그 내용을 통지하여 등록사항정정을 요청할 수 있다.

> **해설**
>
> 토지소유자는 부동산종합공부의 토지의 표시에 관한 사항(「공간정보의 구축 및 관리 등에 관한 법률」에 따른 지적공부의 내용)의 등록사항에 잘못이 있음을 발견하면 지적소관청에 그 정정을 신청할 수 있다. 그러나 읍·면·동의 장에게 그 정정을 신청할 수는 없다.
>
> 답 ③

제33회 출제

02 공간정보의 구축 및 관리 등에 관한 법령상 부동산 종합공부의 등록 사항에 해당하지 않는 것은?

① 토지의 이용 및 규제에 관한 사항: 「토지이용규제 기본법」 제 10조에 따른 토지이용계획 확인서의 내용

② 건축물의 표시와 소유자에 관한 사항(토지에 건축물이 있는 경우만 해당한다): 「건축법」 제38조에 따른 건축물대장의 내용

③ 토지의 표시와 소유자에 관한 사항: 「공간정보의 구축 및 관리등에 관한 법률」에 따른 지적공부의 내용

④ 부동산의 가격에 관한 사항: 「부동산 가격공시에 관한 법률」 제10조에 따른 개별공시지가, 같은 법 제16조, 제17조 및 제18조에 따른 개별주택가격 및 공동주택가격 공시내용

⑤ 부동산의 효율적 이용과 토지의 적성에 관한 종합적관리·운영을 위하여 필요 사항: 「국토의 계획 및 이용에 관한 법률」 제20조 및 제27조에 따른 토지적성평가서의 내용

> **해설**
>
> **부동산종합공부의 등록사항**
> 1. 토지의 표시와 소유자에 관한 사항: 이 법에 따른 지적공부의 내용
> 2. 건축물의 표시와 소유자에 관한 사항(토지에 건축물이 있는 경우만 해당한다): 「건축법」 제38조에 따른 건축물대장의 내용
> 3. 토지의 이용 및 규제에 관한 사항: 「토지이용규제 기본법」 제10조에 따른 토지이용계획확인서의 내용
> 4. 부동산의 가격에 관한 사항: 「부동산 가격공시에 관한 법률」 제10조에 따른 개별공시지가, 같은 법 제16조, 제17조 및 제18조에 따른 개별주택가격 및 공동주택가격 공시내용
> 5. 「부동산등기법」 제48조에 따른 부동산의 권리에 관한 사항
>
> 답 ⑤

4 출제 예상문제

01 **부동산종합공부의 관리 및 운영 등에 관한 설명으로 틀린 것은?**

① 지적소관청은 부동산의 효율적 이용과 부동산과 관련된 정보의 종합적 관리·운영을 위하여 부동산종합공부를 관리·운영한다.

② 국토교통부장관은 부동산종합공부를 영구히 보존하여야 하며, 부동산종합공부의 멸실 또는 훼손에 대비하여 이를 별도로 복제하여 관리하는 정보관리체계를 구축하여야 한다.

③ 부동산종합공부의 등록사항을 관리하는 기관의 장은 지적소관청에 상시적으로 관련 정보를 제공하여야 한다.

④ 지적소관청은 부동산종합공부의 정확한 등록 및 관리를 위하여 필요한 경우에는 부동산종합공부의 등록사항을 관리하는 기관의 장에게 관련 자료의 제출을 요구할 수 있다.

⑤ 부동산종합공부를 열람하거나 부동산종합공부 기록사항의 전부 또는 일부에 관한 증명서(부동산종합증명서)를 발급받으려는 자는 지적소관청이나 읍·면·동의 장에게 신청할 수 있다.

해설 ✦ ② 지적소관청은 부동산종합공부를 영구히 보존하여야 하며, 부동산종합공부의 멸실 또는 훼손에 대비하여 이를 별도로 복제하여 관리하는 정보관리체계를 구축하여야 한다.(법 제76조의2 제2항)

정답 ✦ ②

02 공간정보의 구축 및 관리 등에 관한 법령상 부동산종합공부의 등록사항에 해당되지 <u>않는</u> 것은?

① 토지의 표시와 소유자에 관한 사항 :「공간정보의 구축 및 관리 등에 관한 법률」에 따른 지적공부의 내용

② 건축물의 표시와 소유자에 관한 사항(토지에 건축물이 있는 경우만 해당한다) :「건축법」제38조에 따른 건축물 대장의 내용

③ 토지의 이용 및 규제에 관한 사항 :「토지이용규제 기본법」제10조에 따른 토지이용계획확인서의 내용

④ 부동산의 보상에 관한 사항 :「공익사업을 위한 토지 등의 취득 및 보상에 관한 법률」제68조에 따른 부동산의 보상 가격 내용

⑤ 부동산의 가격에 관한 사항 :「부동산 가격공시 및 감정평가에 관한 법률」제11조에 따른 개별공시지가, 같은 법 제16조 및 제17조에 따른 개별주택가격 및 공동주택가격 공시내용

해설 ✦ 부동산종합공부의 등록사항
　　① 토지의 표시와 소유자에 관한 사항
　　② 건축물의 표시와 소유자에 관한 사항(토지에 건축물이 있는 경우만 해당한다)
　　③ 토지의 이용 및 규제에 관한 사항
　　④ 부동산의 가격에 관한 사항
　　⑤「부동산등기법」제48조에 따른 부동산의 권리에 관한 사항)(영제62조의2)[시행일 : 2015.7.1.]

정답 ✦ ④

지적공부의 복구

1 출제예상과 학습포인트

✦ 기출횟수

22회, 26회, 28회, 30회, 31회, 33회

✦ 35회 출제 예상

통상 2년에 한번 정도씩 출제가 이루어진다. 34회 시험에서 출제가 되지 않았기에 35회 시험에서는 출제가능성이 80% 정도로 보면 좋을 거 같다.

✦ 35회 중요도

★★

✦ 학습방법

지금현재 이론에서 언급된 부분에서 더 이상 양을 늘리지 말고 반복해서 이 정도만 숙지하면 될 거 같다.

✦ 핵심쟁점

❶ 지적공부복구의 개념 및 복구자료

❷ 지적공부의 복구절차

2 핵심 내용

❶ 지적공부의 복구 제26회, 제28회

지적소관청(전산지적공부는 시·도지사, 시장·군수 또는 구청장)은 지적공부가 멸실되거나 훼손된 경우에는 지체 없이 이를 복구하여야 한다.(시·도지사의 승인불요)

❷ 지적공부의 복구자료 제22회, 26회, 제28회, 제31회, 제33회

토지의 표시에 관한 사항	소유자에 관한 사항
① 지적공부의 등본 ② 측량 결과도 (측량준비자료✕) ③ 토지이동정리 결의서 (소유자정리 결의서 ✕, 토지이용계획확인서 ✕) ④ 등기사항증명서 등 등기사실을 증명하는 서류 ⑤ 지적소관청이 작성, 발행한 지적공부의 등록내용을 증명하는 서류 ⑥ 법 제69조 제3항에 따라 복제된 지적공부 ⑦ 법원의 확정판결서 정본 또는 사본	① 부동산등기부 ② 법원의 확정판결

❸ 지적공부의 복구절차

복구자료조사	
자료작성	지적소관청은 조사된 복구자료 중 토지대장·임야대장 및 공유지연명부의 등록 내용을 증명하는 서류 등에 따라 지적 복구자료 조사서를 작성하고, 지적도면의 등록 내용을 증명하는 서류 등에 따라 복구자료도를 작성하여야 한다.
복구측량	기존의 면적과 복구자료에 의하여 측량한 면적이 허용오차 범위를 초과하거나 복구자료가 없는 경우는 복구측량을 하여야 한다. 복구측량을 한 결과가 복구자료와 부합하지 아니하는 때에는 토지소유자 및 이해관계인의 동의를 얻어 경계 또는 면적 등을 조정.
게시 및 이의신청	① 복구하려는 토지의 표시 등을 시·군·구 게시판 및 인터넷 홈페이지에 15일 이상 게시하여야 한다. ② 이의가 있는 자는 게시기간 내에 지적소관청에 이의신청을 할 수 있다.
지적공부의 복구	토지대장·임야대장 또는 공유지연명부는 복구되고 지적도면이 복구되지 아니한 토지가 축척변경 시행지역이나 도시개발사업 등의 시행지역에 편입된 때에는 지적도면을 복구하지 아니할 수 있다.

3 대표 기출문제

제31회 출제

01 공간정보의 구축 및 관리 등에 관한 법령상 지적공부의 복구 및 복구절차 등에 관한 설명으로 틀린 것은?

① 지적소관청(정보처리시스템을 통하여 기록·저장한 지적공부의 경우에는 시·도지사, 시장·군수 또는 구청장)은 지적공부의 전부 또는 일부가 멸실되거나 훼손된 경우에는 지체없이 이를 복구하여야 한다.

② 지적공부를 복구할 때에는 멸실·훼손 당시의 지적공부와 가장 부합된다고 인정되는 관계 자료에 따라 토지의 표시에 관한 사항을 복구하여야 한다. 다만, 소유자에 관한 사항은 부동산등기부나 법원의 확정판결에 따라 복구하여야 한다.

③ 지적공부의 등본, 개별공시지가 자료, 측량신청서 및 측량 준비도, 법원의 확정판결서 정본 또는 사본은 지적공부의 복구자료이다.

④ 지적소관청은 조사된 복구자료 중 토지대장·임야대장 및 공유지연명부의 등록 내용을 증명하는 서류 등에 따라 지적 복구자료 조사서를 작성하고, 지적도면의 등록 내용을 증명하는 서류 등에 따라 복구자료도를 작성하여야 한다.

⑤ 복구자료도에 따라 측정한 면적과 지적복구자료 조사서의 조사된 면적의 증감이 오차의 허용범위를 초과하거나 복구자료도를 작성할 복구자료가 없는 경우에는 복구측량을 하여야 한다.

해설

개별공시지가 자료, 측량신청서 및 측량 준비도는 복구자료가 아니다.
지적공부의 복구에 관한 관계 자료는 다음과 같다.
1. 지적공부의 등본
2. 측량 결과도
3. 토지이동정리 결의서
4. 등기사항증명서 등 등기사실을 증명하는 서류
5. 지적소관청이 작성하거나 발행한 지적공부의 등록내용을 증명하는 서류
6. 법 제69조제3항에 따라 복제된 지적공부
7. 법원의 확정판결서 정본 또는 사본

답 ③

02 공간정보의 구축 및 관리 등에 관한 법령상 지적공부의 복구에 관한 관계 자료가 아닌 것은?

① 지적측량 의뢰서

② 지적공부의 등본

③ 토지이동정리 결의서

④ 법원의 확정판결서 정본 또는 사본

⑤ 지적소관청이 작성하거나 발행한 지적공부의 등록내용을 증명하는 서류

해설

지적공부의 복구에 관한 관계 자료는 다음과 같다.

1. 지적공부의 등본
2. 측량 결과도
3. 토지이동정리 결의서
4. 등기사항증명서 등 등기사실을 증명하는 서류
5. 지적소관청이 작성하거나 발행한 지적공부의 등록내용을 증명하는 서류
6. 법 제69조제3항에 따라 복제된 지적공부
7. 법원의 확정판결서 정본 또는 사본

답 ①

4 출제 예상문제

01 공간정보의 구축 및 관리 등에 관한 법령상 지적공부의 복구에 관한 관계 자료에 해당하지 않는 것은?

① 측량 결과도

② 법원의 확정판결서 정본 또는 사본

③ 토지이동정리 결의서

④ 지적측량수행계획서

⑤ 부동산종합증명서

해설 ✦ 지적측량수행계획서는 지적소관청이 아닌 지적측량수행자가 작성한 것이므로 복구자료로 사용할 수 없다.

정답 ✦ ④

02 다음은 지적공부의 복구절차에 대한 설명이다. 틀린 것은?

① 지적소관청은 지적공부의 전부 또는 일부가 멸실되거나 훼손된 경우에는 지체없이 이를 복구하여야 한다.

② 복구자료도에 따라 측정한 면적과 지적복구자료 조사서의 조사된 면적의 증감이 허용범위를 초과하거나 복구자료도를 작성할 복구자료가 없는 경우에는 복구측량을 하여야 한다.

③ 지적소관청은 지적공부를 복구하려는 경우에는 복구하려는 토지의 표시 등을 '시·군·구의 게시판' 및 '인터넷홈페이지'에 20일 이상 게시하여야 한다.

④ 복구하려는 토지의 표시 등에 이의가 있는 자는 ③의 게시기간 내에 지적소관청에 이의신청을 할 수 있다.

⑤ 토지대장·임야대장·공유지연명부는 복구되고 지적도면이 복구되지 아니한 토지가 축척변경 시행지역이나, 도시개발사업 등의 시행지역에 편입된 때에는 지적도면을 복구하지 아니할 수 있다.

해설 ✦ ③ 지적소관청은 지적공부를 복구하려는 경우에는 복구하려는 토지의 표시 등을 '시·군·구의 게시판' 및 '인터넷홈페이지'에 15일 이상 게시하여야 하고, 이의가 있는 자는 이 기간 내에 지적소관청에 이의신청을 할 수 있다(규칙 제73조 제6항).
① 다만, 정보처리시스템을 통하여 기록·저장한 지적공부의 경우에는 시·도지사와 시장·군수·구청장이 복구하여야 한다(법 제74조).
② 영 제61조 제1항 단서
④ 시행규칙 제73조 제7항
⑤ 시행규칙 제73조 제9항

정답 ✦ ③

테마 11 토지이동 신청

21회, 22회, 23회, 30회

1 출제예상과 학습포인트

✦ **기출횟수**

21회, 22회, 23회, 30회

✦ **35회 출제 예상**

통상 2년에 한번 정도씩 출제가 이루어진다. 34회 시험에서 출제가 되지 않았기에 35회 시험에서는 출제가능성이 70% 정도로 보면 좋을 거 같다.

✦ **35회 중요도**

★★★

✦ **학습방법**

각 토지이동의 대상을 정리하고 토지이동별 특징을 정리하여야 한다.

✦ **핵심쟁점**

❶ 신규등록의 특징
❷ 등록전환의 대상
❸ 분할과 합병의무가 있는 경우 및 합병제한 사유
❹ 지목변경의 대상 및 절차
❺ 토지의 말소 절차

2 핵심 내용

제1관 신규등록

❶ 의의

신규등록이란 새롭게 조성된 토지 및 등록이 누락되어 있는 토지를 지적공부에 등록하는 것을 말한다.

❷ 신청 방법

토지소유자는 신규등록할 토지가 있으면 그 사유가 발생한 날부터 60일 이내에 지적소관청에 신규등록을 신청하여야 한다.

❸ 특징

① 아직 미등기 상태이므로 등기촉탁하지 않는다.
② 소유자는 지적소관청이 조사, 확인하여 등록한다.

❹ 첨부서면(측량성과도 제출×, 등기증명×) 제23회

① 신청서에 다음의 서류를 첨부하여 지적소관청에 신청한다.
   ㉠ 법원의 확정판결서 정본 또는 사본
   ㉡ 공유수면매립법에 의한 준공검사확인증 사본
   ㉢ 도시계획구역 안의 토지를 그 지방자치단체의 명의로 등록하는 때에는 기획재정부장관과 협의한 문서의 사본
   ㉣ 그 밖에 소유권을 증명할 수 있는 서류의 사본

제2관   등록전환 제22회

❶ 의의

등록전환이란 임야대장 또는 임야도에 등록된 토지를 토지대장 또는 지적도에 옮겨 등록하는 것을 말한다.

❷ 대상 토지

① 「산지관리법」에 따른 산지전용허가·신고, 산지일시사용허가·신고, 「건축법」에 따른 건축허가·신고 또는 그 밖의 관계 법령에 따른 개발행위 허가 등을 받은 경우
② 대부분의 토지가 등록전환되어 나머지 토지를 임야도에 계속 존치하는 것이 불합리한 경우
③ 임야도에 등록된 토지가 사실상 형질변경되었으나 지목변경을 할 수 없는 경우
④ 도시·군관리계획선에 따라 토지를 분할하는 경우

❸ 절차

① 토지소유자는 등록전환할 토지가 있으면 그 사유가 발생한 날부터 60일 이내에 지적소관청에 등록전환을 신청하여야 한다.
② 등록전환시 경계를 정하기 위하여 측량(등록전환측량)을 하고 이에 따라 면적을 새로이 측정한다.
③ 등록전환 후 임야대장과 임야도를 말소한다.

제3관 토지의 분할

❶ 분할 대상

① 1필지의 일부가 형질변경 등으로 용도가 다르게 된 경우
② 소유권이전, 매매 등을 위하여 필요한 경우
③ 토지 이용상 불합리한 지상 경계를 시정하기 위한 경우

❷ 절차

① 토지소유자는 토지를 분할하려면 대통령령으로 정하는 바에 따라 지적소관청에 분할을 신청하여야 한다. (임의신청 원칙)
② 토지소유자는 지적공부에 등록된 1필지의 일부가 형질변경 등으로 용도가 변경된 경우에는 용도가 변경된 날부터 60일 이내에 지적소관청에 토지의 분할을 신청하여야 한다(이 경우 지목변경 신청서를 함께 제출하여야 한다). (신청 의무)
③ 관계 법령에 따라 해당 토지에 대한 분할이 개발행위 허가 등의 대상인 경우에는 개발행위 허가 등을 받은 이후에 분할을 신청할 수 있다.

제4관 토지의 합병

❶ 합병신청 제30회

① 토지소유자는 토지를 합병하려면 대통령령으로 정하는 바에 따라 지적소관청에 합병을 신청하여야 한다. (임의신청 원칙)
② 토지소유자는 「주택법」에 따른 공동주택의 부지, 도로, 제방, 하천, 구거, 유지, 공장용지·학교용지·철도용지·수도용지·공원·체육용지의 토지로서 합병하여야 할 토지가 있으면 그 사유가 발생한 날부터 60일 이내에 지적소관청에 합병을 신청하여야 한다. (신청의무)

❷ 합병의 제한 제17회, 제22회, 제23회 〈개정 2020. 2. 4.〉[시행일 : 2020. 8. 5.]

① 합병하려는 토지의 지번부여지역, 지목 또는 소유자가 서로 다른 경우
② 합병하려는 토지에 다음의 등기 외의 등기가 있는 경우
　　㉠ 소유권·지상권·전세권 또는 임차권의 등기
　　㉡ 승역지에 대한 지역권의 등기

     © 합병하려는 토지 전부에 등기원인 및 그 연월일과 접수번호가 같은 저당권 등기

     ② 합병하려는 토지 전부에 등기사항이 동일한 신탁등기

③ 합병하려는 토지의 지적도 및 임야도의 축척이 서로 다른 경우

④ 합병하려는 각 필지가 서로 연접하지 않은 경우

⑤ 합병하려는 토지가 등기된 토지와 등기되지 아니한 토지인 경우

⑥ 합병하려는 각 필지의 지목은 같으나 일부 토지의 용도가 다르게 되어 법 제79조제2항에 따른 분할대상 토지인 경우. 다만, 합병 신청과 동시에 토지의 용도에 따라 분할 신청을 하는 경우는 제외한다.

⑦ 합병하려는 토지의 소유자별 공유지분이 다르거나 소유자의 주소가 서로 다른 경우

⑧ 합병하려는 토지가 구획정리, 경지정리 또는 축척변경을 시행하고 있는 지역의 토지와 그 지역 밖의 토지인 경우

❸ 특징(측량불요)

① 합병 후 필지의 경계 또는 좌표: 합병 전 각 필지의 경계 또는 좌표 중 합병으로 필요 없게 된 부분을 말소하여 결정

② 합병 후 필지의 면적: 합병 전 각 필지의 면적을 합산하여 결정

제5관　지목변경

❶ 토지소유자는 지목변경을 할 토지가 있으면 대통령령으로 정하는 바에 따라 그 사유가 발생한 날부터 60일 이내에 지적소관청에 지목변경을 신청하여야 한다.

❷ 대상

① 「국토의 계획 및 이용에 관한 법률」 등 관계 법령에 따른 토지의 형질변경 등의 공사가 준공된 경우

② 토지 또는 건축물의 용도가 변경된 경우

③ 도시개발사업 등의 원활한 사업 등을 추진하기 위하여 사업시행자가 공사 준공 전에 토지의 합병을 신청하는 경우

❸ 첨부서류 제22회

① 토지의 형질변경 등의 공사가 준공되었음을 증명하는 서류의 사본 또는 토지 또는 건축물의 용도가 변경되었음을 증명하는 서류의 사본
② 개발행위허가·농지전용허가·보전산지전용허가 등 지목변경과 관련된 규제를 받지 아니하는 토지의 지목변경이거나, 전·답·과수원 상호간의 지목변경인 경우에는 위 ①의 서류의 첨부를 생략할 수 있다.
③ 위 ①에 해당하는 서류를 해당 지적소관청이 관리하는 경우에는 지적소관청의 확인으로 그 서류의 제출을 갈음할 수 있다.

제6관 바다로 된 토지의 등록말소 제21회, 제22회, 제30회

① 지적소관청은 지적공부에 등록된 토지가 지형의 변화 등으로 바다로 된 경우로서 원상으로 회복될 수 없거나 다른 지목의 토지로 될 가능성이 없는 경우에는 지적공부에 등록된 토지소유자에게 지적공부의 등록말소 신청을 하도록 통지하여야 한다.
② 지적소관청은 토지소유자가 통지를 받은 날부터 90일 이내에 등록말소 신청을 하지 아니하면 직권으로 그 지적공부의 등록사항을 말소하여야 한다.
③ 지적소관청은 말소한 토지가 지형의 변화 등으로 다시 토지가 된 경우에는 토지로 회복등록을 할 수 있다(신청의무 없음).
④ 지적공부의 등록사항을 직권으로 말소하거나 회복등록 하였을 때에는 그 정리 결과를 토지소유자 및 해당 공유수면의 관리청에 통지하여야 한다.

3 대표 기출문제

제21회 출제

01 토지의 이동신청에 관한 설명으로 틀린 것은?

① 공유수면매립 준공에 의하여 신규등록할 토지가 있는 경우 토지소유자는 그 사유가 발생한 날부터 60일 이내에 지적소관청에 신규등록을 신청하여야 한다.

② 임야도에 등록된 토지를 도시·군관리계획선에 따라 분할하는 경우 토지소유자는 지목변경 없이 등록전환을 신청할 수 있다.

③ 토지소유자는 「주택법」에 따른 공동주택의 부지로서 합병할 토지가 있으면 그 사유가 발생한 날부터 60일 이내에 지적소관청에 합병을 신청하여야 한다.

④ 토지소유자는 토지나 건축물의 용도가 변경되어 지목변경을 하여야 할 토지가 있으며 그 사유가 발생한 날부터 60일 이내에 지적소관청에 지목변경을 신청하여야 한다.

⑤ 바다로 되어 말소된 토지가 지형의 변화 등으로 다시 토지가 된 경우 토지소유자는 그 사유자 발생한 날부터 90일 이내에 토지의 회복등록을 지적소관청에 신청하여야 한다.

> **해설**
> 바다로 된 토지의 말소는 90일 이내에 신청하여야 하지만 말소된 토지의 회복은 신청의무가 없다.
>
> 답 ⑤

제30회 출제

02 공간정보의 구축 및 관리 등에 관한 법령상 토지의 합병 및 지적공부의 정리 등에 관한 설명으로 틀린 것은?

① 합병에 따른 면적은 따로 지적측량을 하지 않고 합병 전 각 필지의 면적을 합산하여 합병 후 필지의 면적으로 결정한다.

② 토지소유자가 합병 전의 필지에 주거·사무실 등의 건축물이 있어서 그 건축물이 위치한 지번을 합병 후의 지번으로 신청할 때에는 그 지번을 합병 후의 지번으로 부여하여야 한다.

③ 합병에 따른 경계는 따로 지적측량을 하지 않고 합병 전 각 필지의 경계 중 합병으로 필요 없게 된 부분을 말소하여 합병 후 필지의 경계로 결정한다.

④ 지적소관청은 토지소유자의 합병신청에 의하여 토지의 이동이 있는 경우에는 지적공부를 정리하여야 하며, 이 경우에는 토지이동정리 결의서를 작성하여야 한다.

⑤ 토지소유자는 도로, 제방, 하천, 구거, 유지의 토지로서 합병하여야 할 토지가 있으면 그 사유가 발생한 날부터 90일 이내에 지적소관청에 합병을 신청하여야 한다.

> **해설**
>
> 토지소유자는 도로, 제방, 하천, 구거, 유지의 토지로서 합병하여야 할 토지가 있으면 그 사유가 발생한 날부터 60일 이내에 지적소관청에 합병을 신청하여야 한다.
>
> 답 ⑤

제22회 출제

03 지목변경 신청에 관한 설명으로 틀린 것은?

① 토지소유자는 지목변경을 할 토지가 있으면 그 사유가 발생한 날부터 60일 이내에 지적소관청에 지목변경을 신청하여야 한다.

② 「국토의 계획 및 이용에 관한 법률」 등 관계 법령에 따른 토지의 형질변경 등의 공사가 준공된 경우에는 지목변경을 신청할 수 있다.

③ 전·답·과수원 상호간의 지목변경을 신청하는 경우에는 토지의 용도가 변경되었음을 증명하는 서류의 사본첨부를 생략할 수 있다.

④ 지목변경 신청에 따른 첨부서류를 해당 지적소관청이 관리하는 경우에는 시·도지사의 확인으로 그 서류의 제출을 갈음할 수 있다.

⑤ 「도시개발법」에 따른 도시개발사업의 원활한 추진을 위하여 사업시행자가 공사 준공 전에 토지의 합병을 신청하는 경우에는 지목변경을 신청할 수 있다.

4 출제 예상문제

01 토지의 이동신청 및 지적정리 등에 관한 설명으로 틀린 것은?

① 소유권이전과 매매 그리고 토지이용상 불합리한 지상경계를 시정하기 위한 경우 토지소유자는 분할을 신청할 수 있다.

② 합병하고자 하는 토지의 소유자별 공유지분이 다르거나 소유자의 주소가 서로 다른 경우 토지소유자는 합병을 신청할 수 없다.

③ 「국토의 계획 및 이용에 관한 법률」 등 관계법령에 따른 토지의 형질변경 등의 공사가 준공된 경우 토지소유자는 그 사유가 발생한 날부터 60일 이내에 지목변경을 신청하여야 한다.

④ 임야도에 등록된 토지가 사실상 형질변경 되었으나 지목변경을 할 수 없는 경우에는 등록전환을 신청할 수 없다.

⑤ 토지소유자가 바다로 된 토지로서 등록말소신청의 통지받은 날부터 90일 이내에 등록말소신청을 하지 아니하는 때에는 지적소관청이 직권으로 말소하여야 한다.

해설 ✦ ④ 이 경우와 '대부분의 토지가 등록전환되어 나머지 토지를 임야도에 계속 존치하는 것이 불합리한 경우', '도시·군관리계획선에 따라 토지를 분할하는 경우'에는 지목변경 없이 등록전환을 신청할 수 있다(영 제64조 제2항).

정답 ✦ ④

테마 **12** 축척변경

24회, 26회, 28회, 29회, 31회, 33회

---

1 출제예상과 학습포인트

✦ **기출횟수**

24회, 26회, 28회. 29회, 31회, 33회

✦ **35회 출제 예상**

최근에 디테일한 부분까지 자주 출제되고 있다. 35회 시험에서는 출제가능성이 80% 정도로 보면 좋을 거 같다.

✦ **35회 중요도**

★★★

✦ **학습범위**

지금현재 이론에서 언급된 부분에서 더 이상 양을 늘리지 말고 반복해서 이 정도만 숙지하면 될 거 같다.

✦ **학습방법**

축척변경 대상 및 기본절차 중심으로 학습을 하되 숫자문제가 주로 출제되므로 숫자는 시험에 가까워 질수록 완벽히 숙지하여야 한다.

✦ **핵심쟁점**

❶ 축척변경의 대상
❷ 축척변경의 절차
❸ 축척변경위원회

---

2 핵심 내용

❶ 의의

축척변경이란 지적도에 등록된 경계점의 정밀도를 높이기 위하여 작은 축척을 큰 축척으로 변경하여 등록하는 것을 말한다.

❷ 축척변경의 대상

① 지적소관청은 지적도가 다음 어느 하나에 해당하는 경우에는 토지소유자의 신청 또는 지적소관청의 직권으로 일정한 지역을 정하여 그 지역의 축척을 변경할 수 있다.

　　ⓐ 잦은 토지의 이동으로 1필지의 규모가 작아서 소축척으로는 지적측량성과의 결정이나 토지의
　　　이동에 따른 정리를 하기가 곤란한 경우
　　ⓑ 동일한 지번부여지역안에 서로 다른 축척의 지적도가 있는 때
　　ⓒ 그 밖에 지적공부를 관리하기 위하여 필요하다고 인정되는 경우
② 절차적 요건
　　ⓐ 축척변경시행지역안의 토지소유자의 3분의 2이상의 동의를 얻을 것
　　ⓑ 축척변경위원회의 의결을 거칠 것
　　ⓒ 시·도지사 또는 대도시 시장의 승인을 얻을 것
③ 의결 및 승인 없이 축척변경 할 수 있는 경우(이 경우 면적만 새로 정함)
　　ⓐ 합병하려는 토지가 축척이 다른 지적도에 각각 등록되어 있어 축척변경을 하는 경우
　　ⓑ 도시개발사업 등의 시행지역에 있는 토지로서 그 사업에서 제외된 토지의 축척변경을 하는 경우

❸ **절차** ★★ 제24회, 제26회, 제28회, 제29회, 제31회, 제34회

토지 소유자 ⅔ 이상의 동의	
축척 변경위원회의 의결	
시 도지사(대도시시장) 승인	
시행공고	지적소관청은 승인을 받았을 때에는 지체 없이 다음 사항을 20일 이상 공고하여야 한다. ① 축척변경의 목적, 시행지역 및 시행기간 ② 축척변경의 시행에 관한 세부계획 ③ 축척변경의 시행에 따른 청산방법 ④ 축척변경의 시행에 따른 토지소유자 등의 협조에 관한 사항
경계 표시	토지 소유자 또는 점유자는 시행 공고일로부터 30일 이내에 현재의 점유 상태를 표시하는 경계점표지를 설치.
지적측량 및 토지표시 결정	소관청은 축척변경시행지역 안의 각 필지별 지번, 지목, 경계 또는 좌표를 새로이 정한다. 이 경우 측량은 소유자가 설치한 경계점표지(점유경계)를 기준으로 한다.
지번별 조서 작성	소관청은 측량을 완료한 때에는 시행 공고일 현재의 지적공부상 면적과 측량후의 면적을 비교하여 변동사항을 표시한 지번별조서를 작성한다.
청산 절차	① ㎡당 가격 산출 : 지적소관청은 시행공고일 현재를 기준으로 그 축척변경시행 지역 안의 토지에 대하여 지번별 제곱미터당 가격을 미리 조사하여 축척변경위 원회에 제출. ② 청산금의 공고(15일 이상) 및 열람 ③ 공고 후 20일 이내에 수령고지서, 납부통지서 발부

	④ 납부 고지 통지를 받은 자는 6월 내에 납부, 수령 통지를 한 날부터 6월 내에 지급 ⑤ 이의 신청은 통지 받은 날부터 1월 이내 / 심의, 의결 1월이내 ⑥ 차액 처리 : 지방자치단체의 수입 또는 비용으로 처리한다.

확정 공고	- 청산금의 납부 및 지급이 완료되었을 때에는 지적소관청은 지체 없이 축척변경의 확정공고를 하여야 한다.
	- 축척변경 확정공고일에 토지이동이 있는 것으로 본다.
	- 확정공고사항
	  ① 토지의 소재 및 지역명
	  ② 축척변경 지번별 조서
	  ③ 청산금 조서
	  ④ 지적도의 축척
	- 축척변경에 따라 확정된 사항을 지적공부에 등록하는 경우에 토지대장은 확정공고된 축척변경 지번별 조서에 따르고 지적도는 확정측량 결과도 또는 경계점좌표에 따른다.

지적정리,	
등기촉탁, 소유자에게 통지	

④ 축척변경위원회 제30회

1. 축척변경에 관한 사항을 심의·의결하기 위하여 지적소관청에 축척변경위원회를 둔다.

2. 축척위원회의 구성

① 축척변경위원회는 5명 이상 10명 이하의 위원으로 구성하되, 위원의 '2분의 1 이상'을 토지소유자로 하여야 한다. 이 경우 그 시행지역의 토지소유자가 5명 이하일 때에는 토지소유자 전원을 위원으로 위촉하여야 한다.

② 위원은 지적소관청이 위촉하며, 위원장은 위원 중에서 지적소관청이 지명한다.

3. 축척변경위원회의 심의·의결사항 제27회

① 축척변경 시행계획에 관한 사항

② 지번별 제곱미터당 금액의 결정과 청산금의 산정에 관한 사항

③ 청산금의 이의신청에 관한 사항

④ 그 밖에 축척변경과 관련하여 지적소관청이 회의에 부치는 사항

4. 위원회의 회의

① 축척변경위원회의 회의는 지적소관청이 그 기능의 어느 하나에 해당하는 사항을 축척변경위원회에 회부하거나 위원장이 필요하다고 인정할 때에 위원장이 소집하고, 그 회의는 위원장을 포함한 재적위원 과반수의 출석으로 개의하고 출석위원 과반수의 찬성으로 의결한다.

② 위원장은 축척변경위원회의 회의를 소집할 때에는 회의일시·장소 및 심의안건을 회의 개최 5일 전까지 각 위원에게 서면으로 통지하여야 한다.

3 대표 기출문제

제26회 출제

01 공간정보의 구축 및 관리 등에 관한 법령상 축척변경사업에 따른 청산금에 관한내용이다. ( )에 들어갈 사항으로 옳은 것은?

> • 지적소관청이 납부고지하거나 수령통지한 청산금에 관하여 이의가 있는 자는 납부고지 또는 수령통지를 받은 날부터 (ㄱ) 이내에 지적소관청에 이의신청을 할 수 있다.
> • 지적소관청으로부터 청산금의 납부고지를 받은 자는 그 고지를 받은 날부터 (ㄴ) 이내에 청산금을 지적소관청에 내야 한다.

① ㄱ : 15일, ㄴ : 6개월   ② ㄱ : 1개월, ㄴ : 3개월

③ ㄱ : 1개월, ㄴ : 6개월   ④ ㄱ : 3개월, ㄴ : 6개월

⑤ ㄱ : 3개월, ㄴ : 1년

해설

• 청산금 산정과 관련하여 이의있는 자는 납부고지 또는 수령통지 받은 날부터 1개월 이내 지적소관청에 이의신청을 할 수 있다.
• 지적소관청으로부터 청산금의 납부고지를 받은 자는 그 고지를 받은 날부터 6개월 이내 청산금을 지적소관청에 납부하여야 한다.
• 지적소관청은 수령통지한 날부터 6개월 이내 청산금을 지급하여야 한다.

정답 ③

제30회 출제

02 공간정보의 구축 및 관리 등에 관한 법령상 축척변경위원회의 구성과 회의 등에 관한 설명으로 옳은 것을 모두 고른 것은?

> ㄱ. 축척변경위원회의 회의는 위원장을 포함한 재적위원 과반수의 출석으로 개의(開議)하고, 출석위원 과반수의 찬성으로 의결한다.
> ㄴ. 축척변경위원회는 5명 이상 15명 이하의 위원으로 구성하되, 위원의 3분의 2 이상을 토지소유자로 하여야 한다. 이 경우 그 축척변경 시행지역의 토지소유자가 5명 이하일 때에는 토지소유자 전원을 위원으로 위촉하여야 한다.
> ㄷ. 위원은 해당 축척변경 시행지역의 토지소유자로서 지역 사정에 정통한 사람과 지적에 관하여 전문지식을 가진 사람 중에서 지적소관청이 위촉한다.

① ㄱ   ② ㄴ   ③ ㄱ, ㄷ   ④ ㄴ, ㄷ   ⑤ ㄱ, ㄴ, ㄷ

해설

축척변경위원회는 축척변경에 관한 사항을 심의하여 의결하는 기관으로서 5명 이상 10명 이하의 위원으로 구성하되, 위원의 2분의 1 이상을 토지소유자로 하여야 한다. 이 경우 축척변경 시행지역의 토지소유자가 5명 이하일 때에는 토지소유자 전원을 위원으로 위촉하여야 한다.

정답 ③

4 출제 예상문제

01 축척변경에 관한 다음 설명 중 **틀린** 것은?

① 지적소관청은 지적도가 잦은 토지의 이동으로 1필지의 규모가 작아서 소축척으로는 지적측량성과의 결정이나 토지의 이동에 따른 정리를 하기가 곤란한 경우에는 축척변경을 할 수 있다.

② 청산금의 납부고지를 받은 자는 그 고지를 받은 날부터 6개월 이내에 청산금을 지적소관청에 내야 하며, 지적소관청은 청산금의 수령통지를 한 날로부터 6개월 이내에 청산금을 지급하여야 한다.

③ 지적소관청은 청산금을 지급받을 자가 행방불명 등으로 받을 수 없거나 받기를 거부할 때에는 그 청산절차를 중단하여야 한다.

④ 청산금에 관하여 이의신청을 받은 지적소관청은 1개월 이내에 축척변경위원회의 심의·의결을 거쳐 그 인용여부를 결정한 후 지체없이 그 내용을 이의신청인에게 통지하여야 한다.

⑤ 청산금의 납부 및 지급이 완료되었을 때에 지적소관청은 지체없이 축척변경의 확정공고를 하여야 하며, 축척변경시행지역의 토지는 축척변경 확정공고일에 토지의 이동이 있는 것으로 본다.

해설 ✦ ③ 지적소관청은 청산금을 지급받을 자가 행방불명 등으로 받을 수 없거나 받기를 거부할 때에는 그 청산금을 공탁할 수 있다(영 제76조 제4항).

정답 ✦ ③

02 축척변경에 관한 설명 중 가장 옳은 것은?

① 합병하려는 토지가 축척이 다른 지적도에 각각 등록되어 있어 축척변경을 하는 경우에도 시·도지사 또는 대도시시장의 승인을 받아야 한다.

② 축척변경을 하고자 하는 때에는 축척변경시행지역의 토지소유자의 4분의 3 이상의 동의를 받아야 한다.

③ 축척변경승인신청을 받은 시·도지사 또는 대도시시장은 승인신청을 받은 날부터 30일 이내에 그 승인여부를 지적소관청에 통지하여야 한다.

④ 축척변경이라 함은 지적도나 임야도에 등록된 경계점의 정밀도를 높이기 위하여 작은 축척을 큰 축척으로 변경하여 등록하는 것을 말한다.

⑤ 축척변경위원회의 의결 및 시·도지사 또는 대도시시장의 승인 절차를 거치지 아니하고 축척을 변경하는 경우에는 각 필지별 지번·지목 및 경계는 종전의 지적공부에 따르고, 면적만 새로 정하여야 한다.

해설 ✦ ⑤ 영 제72조 제3항.

① 합병하려는 토지가 축척이 다른 지적도에 각각 등록되어 있어 축척변경을 하는 경우와 도시개발사업 등의 시행지역에 있는 토지로서 그 사업 시행에서 제외된 토지의 축척변경을 하는 경우에는 축척변경위원회의 의결 및 시·도지사 또는 대도시 시장의 승인 없이 축척변경을 할 수 있다(법 제83조 제3항 단서).

② 축척변경을 하려면 축척변경시행지역의 토지소유자 3분의 2 이상의 동의를 받아야 한다(법 제83조 제3항 본문).

③ 축척변경승인신청을 받은 시·도지사 또는 대도시 시장은 축척변경 사유 등을 심사한 후 그 승인 여부를 지적소관청에 통지하여야 하나(영 제70조 제1항), 그 통지의 기간은 정해져 있지 않다.

④ 축척변경이라 함은 '지적도'에 등록된 경계점의 정밀도를 높이기 위하여 작은 축척을 큰 축척으로 변경하여 등록하는 것을 말한다(법 제2조 제34호).

정답 ✦ ⑤

토지이동의 개시

24회, 26회, 30회, 31회

1 출제예상과 학습포인트

✦ 기출횟수

24회, 26회, 30회, 31회

✦ 35회 출제 예상

통상 2년에 한번 정도씩 출제가 이루어진다. 34회 시험에서 특례상버이 출제 되었다. 35회 시험에서는 출제가능성이 80% 정도로 보면 좋을 거 같다.

✦ 35회 중요도

★★

✦ 학습방법

지금현재 이론에서 언급된 부분에서 더 이상 양을 늘리지 말고 반복해서 이 정도만 숙지하면 될 거 같다. 특히 토지이동신청의 특례는 최근에 계속 출제되므로 완벽한 조문정리가 필요하다.

✦ 핵심쟁점

❶ 소유자를 대신해서 신청하는 경우
❷ 토지이동신청의 특례

2 핵심 내용

❶ 토지의 이동이 있을 때 토지소유자의 신청을 받아 지적소관청이 결정한다. 다만, 신청이 없으면 지적소관청이 직권으로 조사·측량하여 결정할 수 있다.

❷ **신청의 대위** 제24회

다음에 해당하는 자는 이 법에 따라 토지소유자가 하여야 하는 신청을 대신할 수 있다. 다만, 제84조에 따른 등록사항 정정 대상토지는 제외한다.

① **공공사업시행자**

공공사업 등에 따라 학교용지·도로·철도용지·제방·하천·구거·유지·수도용지 등의 지목으로 되는 토지인 경우

② 행정기관의 장 또는 지방자치단체장
국가나 지방자치단체가 취득하는 토지인 경우
③ 「집합건물의 소유 및 관리에 관한 법률」에 따른 관리인 또는 해당 사업의 시행자 「주택법」에 따른
공동주택의 부지인 경우
④ 채권자(민법 제404조)

❸ 토지이동신청의 특례 제26회, 제30회, 제31회, 제34회

① 「도시개발법」에 따른 도시개발사업, 「농어촌정비법」에 따른 농어촌정비사업, 그 밖에 대통령령으로 정하는 토지개발사업(주택건설사업, 택지개발사업, 산업단지개발사업, 정비사업, 지역개발사업 등)의 시행자는 그 사업의 착수·변경 및 완료 사실을 그 사유가 발생한 날부터 15일 이내에 지적소관청에 신고하여야 한다.
② 사업과 관련하여 토지의 이동이 필요한 경우에는 해당 사업의 시행자가 지적소관청에 토지의 이동을 신청하여야 한다.
③ 「주택법」에 따른 주택건설사업의 시행자가 파산 등의 이유로 토지의 이동 신청을 할 수 없을 때에는 그 주택의 시공을 보증한 자 또는 입주예정자 등이 신청할 수 있다.
④ 사업의 착수 또는 변경의 신고가 된 토지의 소유자가 해당 토지의 이동을 원하는 경우에는 해당 사업의 시행자에게 그 토지의 이동을 신청하도록 요청하여야 하며, 요청을 받은 시행자는 해당 사업에 지장이 없다고 판단되면 지적소관청에 그 이동을 신청하여야 한다.
⑤ 토지의 이동은 토지의 형질변경 등의 공사가 준공된 때에 이루어진 것으로 본다.

3 대표 기출문제

제26회 출제

01 공간정보의 구축 및 관리 등에 관한 법령상 도시개발사업 등 시행지역의 토지이동 신청 특례에 관한 설명으로 틀린 것은?

① 「농어촌정비법」에 따른 농어촌정비사업의 시행자는 그 사업의 착수·변경 및 완료 사실을 시·도지사에게 신고하여야 한다.

② 도시개발사업 등의 사업의 착수 또는 변경의 신고가 된 토지의 소유자가 해당 토지의 이동을 원하는 경우에는 해당 사업의 시행자에게 그 토지의 이동을 신청하도록 요청하여야 한다.

③ 도시개발사업 등의 사업시행자가 토지의 이동을 신청한 경우 토지의 이동은 토지의 형질변경 등의 공사가 준공된 때에 이루어진 것으로 본다.

④ 「도시개발법」에 따른 도시개발사업의 시행자는 그 사업의 착수·변경 또는 완료 사실의 신고를 그 사유가 발생한 날부터 15일 이내에 하여야 한다.

⑤ 「주택법」에 따른 주택건설사업의 시행자가 파산 등의 이유로 토지의 이동 신청을 할 수 없을 때에는 그 주택의 시공을 보증한 자 또는 입주예정자 등이 신청할 수 있다.

> **해설**
>
> ① 「농어촌정비법」에 따른 농어촌정비사업의 시행자는 그 사업의 착수·변경 및 완료 사실을 지적소관청에게 신고하여야 한다.
>
> 답 ①

4 출제 예상문제

01 다음은 토지의 이동신청에 관한 설명이다. 틀린 것은?

① 지적공부에 등록하는 지번·지목·면적·경계 또는 좌표는 토지의 이동이 있을 때에 토지소유자의 신청을 받아 지적소관청이 결정한다.

② 법인 아닌 사단이나 재단의 경우에는 그 대표자나 관리인이 이를 신청한다.

③ 도시개발사업 등 관계법령에 따른 토지개발사업과 관련하여 토지의 이동이 필요한 경우에는 해당 사업의 시행자 또는 소유자가 지적소관청에 토지의 이동을 신청하여야 한다.

④ 도시개발사업 등에 따른 토지의 이동 신청은 그 신청대상지역이 환지(換地)를 수반하는 경우에는 '사업완료신고'로써 이를 갈음할 수 있고, 이 경우 '사업완료신고서'에 토지의 이동 신청을 갈음한다는 뜻을 적어야 한다.

⑤ 주택법에 따른 공동주택의 부지의 경우에는 「집합건물의 소유 및 관리에 관한 법률」에 따른 관리인 또는 해당 사업의 시행자가 토지이동의 신청을 대신할 수 있다.

해설 ✦ ③ 도시개발사업 등 관계법령에 따른 토지개발사업과 관련하여 토지의 이동이 필요한 경우에는 해당 사업의 시행자가 지적소관청에 토지의 이동을 신청하여야 한다. (법 제86조 제2항)

정답 ✦ ③

02 공간정보의 구축 및 관리 등에 관한 법령상 상 토지소유자가 하여야 하는 신청을 대신할 수 있는 자가 <u>아닌</u> 자는?

① 국가나 지방자치단체가 취득하는 토지인 경우: 해당 토지를 관리하는 행정기관의 장 또는 지방자치단체의 장

② 공공사업 등에 따라 학교용지의 지목으로 되는 토지인 경우: 해당 토지를 관리하는 지방자치단체의 장

③ 공공사업 등에 따라 제방·하천의 지목으로 되는 토지인 경우: 해당 사업의 시행자

④ 「주택법」에 따른 공동주택의 부지인 경우: 「집합건물의 소유 및 관리에 관한 법률」에 따른 관리인(관리인이 없는 경우에는 공유자가 선임한 대표자) 또는 해당 사업의 시행자

⑤ 「민법」 제404조에 따른 채권자

해설 ✦ 공공사업 등에 따라 학교용지·도로·철도용지·제방·하천·구거·유지·수도용지 등의 지목으로 되는 토지인 경우 : 해당 사업의 시행자

법 제87조 【신청의 대위】 다음 각 호의 어느 하나에 해당하는 자는 이 법에 따라 토지소유자가 하여야 하는 신청을 대신할 수 있다.

1. 공공사업 등에 따라 학교용지·도로·철도용지·제방·하천·구거·유지·수도용지 등의 지목으로 되는 토지인 경우 : 해당 사업의 시행자
2. 국가나 지방자치단체가 취득하는 토지인 경우 : 해당 토지를 관리하는 행정기관의 장 또는 지방자치단체의 장
3. 「주택법」에 따른 공동주택의 부지인 경우 : 「집합건물의 소유 및 관리에 관한 법률」에 따른 관리인(관리인이 없는 경우에는 공유자가 선임한 대표자) 또는 해당 사업의 시행자
4. 「민법」 제404조에 따른 채권자

정답 ✦ ②

테마 **14** 지적정리

21회, 23회, 24회, 25회, 28회, 33회

1 출제예상과 학습포인트

✦ 기출횟수

21회, 23회, 24회, 25회, 28회, 33회

✦ 35회 출제 예상

통상 2년에 한번 정도씩 출제가 이루어진다. 35회 시험에서는 출제가능성이 70% 정도로 보면 좋을 거 같다.

✦ 35회 중요도

★★★

✦ 학습방법

지적공부의 토지이동정리와 소유자정리를 명확히 구분하고 등기와 관계를 이해하여야 한다.

✦ 핵심쟁점

❶ 지적정리와 등기와의 관계
❷ 지적정리등의 통지

2 핵심 내용

제1관 지적정리

❶ 지적공부의 정리방법

신규등록 등의 토지이동으로 지적공부를 정리하고자 하는 경우에는 토지이동정리결의서를 소유권의 변동을 정리하고자 하는 경우에는 소유자정리결의서를 작성한다.

❷ 토지소유자의 정리 ★★★ 제19회, 제25회

① 지적공부에 등록된 토지소유자의 변경사항은 등기관서에서 등기한 것을 증명하는 등기필증, 등기완료통지서, 등기사항증명서 또는 등기관서에서 제공한 등기전산정보자료에 따라 정리한다. 다만, 신규등록하는 토지의 소유자는 지적소관청이 직접 조사하여 등록한다.

② 「국유재산법」 제2조제10호에 따른 총괄청이나 같은 조 제11호에 따른 중앙관서의 장이 소유자 없는 부동산에 대한 소유자 등록을 신청하는 경우 지적소관청은 지적공부에 해당 토지의 소유자가 등록되지 아니한 경우에만 등록할 수 있다.

③ 등기부에 적혀 있는 토지의 표시가 지적공부와 일치하지 아니하면 토지소유자를 정리할 수 없다. 이 경우 토지의 표시와 지적공부가 일치하지 아니하다는 사실을 관할 등기관서에 통지하여야 한다.

④ 지적소관청은 필요하다고 인정하는 경우에는 관할 등기관서의 등기부를 열람하여 지적공부와 부동산등기부가 일치하는지 여부를 조사·확인하여야 하며, 일치하지 아니하는 사항을 발견하면 등기사항증명서 또는 등기관서에서 제공한 등기전산정보자료에 따라 지적공부를 직권으로 정리하거나, 토지소유자나 그 밖의 이해관계인에게 그 지적공부와 부동산등기부가 일치하게 하는 데에 필요한 신청 등을 하도록 요구할 수 있다.

⑤ 지적소관청 소속 공무원이 지적공부와 부동산등기부의 부합 여부를 확인하기 위하여 등기부를 열람하거나, 등기사항증명서의 발급을 신청하거나, 등기전산정보자료의 제공을 요청하는 경우 그 수수료는 무료로 한다.

❸ 등기촉탁 제23회, 제28회

1. 토지의 표시가 일정한 사유로 인하여 토지표시의 변경에 관한 등기를 할 필요가 있는 경우에는 지적소관청은 지체없이 관할 등기관서에 그 등기를 촉탁하여야 한다. 이 경우 그 등기촉탁은 국가가 자기를 위하여 하는 등기로 본다.

2. 촉탁대상(등기촉탁 불요 : 신규등록, 소유자정리시)

① 토지이동에 따른 지적공부를 정리한 때
② 지번변경시
③ 축척변경시
④ 행정구역의 개편으로 새로이 지번을 정한 때
⑤ 등록사항의 오류를 직권으로 조사, 측량하여 정정한 때
⑥ 바다로 된 토지의 등록말소한 때

❹ 지적정리 등의 통지

1. 통지의 대상 제28회

다음의 사항을 지적소관청이 지적공부에 등록하거나 지적공부를 복구·말소 또는 등기촉탁을 한 때에는 당해 토지소유자에게 통지하여야 한다.

① 지적소관청이 직권으로 조사·측량하여 지번, 지목, 면적, 경계, 좌표를 결정하여 지적공부를 정리한 때

② 지번변경을 한 때

③ 지적공부를 복구한 때

④ 직권으로 등록된 토지를 해면성 말소등록한 때

⑤ 직권으로 등록사항의 오류를 정정한 때

⑥ 지번부여지역이 변경하여 새로이 그 지번을 부여한 때

⑦ 토지개발사업 등에 의하여 지적공부를 정리한 때

⑧ 대위신청에 의하여 지적공부를 정리한 때

⑨ 지적소관청이 관할 등기관서에 등기를 촉탁한 때

(★ 통지할 필요가 없는 경우 : 소유자의 정리, 소유자의 신청에 의한 토지이동정리)

2. 통지의 시기 제21회, 제23회, 제24회, 제25회, 제34회

① 토지표시의 변경등기가 필요하지 아니한 경우 : 지적공부에 등록한 날부터 7일 이내

② 토지표시의 변경등기가 필요한 경우 : 그 등기완료의 통지서를 접수한 날부터 15일 이내

3 대표 기출문제

제29회 출제

01 공간정보의 구축 및 관리 등에 관한 법령상 토지소유자의 정리 등에 관한 설명으로 <u>틀린</u> 것은?

① 지적소관청은 등기부에 적혀 있는 토지의 표시가 지적공부와 일치하지 아니하면 토지소유자를 정리할 수 없다.

② 「국유재산법」에 따른 총괄청이나 같은 법에 따른 중앙관서의 장이 소유자 없는 부동산에 대한 소유자 등록을 신청을 하는 경우 지적소관청은 지적공부에 해당 토지의 소유자가 등록되지 아니한 경우에만 등록할 수 있다.

③ 지적공부에 신규등록하는 토지의 소유자에 관한 사항은 등기관서에서 등기한 것을 증명하는 등기필증, 등기완료통지서, 등기사항증명서 또는 등기관서에서 제공한 등기전산정보자료에 따라 정리한다.

④ 지적소관청은 필요하다고 인정하는 경우에는 관할 등기관서의 등기부를 열람하여 지적공부와 부동산등기부가 일치하는지 여부를 조사·확인하여야 한다.

⑤ 지적소관청 소속 공무원이 지적공부와 부동산등기부의 부합 여부를 확인하기 위하여 등기전산정보자료의 제공을 요청하는 경우 그 수수료는 무료로 한다.

> **해설**
>
> 지적공부에 등록된 토지소유자의 변경사항은 등기관서에서 등기한 것을 증명하는 등기필증, 등기완료통지서, 등기사항증명서 또는 등기관서에서 제공한 등기전산정보자료에 따라 정리한다. 다만, 신규등록하는 토지의 소유자는 지적소관청이 직접 조사하여 등록한다.(법 제88조 ①)
>
> 답 ③

02 공간정보의 구축 및 관리 등에 관한 법령상 지적소관청은 토지의 이동 등으로 토지의 표시 변경에 관한 등기를 할 필요가 있는 경우에는 지체 없이 관할 등기관서에 그 등기를 촉탁하여야 한다. 등기촉탁 대상이 <u>아닌</u> 것은?

① 지번부여지역의 전부 또는 일부에 대하여 지번을 새로 부여한 경우
② 바다로 된 토지의 등록을 말소한 경우
③ 하나의 지번부여지역에 서로 다른 축척의 지적도가 있어 축척을 변경한 경우
④ 지적소관청이 신규등록하는 토지의 소유자를 직접 조사하여 등록한 경우
⑤ 지적소관청이 직권으로 조사, 측량하여 지적공부의 등록사항을 정정한 경우

해설

등기의 촉탁은 토지의 소유권에 관한 권리변동에는 영향이 없고, 토지의 표시사항이 다르게 되어 지적공부의 등록사항을 변경정리 한 후에 부동산등기부의 표제부에 등기된 토지표시사항과 불일치가 발생하여 그 변경등기가 필요한 경우에 한하여 한다. 따라서 신규등록시에는 아직 미등기 상태이기 때문에 등기촉탁할 사유가 아니다.

※ 등기촉탁대상(법 제89조 제1항)
1. 토지의 이동정리를 한 때(다만, 신규등록은 제외)
2. 지번의 변경을 한 때
3. 바다로 된 토지의 등록을 말소하거나 회복등록한 때
4. 축척변경을 한 때
5. 직권으로 지적공부의 등록사항을 정정한 때
6. 행정구역의 개편으로 새로 지번을 부여한 때

정답 ④

제25회 출제

03 공간정보의 구축 및 관리 등에 관한 법령상 지적정리 등의 통지에 관한 설명으로 틀린 것은?

① 지적소관청이 시·도지사나 대도시 시장의 승인을 받아 지번부여지역의 일부에 대한 지번을 변경하여 지적공부에 등록한 경우 해당 토지소유자에게 통지하여야 한다.

② 토지의 표시에 관한 변경등기가 필요하지 아니한 지적정리 등의 통지는 지적소관청이 지적공부에 등록한 날부터 10일 이내 해당 토지소유자에게 하여야 한다.

③ 지적소관청은 지적공부의 전부 또는 일부가 멸실되거나 훼손되어 이를 복구 등록한 경우 해당 토지소유자에게 통지하여야 한다.

④ 토지의 표시에 관한 변경등기가 필요한 지적정리 등의 통지는 지적소관청이 그 등기완료의 통지서를 접수한날부터 15일 이내 해당 토지소유자에게 하여야 한다.

⑤ 지적소관청이 직권으로 조사·측량하여 결정한 지번·지목·면적·경계 또는 좌표를 지적공부에 등록한 경우 해당 토지소유자에게 통지하여야 한다.

> **해설**
>
> 토지의 표시에 관한 변경등기가 필요하지 아니한 지적정리 등의 통지는 지적소관청이 지적공부에 등록한 날부터 7일 이내 해당 토지소유자에게 하여야 한다.
>
> 답 ②

4 출제 예상문제

01 지적공부의 토지소유자 정리에 관한 설명 중 틀린 것은?

① 지적공부에 등록된 토지소유자의 변경사항은 등기관서에서 등기한 것을 증명하는 등기필증, 등기완료통지서, 등기사항증명서 또는 등기관서에서 제공한 등기전산정보자료에 따라 정리한다.

② '공유수면 관리 및 매립에 관한 법률'에 따라 매립준공인가 된 토지를 신규등록 하는 경우 토지의 소유자는 지적소관청이 직접 조사하여 등록한다.

③ 지적소관청이 관할 등기관서의 소유권변경사실의 통지를 받은 경우 등기부에 적혀있는 토지의 표시가 지적공부와 일치하지 아니하면 지적공부를 소유권변경사실의 통지 내역에 따라 정리한 후에 토지의 표시가 지적공부와 일치하지 아니하다는 사실을 관할 등기관서에 통지하여야 한다.

④ 지적소관청 소속 공무원이 지적공부와 부동산등기부의 부합 여부를 확인하기 위하여 등기부를 열람하거나, 등기사항증명서의 발급을 신청하거나, 등기전산정보자료의 제공을 요청하는 경우 그 수수료는 무료로 한다.

⑤ 지적소관청은 지적공부와 부동산등기부가 일치하지 아니하는 사항을 발견하면 지적공부를 직권으로 정리하거나, 토지소유자나 그 밖의 이해관계인에게 필요한 신청 등을 하도록 요구할 수 있다.

해설 ✦ ③ 등기부에 적혀 있는 토지의 표시가 지적공부와 일치하지 아니하면 제1항에 따라 토지소유자를 정리할 수 없다. 이 경우 토지의 표시와 지적공부가 일치하지 아니하다는 사실을 관할 등기관서에 통지하여야 한다.(법 제88조 제3항, 부동산등기법 제90조의2 제1항, 제2항).

정답 ✦ ③

1 출제예상과 학습포인트

✦ **기출횟수**

23회, 제27회, 30회, 31회

✦ **35회 출제 예상**

통상 2년에 한번 정도씩 출제가 이루어진다. 34회 시험에서 출제가 되지 않았기에 35회 시험에서는 출제가능성이 70% 정도로 보면 좋을 거 같다.

✦ **35회 중요도**

★★★

✦ **학습범위**

지금현재 이론에서 언급된 부분에서 더 이상 양을 늘리지 말고 반복해서 이 정도만 숙지하면 될 거 같다.

✦ **학습방법**

토지의 표시에 관한 정정과 소유자에 관한 사항의 정정을 구분하고 토지표시에 관한 정정을 절차에 따라서 신청에 의한 정정과 직권정정사유로 구분하여 정리하여야 한다.

✦ **핵심쟁점**

❶ 토지표시에 관한 사항의 정정 절차
❷ 직권정정사유
❸ 소유자에 관한 사항의 정정의 근거자료

2 핵심 내용

제1관 등록사항의 정정

❶ 토지표시에 관한 사항의 정정 제27회, 제31회

① 지적소관청은 토지의 표시가 잘못되었음을 발견하였을 때에는 지체 없이 등록사항 정정에 필요한 서류와 등록사항 정정 측량성과도를 작성하고, 토지이동정리 결의서를 작성한 후 대장의 사유란에 "등록사항정정 대상토지"라고 적고, 토지소유자에게 등록사항 정정 신청을 할 수 있도록 그 사유를

통지하여야 한다. 다만, 지적소관청이 직권으로 정정할 수 있는 경우에는 토지소유자에게 통지를 하지 아니할 수 있다.

② 등록사항 정정 대상토지에 대한 대장을 열람하게 하거나 등본을 발급하는 때에는 "등록사항 정정 대상토지"라고 적은 부분을 흑백의 반전(反轉)으로 표시하거나 붉은색으로 적어야 한다.

1. 지적소관청의 직권에 의한 정정 제30회

① 의의 : 소관청이 지적공부의 등록사항에 오류를 발견한 때에는 지체없이 직권으로 조사, 측량하여 이를 정정한 후에 소유권 또는 이해관계인에게 정정사유와 정정내용을 통지하여야 한다. 다만 직권 정정사유가 있더라도 당사자가 신청하여 정정할 수 있다.

② 직권정정 사유 제23회
- ㉠ 토지이동정리결의서의 내용과 다르게 정리된 때
- ㉡ 도면에 등록된 필지가 면적의 증감 없이 경계의 위치만 잘못 등록된 경우
- ㉢ 1필지가 각각 다른 지적도 또는 임야도에 등록되어 있는 경우로서 지적공부에 등록된 면적과 측량한 실제면적은 일치하지만 지적도 또는 임야도에 등록된 경계를 지상의 경계에 맞추어 정정하여야 하는 토지가 발견된 경우
- ㉣ 지적공부의 작성 또는 재작성 당시 잘못된 경우
- ㉤ 지적측량 성과와 다르게 정리된 경우
- ㉥ 지적측량적부심사 또는 재심사 의결서의 사본을 송부받은 지적소관청이 지적공부의 등록사항을 정정하여야 하는 경우
- ㉦ 지적공부의 등록사항이 잘못 입력된 경우
- ㉧ 부동산등기법 제90조의3 제2항(토지의 합필제한)의 규정에 등기신청을 각하하고 등기관이 그 사유를 지적소관청에 통지한 경우(지적소관청의 착오로 인한 경우로 한정)
- ㉨ 면적환산이 잘못된 경우

2. 토지소유자의 신청에 의한 정정

① 의의
- ㉠ 토지소유자는 등록사항의 오류를 발견한 때는 지적소관청에 정정을 신청할 수 있다. 정정 사유에는 제한이 없다.
- ㉡ 오류정정으로 경계·면적이 변경될 경우 인접지 소유자의 승낙서나 이에 대항할 수 있는 확정판결서 정본에 의하여 정정하여야 한다.

② 첨부서류
- ㉠ 경계 또는 면적의 변경을 수반 : 등록사항 정정 측량성과도 첨부
- ㉡ 기타 등록사항 정정 : 변경 사항을 증명하는 서류 첨부

② 토지소유자에 관한 사항의 오류 정정

① 정정사항이 토지소유자에 관한 사항인 경우에는 등기필증, 등기완료통지서, 등기사항증명서 또는 등기관서에서 제공한 등기전산정보자료에 따라 정정하여야 한다.

② 미등기토지의 소유자에 관한 등록사항의 오류가 있을 때에는 가족관계 기록사항에 관한 증명서에 따라 정정하여야 한다. 이 경우 직권정정은 불가능하다.

3 대표 기출문제

제31회 출제

01 다음은 공간정보의 구축 및 관리 등에 관한 법령상 등록사항 정정 대상토지에 대한 대장의 열람 또는 등본의 발급에 관한 설명이다. ( )에 들어갈 내용으로 옳은 것은?

> 지적소관청은 등록사항 정정 대상토지에 대한 대장을 열람하게 하거나 등본을 발급하는 때에는 (ㄱ) 라고 적은 부분을 흑백의 반전(反轉)으로 표시하거나 (ㄴ) (으)로 적어야 한다.

① ㄱ: 지적부불합지,   ㄴ: 붉은색

② ㄱ: 지적부불합지,   ㄴ: 굵은 고딕체

③ ㄱ: 지적부불합지,   ㄴ: 담당자의 자필(自筆)

④ ㄱ: 등록사항 정정 대상토지,   ㄴ: 붉은색

⑤ ㄱ: 등록사항 정정 대상토지,   ㄴ: 굵은 고딕체

해설

등록사항 정정 대상토지에 대한 대장을 열람하게 하거나 등본을 발급하는 때에는 "등록사항 정정 대상토지"라고 적은 부분을 흑백의 반전(反轉)으로 표시하거나 붉은색으로 적어야 한다.

정답 ④

제30회 출제

02 공간정보의 구축 및 관리 등에 관한 법령상 지적소관청이 지적공부의 등록사항에 잘못이 있는 지를 직권으로 조사·측량하여 정정할 수 있는 경우를 모두 고른 것은?

> ㄱ. 지적공부의 작성 또는 재작성 당시 잘못 정리된 경우
> ㄴ. 지적도에 등록된 필지의 경계가 지상 경계와 일치하지 않아 면적의 증감이 있는 경우
> ㄷ. 측량 준비 파일과 다르게 정리된 경우
> ㄹ. 지적공부의 등록사항이 잘못 입력된 경우

① ㄷ   ② ㄹ   ③ ㄱ, ㄹ
④ ㄴ, ㄷ   ⑤ ㄱ, ㄷ, ㄹ

해설

직권정정 사유

① 토지이동정리결의서의 내용과 다르게 정리된 경우

② 지적도와 임야도에 등록된 필지가 면적의 증감없이 경계의 위치만 잘못된 경우

③ 1필지가 각각 다른 지적도나 임야도에 등록되어 있는 경우로서 지적공부에 등록한 면적과 측량한 실제면적은 일치하지만 지적이나 임야도에 등록한 경계가 서로 접합되지 않아 지적이나 임야도에 등록한 경계를 지상의 경계에 맞추어 정정하여야 하는 토지가 발견된 경우

④ 지적공부의 작성 또는 재작성 당시 잘못 정리된 경우

⑤ 지적측량성과와 다르게 정리된 경우

⑥ 등록전환에 있어서 면적의 오차 허용범위를 초과하여 임야대장의 면적 또는 임야도의 경계를 정정하는 경우(시행령 제19조 1항)

⑦ 지적위원회의 의결서에 따라 지적공부의 등록사항을 정정하여야 하는 경우

⑧ 지적공부의 등록사항이 잘못 입력된 경우

⑨ 토지합필등기신청의 각하에 따른 등기관의 통지가 있는 경우

⑩ 척관법에서 미터법으로 면적환산이 잘못된 경우

답 ③

4 출제 예상문제

01 지적공부의 등록사항정정에 관한 설명으로 틀린 것은?

① 지적도 및 임야도에 등록된 필지가 면적의 증감없이 경계의 위치만 잘못 등록된 경우 지적 소관청이 직권으로 조사·측량하여 정정할 수 있다.

② 토지소유자가 경계 또는 면적의 변경을 가져오는 등록사항에 대한 정정신청을 하는 때에는 정정사유를 적은 신청서에 등록사항정정측량성과도를 첨부하여 지적소관청에 제출하여야 한다.

③ 등록사항정정대상토지에 대한 대장을 열람하게 하거나 등본을 발급하는 때에는 '등록사항정정대상토지'라고 적은 부분을 흑백의 반전으로 표시하거나 붉은색으로 적어야 한다.

④ 등기된 토지의 지적공부 등록사항정정의 내용이 토지의 표시에 관한 사항인 경우 등기필증, 등기완료통지서, 등기사항증명서 또는 등기관서에서 제공한 등기전산정보자료에 따라 정정하여야 한다.

⑤ 등록사항정정 신청사항이 미등기 토지의 소유자의 성명, 주민등록번호, 주소 등에 관한 사항으로서 명백히 잘못된 경우에는 가족관계 기록사항에 관한 증명서에 따라 정정하여야 한다.

해설 ✦ ④ 등기된 토지의 지적공부 등록사항정정 내용이 '토지소유자에 관한 사항인 경우'에는 등기필증, 등기완료통지서, 등기사항증명서 또는 등기관서에서 제공한 등기전산정보자료에 따라 정정하여야 한다(법 제84조 제4항 본문).
　① 영 제82조 제1항 제2호
　② 규칙 제93조 제1호
　③ 규칙 제94조 제2항
　⑤ 법 제84조 제4항 단서

정답 ✦ ④

02 다음 등록사항정정에 관한 설명 중 **틀린** 것은?

① 토지소유자의 신청에 따른 등록사항의 정정으로 인접 토지의 경계가 변경되는 경우에는 '인접 토지소유자의 승낙서' 또는 인접토지의 소유자가 승낙하지 아니하는 경우에는 '이에 대항할 수 있는 확정판결서 정본'을 지적소관청에 제출하여야 한다.

② 지적소관청이 등록사항을 정정할 때에 미등기 토지를 제외하고는 그 정정사항이 토지소유자에 관한 사항인 경우에는 등기필증, 등기완료통지서, 등기사항증명서 또는 등기관서에서 제공한 등기전산정보자료에 따라 정정하여야 한다.

③ 미등기 토지에 대하여 토지소유자의 성명 또는 명칭, 주민등록번호, 주소 등에 관한 사항의 정정을 신청한 경우로서 그 등록사항이 명백히 잘못된 경우에는 주민등록등본 등 관계서류에 따라 정정하여야 한다.

④ 등록사항의 정정으로 경계 또는 면적의 변경을 가져오는 경우에는 등록사항정정측량성과도를 첨부하여야 한다.

⑤ 직권정정사항에 해당하는 경우에도 지적소관청이 직권정정을 하지 아니하고 있는 동안에는 토지소유자가 그 정정을 신청할 수 있다.

해설 ✦ ③ 이 경우 '가족관계기록사항에 관한 증명서'에 따라 정정하여야 한다(법 제84조 제4항 단서).
　　　① 법 제84조 제3항
　　　② 법 제84조 제4항 본문
　　　④ 규칙 제93조 제1호
　　　⑤ 법 제84조 제1항 참조

정답 ✦ ③

지적측량의 대상

1 출제예상과 학습포인트

✦ 기출횟수

16회, 22회, 24회, 27회, 28회, 30회, 32회, 33회

✦ 35회 출제 예상

통상 2년에 한번 정도씩 출제가 이루어진다. 35회 시험에서는 출제가능성이 70% 정도로 보면 좋을 거 같다.

✦ 35회 중요도

★★★

✦ 학습방법

지적측량을 하는 경우 및 각 지적측량의 용어정리를 하여야 한다.

✦ 핵심쟁점

❶ 지적측량의 대상

❷ 지적측량의 종류 및 명칭

2 핵심 내용

❶ 지적측량의 의의

지적측량이란 토지를 지적공부에 등록하거나 지적공부에 등록된 경계점을 지상에 복원할 목적으로 각 필지의 경계 또는 좌표와 면적을 정하는 측량을 말하며, 지적확정측량 및 지적재조사측량을 포함한다.

❷ 지적측량의 성격

① 기속측량

② 사법측량

③ 평면측량

④ 측량성과의 영구성

⑤ 공시측량(공학측량 ✕, 재량측량 ✕, 입체측량 ✕, 폐쇄측량 ✕)

❸ 지적측량의 대상 제16회, 제22회, 제24회, 제27회, 제28회, 제30회

① 지적기준점을 정하는 경우
② 지적측량성과를 검사하는 경우
③ 지적공부를 복구하는 경우
④ 토지를 신규등록하는 경우
⑤ 토지를 등록전환하는 경우
⑥ 토지를 분할하는 경우
⑦ 바다가 된 토지의 등록을 말소하는 경우
⑧ 축척을 변경하는 경우
⑨ 지적공부의 등록사항을 정정하는 경우
⑩ 도시개발사업 등의 시행지역에서 토지의 이동이 있는 경우(지적확정측량)
⑪ 「지적재조사에 관한 특별법」에 따른 지적재조사사업에 따라 토지의 이동이 있는 경우
   (지적재조사측량)
⑫ 경계점을 지상에 복원하는 경우(경계복원측량)
⑬ 지상건축물 등의 현황을 지적도 및 임야도에 등록된 경계와 대비하여 표시하는 데에 필요한 경우
   (지적현황측량)
   ※ 합병✕, 지목변경✕

3 | 대표 기출문제

제20회 출제

01 지적측량에 관한 설명으로 틀린 것은?

① 토지소유자 등 이해관계인은 지적측량을 하여야 할 필요가 있는 경우에는 지적측량수행자에게 해당 지적측량을 의뢰하여야 한다.

② 지적측량은 기초측량 및 세부측량으로 구분한다.

③ 검사측량을 제외한 지적측량을 의뢰하고자 하는 자는 지적측량의뢰서에 의뢰사유를 증명하는 서류를 첨부하여 지적측량수행자에게 제출하여야 한다.

④ 지적측량수행자는 지적측량의뢰를 받은 때에는 측량기간·측량일자 및 측량수수료 등을 적은 지적측량수행계획서를 그 다음날 까지 지적소관청에 제출하여야 한다.

⑤ 신규등록·등록전환 및 합병 등을 하는 때에는 새로 측량하여 각 필지의 경계 또는 좌표의 면적을 정한다.

> **해설**
>
> ⑤ 신규등록·등록전환 등을 하는 때에는 새로이 측량하여 각 필지의 경계 또는 좌표의 면적을 정한다(법 제23조 제1항 제3호). 그러나 합병에 따른 경계·좌표 또는 면적은 따로 지적측량을 하지 아니하고 다음의 구분에 따라 결정한다. 즉, 합병 후 필지의 경계 또는 좌표는 합병 전 각 필지의 경계 또는 좌표 중 합병으로 필요 없게 된 부분을 말소하여 결정하고, 합병 후 필지의 면적은 합병 전 각 필지의 면적을 합산하여 결정하면 되기 때문이다(법 제26조 제2항).
>
> ② 지적측량은 지적기준점을 정하기 위한 '기초측량'과, 1필지의 경계와 면적을 정하는 '세부측량'으로 구분한다(지적측량 시행규칙 제5조 제1항).
>
> ① 법 제24조 제1항
>
> ③ 규칙 제25조 제1항
>
> ④ 규칙 제25조 제2항
>
> 답 ⑤

제33회 출제

02 공간공보의 구축 및 관리 등에 관한 법령상 지적측량을 실시하여야 하는 경우로 **틀린** 것은?

① 지적기준점을 정하는 경우
② 경계점을 지상에 복원하는 경우
③ 지상건축물 등의 현황을 지형도에 표시하는 경우
④ 바다가 된 토지의 등록을 말소하는 경우로서 측량을 할 필요가 있는 경우
⑤ 지적공부의 등록사항을 정정하는 경우로서 측량을 할 필요가 있는 경우

해설

③ 지상건축물 등의 현황을 지적도 및 임야도에 등록된 경계와 대비하여 표시하는 데에 필요한 경우에 지적측량을 하여야 한다.

답 ③

4 출제 예상문제

01 다음 중 지적측량에 관한 설명 중 **틀린** 것은?

① '지적현황측량'이란 지상건축물 등의 현황을 지적도 및 임야도에 등록된 경계와 대비하여 표시하는 데에 필요한 경우에 실시하는 지적측량이다.
② '기초측량'이란 지적기준점을 정하기 위하여 실시하는 지적측량이다.
③ '신규등록측량'이란 도시개발사업 등의 시행지역에서 토지의 이동이 있는 경우로서 측량을 할 필요가 있는 경우에 실시하는 지적측량이다.
④ '검사측량'이란 지적소관청 또는 시·도지사나 대도시 시장이 지적측량수행자가 실시한 지적측량에 대한 성과를 검사하기 위하여 실시하는 지적측량이다.
⑤ '경계복원측량'이란 지적공부에 등록된 경계점을 지상에 복원하기 위하여 실시하는 지적측량이다.

해설 ✦ ③ '지적확정측량'에 대한 설명이다. '신규등록측량'이란 신규등록을 위하여 측량을 필요로 하는 때에 실시하는 지적측량이다.

정답 ✦ ③

1 출제예상과 학습포인트

✦ 기출횟수

19회, 23회, 31회

✦ 35회 출제 예상

통상 3년에 한번 정도씩 출제가 이루어진다. 최근에 지적기준점 관리등에 관하여 자주 출제되고 있다. 35회 시험에서는 출제가능성이 70% 정도로 보면 좋을 거 같다.

✦ 35회 중요도

★

✦ 학습범위

지금현재 이론에서 언급된 부분에서 더 이상 양을 늘리지 말고 반복해서 이 정도만 숙지하면 될 거 같다.

✦ 학습방법

지적측량의 방법과 관련하여 용어들을 숙지하고 지적기준점의 종류 및 관리에 관한 내용은 최근에 자주 출제되므로 이에 대하여도 숙지하여야 한다.

✦ 핵심쟁점

❶ 지적측량의 방법
❷ 지적측량의 구분
❸ 기초측량의 절차
❹ 지적기준점의 종류 및 관리

2 핵심 내용

❶ 지적측량의 방법

① **(전자)평판측량** : 도해측량에 의한 세부측량에 활용, 기초측량 방법으로 사용 못함
② **경위의측량** : 수치측량에 의한 세부측량이나 기초측량에 활용(수준의 측량 ✕)
③ **전파기(광파기)측량**(음파기 측량 ✕)
④ **사진측량**
⑤ **위성측량**

❷ 지적측량의 구분

1. 기초측량

① 지적기준점을 정하기 위한 측량

② 측량순서 : 계획수립>준비 및 현지답사>선점 및 조표>관측 및 계산>성과표의 작성

2. 세부측량

① 1필지의 경계와 면적을 정하는 측량

② 기초측량을 제외한 모든 측량이 세부측량이다.

❸ 지적측량의 구체적 방법

구분	기초점	방법
지적삼각점측량	위성기준점, 통합기준점, 삼각점 및 지적삼각점	경위의, 전파기, 광파기, 위성측량방법 및 국토교통부장관이 승인한 측량방법
지적삼각보조점측량	위성기준점, 통합기준점, 삼각점, 지적삼각점, 지적삼각보조점	위와 동일
지적도근점측량	위성기준점, 통합기준점, 삼각점 및 지적기준점	위와 동일
세부측량	위성기준점, 통합기준점, 지적기준점 및 경계점	경위의, 평판, 위성측량 및 전자평판측량

❹ 지적기준점 관리 등 제23회, 제31회, 제34회

구분		기준점표지의 점간 거리	성과의 관리	열람, 등본신청
지적삼각점	⊕	평균 2km ~ 5km 이하	시·도지사	시·도지사 또는 지적소관청
지적삼각보조점	●	평균 1km ~ 3km 이하	지적소관청	지적소관청
지적도근점	○	평균 50m ~ 300m 이하	지적소관청	지적소관청

3 대표 기출문제

제33회 출제

01 공간정보의 구축 및 관리 등에 관한 법령상 지적측량의 의뢰, 지적기준점성과의 보관·열람 및 등본 발급 등에 관한 설명으로 옳은 것은?

① 지적삼각보조점성과 및 지적도근점성과를 열람하거나 등본을 발급받으려는 자는 지적측량수행자에게 신청하여야 한다

② 지적측량을 의뢰하려는 자는 지적측량 의뢰서에 의뢰 사유를 증명하는 서류를 첨부하여 지적소관청에 제출하여야 한다

③ 시·도지사나 지적소관청은 지적기준점성과와 그 측량기록을 보관하고 일반인이 열람할 수 있도록 하여야 한다

④ 지적소관청이 지적측량 의뢰를 받은 때에는 측량기간, 측량일자 및 측량 수수료 등을 적은 지적측량 수행계획서를 그 다음 날까지 지적측량수행자에게 제출하여야 한다

⑤ 지적측량 의뢰인과 지적측량수행자가 서로 합의하여 따로 기간을 정하는 경우에는 그 기간에 따르되, 전체 기간의 4분의1은 측량기간으로, 전체 기간의 4분의 3은 측량검사기간으로 본다.

> **해설**
> ① 지적삼각보조점성과 및 지적도근점성과를 열람하거나 등본을 발급받으려는 자는 시·도지사나 지적소관청에 신청하여야 한다.
> ② 지적측량을 의뢰하려는 자는 지적측량 의뢰서에 의뢰 사유를 증명하는 서류를 첨부하여 지적측량수행자에 제출하여야 한다.
> ④ 지적측량수행자가 지적측량 의뢰를 받은 때에는 측량기간, 측량일자 및 측량 수수료 등을 적은 지적측량 수행계획서를 그 다음 날까지 지적소관청에게 제출하여야 한다.
> ⑤ 지적측량 의뢰인과 지적측량수행자가 서로 합의하여 따로 기간을 정하는 경우에는 그 기간에 따르되, 전체 기간의 4분의 3은 측량기간으로, 전체 기간의 4분의1은 측량검사기간으로 본다.
>
> 답 ③

02 공간정보의 구축 및 관리 등에 관한 법령상 지적삼각보조점성과의 등본을 발급받으려는 경우 그 신청기관으로 옳은 것은?

① 시·도지사
② 시·도지사 또는 지적소관청
③ 지적소관청
④ 지적소관청 또는 한국국토정보공사
⑤ 한국국토정보공사

해설

지적측량기준점성과 또는 그 측량부를 열람하거나 등본을 발급받으려는 자는 지적삼각점성과에 대해서는 시·도지사 또는 지적소관청에 신청하고, 지적삼각보조점성과 및 지적도근점성과에 대해서는 지적소관청에 신청하여야 한다.(규칙 제26조)

정답 ③

4 출제 예상문제

01 지적측량에 관한 설명으로 틀린 것은?

① 지적현황측량이란 지상건축물 등의 현황을 지적 및 임야도에 등록된 경계와 대비하여 표시하는데 필요한 경우에 하는 측량을 말한다.
② 지적측량수행자는 지적측량의뢰를 받으면 지적측량을 하여 그 측량성과를 결정하여야 한다.
③ 지적측량수행자가 경계복원측량을 실시한 때에는 시·도지사, 대도시 시장 또는 지적소관청에 측량성과에 대한 검사를 받아야 한다.
④ 지적측량은 기초측량 및 세부측량으로 구분하며, 평판측량·전자평판측량·경위의측량·전파기 또는 광파기측량·사진측량 및 위성측량 등의 방법에 따른다.
⑤ 지적측량이란 토지를 지적공부에 등록하거나 지적공부에 등록된 경계점을 지상에 복원하기 위하여 필지의 경계 또는 좌표와 면적을 정하는 측량을 말한다.

해설 ◆ ③ 지적공부를 정리하지 아니하는 측량인 경계복원측량 및 지적현황측량을 하는 경우에는 측량성과의 검사를 받을 필요가 없다(법 제25조 제1항 단서, 지적측량시행규칙 제28조 제1항).
　① 영 제18조
　② 법 제24조 제2항
　④ 지적측량시행규칙 제5조 제2항
　⑤ 법 제2조 제4호

정답 ◆ ③

02 지적기준점성과의 관리와 그 열람 및 등본발급에 관한 설명 중 틀린 것은?

① 지적삼각점성과는 특별시장·광역시장·도지사 또는 특별자치도지사(이하 "시·도지사"라 한다)가 관리하고, 지적삼각보조점성과 및 지적도근점성과는 지적소관청이 관리한다.

② 지적소관청이 지적삼각점을 설치하거나 변경하였을 때에는 그 측량성과를 시·도지사에게 통보하여야 한다.

③ 시·도지사 또는 지적소관청이 지적기준점성과를 관리할 때에는 각각 지적삼각점성과표, 지적삼각보조점성과표 및 지적도근점성과표에 기록·관리하여야 한다.

④ 지적기준점성과 또는 그 측량부를 열람하거나 등본을 발급받으려는 자는 지적소관청이나 읍, 면, 동장에게 신청하여야 한다.

⑤ 지적기준점성과의 열람 또는 그 등본의 발급 신청을 하는 자는 수수료를 그 지방자치단체의 수입증지로 시·도지사 또는 지적소관청에 내야 한다.

해설 ◆ ④ 지적기준점성과 또는 그 측량부를 열람하거나 등본을 발급받으려는 자는 지적삼각점성과에 대해서는 시·도지사 또는 지적소관청에게 신청하고, 지적삼각보조점성과 및 지적도근점성과에 대해서는 지적소관청에 신청하여야 한다(법 제27조 제2항, 규칙 제26조 제1항).
　① 지적측량 시행규칙 제3조 제1호
　② 지적측량 시행규칙 제3조 제2호
　③ 시·도지사가 지적삼각점성과를 관리할 때에는 지적삼각점성과표에 기록·관리하여야 하고(지적측량 시행규칙 제4조 제1항), 지적소관청이 '지적삼각보조점성과 및 지적도근점성과를 관리할 때'에는 지적삼각보조점성과표 및 지적도근점성과표에 기록·관리하여야 한다(지적측량 시행규칙 제4조 제2항).
　⑤ 법 제106조 제1항 제6호, 영 제45조 제1항 본문. 시·도지사 및 지적소관청은 정보통신망을 이용하여 전자화폐·전자결제 등의 방법으로 수수료를 내게 할 수 있다(규칙 제115조 제7항). 참고로 지적측량업무에 종사하는 측량기술자가 그 업무와 관련하여 지적측량기준점성과 또는 그 측량부의 열람 및 등본발급을 신청하는 경우에는 수수료를 면제한다(규칙 제115조 제1항, [별표 12]).

정답 ◆ ④

1 출제예상과 학습포인트

✦ **기출횟수**

  20회, 22회, 23회, 25회, 26회, 28회, 27회, 28회, 33회

✦ **35회 출제 예상**

  거의 매년 출제되는 부분이다. 34회 시험에서 출제가 되었지만 또 출제할 수 있는 부분으로 35회에서는 출제가능성이 90% 정도로 보면 좋을 거 같다.

✦ **35회 중요도**

  ★★★

✦ **학습범위**

  지금현재 이론에서 언급된 부분에서 더 이상 양을 늘리지 말고 반복해서 이 정도만 숙지하면 될 거 같다.

✦ **학습방법**

  지적측량의 기본절차를 이해하고 각 절차상 단서 조항들을 숙지하면 될 것이다.

✦ **핵심쟁점**

  ❶ 지적측량의 의뢰 및 제한   ❷ 측량기간 및 검사기간
  ❸ 검사를 받지 않는 측량   ❹ 시,도지사가 검사하는 측량

2 핵심 내용

❶ 지적측량의 의뢰

토지소유자 등 이해관계인은 지적측량을 할 필요가 있는 경우에는 지적측량수행자에게 지적측량을 의뢰하여야 한다. 제23회, 제28회 (단 검사측량과 지적재조사측량은 제외)

❷ 지적측량수행계획서 제출 제23회

지적측량수행자는 지적측량 의뢰를 받은 때에는 측량기간, 측량일자 및 측량 수수료 등을 적은 지적측량 수행계획서를 그 다음 날까지 지적소관청에 제출하여야 한다.

❸ 측량기간 및 검사기간 제5회, 제16회, 제19회, 제20회, 제22회, 제25회, 제26회, 제28회, 제34회

지적측량	측량기간	측량검사기간
기본	5일	4일
가산	• 지적기준점이 15점 이하인 경우에는 4일을 가산 • 15점을 초과하는 경우에는 4일에 15점을 초과하는 4점마다 1일을 가산	좌동
합의(기간합의 가능)	전체 기간의 4분의 3	전체 기간의 4분의 1

❹ 지적측량의 검사 제23회

① 지적공부를 정리하지 아니하는 경계복원측량과 지적현황측량의 경우는 검사 불요.
② 지적측량수행자는 측량성과에 관한 자료를 지적소관청에 제출하여 그 성과의 정확성에 관한 검사를 받아야 한다. 다만, 지적삼각점측량성과 및 경위의측량방법으로 실시한 지적확정측량성과인 경우에는 다음 각 목의 구분에 따라 검사를 받아야 한다.
　가. 국토교통부장관이 정하여 고시하는 면적 규모 이상의 지적확정측량성과 : 시·도지사 또는 대도시 시장
　나. 국토교통부장관이 정하여 고시하는 면적 규모 미만의 지적확정측량성과 : 지적소관청
③ 시·도지사나 대도시 시장은 검사를 하였을 때에는 그 결과를 지적소관청에 통지하여야 한다.

❺ 지적측량성과도 교부

지적소관청은 측량성과가 정확하다고 인정하면 지적측량성과도를 지적측량수행자에게 발급하여야 하며, 지적측량수행자는 측량의뢰인에게 그 측량성과도를 지체 없이 발급하여야 한다. 이 경우 검사를 받지 아니한 지적측량성과도는 측량의뢰인에게 발급할 수 없다.

3 대표 기출문제

제23회 출제

01 지적측량수행자가 실시한 지적측량성과에 대하여 시·도지사, 대도시 시장 또는 지적소관청으로 부터 측량성과 검사를 받지 않아도 되는 측량은?

① 신규등록측량   ② 지적현황측량   ③ 분할측량

④ 등록전환측량   ⑤ 지적확정측량

해설

지적측량수행자가 지적측량을 하였으면 시·도지사, 대도시 시장 또는 지적소관청으로부터 측량성과에 대한 검사를 받아야 한다(법 제25조 제1항 본문). 다만, 지적공부를 정리하지 아니하는 측량인 '경계복원측량' 및 '지적현황측량' 을 하는 경우에는 측량성과의 검사를 받을 필요가 없다(법 제25조 제1항 단서, 지적측량 시행규칙 제28조 제1항)

정답 ②

제28회 출제

02 공간정보의 구축 및 관리 등에 관한 법령상 다음의 예시에 따를 경우 지적측량의 측량기간과 측량검사기간으로 옳은 것은?

- 지적기준점의 설치가 필요 없는 경우임
- 지적측량의뢰인과 지적측량수행자가 서로 합의하여 측량기간과 측량검사기간을 합쳐 40일로 정함

	측량기간	측량검사기간
①	33일	7일
②	30일	10일
③	26일	14일
④	25일	15일
⑤	20일	20일

> **해설**
>
> 지적측량 의뢰인과 지적측량수행자가 서로 합의하여 따로 기간을 정하는 경우에는 그 기간에 따르되, 전체 기간의 4분의 3은 측량기간으로, 전체 기간의 4분의 1은 측량검사기간으로 본다. 따라서 40일 중 4분의3인 30일은 측량기간이고, 4분의1인 10일이 검사기간이다.
>
> 目 ②

4 출제 예상문제

01 지적측량에 관한 설명으로 옳은 것은?

① 지적측량은 지적기준점을 정하기 위한 기초측량과 1필지의 경계와 면적을 정하는 세부측량으로 구분하며, 평판측량, 전자평판측량, 경위의측량, 수준의측량 등의 방법에 따른다.

② 지적측량수행자가 지적측량 의뢰를 받은 때에는 측량기간, 측량일자 및 측량수수료 등을 적은 지적측량 수행계획서를 그 다음 날까지 시·도지사에게 제출하여야 한다.

③ 지적기준점을 설치하지 아니하고, 지적측량의뢰인과 지적측량수행자가 서로 합의하여 따로 기간을 정하는 경우를 제외한 지적측량의 측량기간은 4일 측량검사기간은 5일로 한다.

④ 지적공부의 복구·신규등록·등록전환 및 지목변경을 하기 위하여 세부측량을 하는 경우에는 필지마다 면적을 측정하여야 한다.

⑤ 지적기준점측량의 절차는 계획의 수립, 준비 및 현지답사, 선점(選點) 및 조표(調標), 관측 및 계산과 성과표의 작성 순서에 따른다.

해설 ✦ ① 지적측량은 평판측량, 전자평판측량, 경위의측량, 전파기 또는 광파기측량, 사진측량 및 위성측량 등의 방법에 따른다. 수준의 측량방법은 없다.

② 지적측량수행자가 지적측량 의뢰를 받은 때에는 측량기간, 측량일자 및 측량수수료 등을 적은 지적측량 수행계획서를 그 다음 날까지 지적소관청에게 제출하여야 한다.

③ 지적기준점을 설치하지 아니하고, 지적측량의뢰인과 지적측량수행자가 서로 합의하여 따로 기간을 정하는 경우를 제외한 지적측량의 측량기간은 5일 측량검사기간은 4일로 한다.

④ 지목변경은 지적측량대상이 아니다.

정답 ✦ ⑤

02 지적측량의 절차에 관한 설명으로 옳은 것은?

① 토지소유자 등 이해관계인은 지적측량을 할 필요가 있는 경우에는 지적소관청에게 지적측량을 의뢰하여야 한다.

② 지적소관청이 측량의뢰를 받은 경우에는 지적측량수행계획서를 다음 날까지 시,도지사에게 제출하여야 한다.

③ 국토교통부장관이 정하여 고시하는 면적 규모 이상의 지적확정측량성과는 시·도지사 또는 대도시 시장이 검사한다.

④ 지적기준점을 설치하여 측량 또는 측량검사를 하는 경우 지적기준점이 15점 이하인 때에는 5일을 측량기간에 가산한다.

⑤ 측량의뢰인과 지적측량수행자는 협의 또는 계약에 의하여 측량기간을 정하는 경우 전체기간의 4분의1은 측량기간으로 4분의3은 검사기간으로 본다.

해설 ✦ ① 토지소유자 등 이해관계인은 지적측량을 할 필요가 있는 경우에는 지적측량수행자에게 지적측량을 의뢰하여야 한다.

② 지적소관청이 측량의뢰를 받은 경우에는 지적측량수행계획서를 다음 날까지 지적소관청에게 제출하여야 한다.

④ 지적기준점을 설치하여 측량 또는 측량검사를 하는 경우 지적기준점이 15점 이하인 때에는 4일을 측량기간에 가산한다.

⑤ 측량의뢰인과 지적측량수행자는 협의 또는 계약에 의하여 측량기간을 정하는 경우 전체기간의 4분의3은 측량기간으로 4분의1은 검사기간으로 본다.

정답 ✦ ③

1 출제예상과 학습포인트

✦ 기출횟수

25회, 26회, 27회, 30회, 31회

✦ 35회 출제 예상

최근에 거의 매년 출제되고 있다. 34회 시험에서 중앙지적위원회에 관하여 출제가 되었다. 35회 시험에서는 출제가능성이 70% 정도로 보면 좋을 거 같다.

✦ 35회 중요도

★★

✦ 학습방법

지방지적위원회와 중앙지적위원회의 심의사항을 구분하고 지적측량적부심사절차를 정리하여야 한다.

✦ 핵심쟁점

❶ 지방지적위원회와 중앙지적위원회의 구분
❷ 지적측량적부심사절차
❸ 지적위원회 구성

2 핵심 내용

❶ **지적위원회** 제25회, 제26회, 제27회, 제30회, 제31회, 34회

1. 국토교통부에 중앙지적위원회를 두고, 특별시·광역시·특별자치시·도 또는 특별자치도(이하 "시·도"라 한다)에 지방지적위원회를 둔다.

구분	중앙지적위원회	지방지적위원회
설치	국토교통부	시·도
위원장/ 부위원장	지적담당국장 / 지적과장	준용
위원수	5인 이상 10인 이내	준용
임기	2년 (당연직 제외)	준용
간사	중앙지적위원회의 간사는 국토교통부의 지적업무 담당 공무원 중에서 국토교통부장관이 임명하며, 회의 준비, 회의록 작성 및 회의 결과에 따른 업무 등 중앙지적위원회의 서무를 담당한다.	준용
제척사유	① 위원 또는 그 배우자나 배우자이었던 사람이 해당 안건의 당사자가 되거나 그 안건의 당사자와 공동권리자 또는 공동의무자인 경우 ② 위원이 해당 안건의 당사자와 친족이거나 친족이었던 경우 ③ 위원이 해당 안건에 대하여 증언, 진술 또는 감정을 한 경우 ④ 위원이나 위원이 속한 법인·단체 등이 해당 안건의 당사자의 대리인이거나 대리인이었던 경우 ⑤ 위원이 해당 안건의 원인이 된 처분 또는 부작위에 관여한 경우	좌동
심의사항	① 지적 관련 정책 개발 및 업무 개선 등에 관한 사항 ② 지적측량기술의 연구·개발 및 보급에 관한 사항 ③ 지적측량 적부심사에 대한 재심사 ④ 측량기술자 중 지적분야 측량기술자의 양성에 관한 사항 ⑤ 지적기술자의 업무정지 처분 및 징계요구에 관한 사항	지적측량 적부심사 청구사항

2. 지적위원회 회의 등

① 중앙지적위원회 위원장은 회의를 소집하고 그 의장이 된다.

② 위원장이 부득이한 사유로 직무를 수행할 수 없을 때에는 부위원장이 그 직무를 대행하고, 위원장 및 부위원장이 모두 부득이한 사유로 직무를 수행할 수 없을 때에는 위원장이 미리 지명한 위원이 그 직무를 대행한다.

③ 중앙지적위원회의 회의는 재적위원 과반수의 출석으로 개의(開議)하고, 출석위원 과반수의 찬성으로 의결한다.

④ 위원장이 중앙지적위원회의 회의를 소집할 때에는 회의 일시·장소 및 심의 안건을 회의 5일 전까지 각 위원에게 서면으로 통지하여야 한다.

❷ 지적측량 적부심사 ★★ 제21회

1. 적부심사청구방법

① 토지소유자, 이해관계인 또는 지적측량수행자는 지적측량성과에 대하여 다툼이 있는 경우에는 대통령령으로 정하는 바에 따라 관할 시·도지사를 거쳐 지방지적위원회에 지적측량 적부심사를 청구할 수 있다.

② 지적측량적부심사청구를 받은 시·도지사는 30일 이내에 지방지적위원회에 회부하여야 한다.

2. 적부심사의 절차

① 지방지적위원회는 그 심사청구를 회부받은 날부터 60일 이내에 심의·의결하여야 한다. 다만, 부득이한 경우에는 의결을 거쳐 30일 이내에서 한 번만 연장할 수 있다.

② 지방지적위원회는 지적측량 적부심사를 의결하였으면 지체 없이 의결서를 작성하여 시·도지사에게 송부하여야 한다.

③ 적부심사의결서를 송부받은 시·도지사는 7일 이내에 적부심사청구인 및 이해관계인에게 통지한다(재심사를 청구할 수 있음을 알려야 함).

④ 시·도지사는 의결서 사본을 지적소관청에 보내야 한다. 다만, 특별자치시장은 지방지적위원회의 의결서를 받은 후 해당 지적측량 적부심사 청구인 및 이해관계인이 90일 이내에 재심사를 청구하지 아니하거나 중앙지적위원회의 의결서를 받은 경우에는 직접 그 내용에 따라 지적공부의 등록사항을 정정하거나 측량성과를 수정하여야 한다.

⑤ 재심사 청구
  ㉠ 지방지적위원회의 의결에 불복하는 자는 그 의결서를 받은 날부터 90일 이내에 국토교통부장관을 거쳐 중앙지적위원회에 재심사를 청구할 수 있다
  ㉡ 중앙지적위원회의 지적측량적부재심사는 지방지적위원회의 절차를 준용

3. 효과

① 지적소관청은 지적위원회의 의결 내용에 따라 지적공부의 등록사항을 정정하거나 측량성과를 직권으로 정정한다.

② 지방지적위원회의 의결이 있은 후 기간내에 재심사를 청구하지 아니하거나 중앙지적위원회의 의결이 있는 경우에는 해당 지적측량성과에 대하여 다시 지적측량 적부심사청구를 할 수 없다.

3 대표 기출문제

제29회 출제

01 공간정보의 구축 및 관리 등에 관한 법령상 지적위원회 및 지적측량의 적부심사 등에 관한 설명으로 틀린 것은?

① 토지소유자, 이해관계인 또는 지적측량수행자는 지적측량성과에 대하여 다툼이 있는 경우에는 관할 시·도지사를 거쳐 지방지적위원회에 지적측량 적부심사를 청구할 수 있다.

② 지방지적위원회는 지적측량에 대한 적부심사 청구사항과 지적기술자의 징계요구에 관한 사항을 심의·의결한다.

③ 시·도지사는 지방지적위원회의 의결서를 받은 날부터 7일 이내에 지적측량 적부심사 청구인 및 이해관계인에게 그 의결서를 통지하여야 한다.

④ 시·도지사로부터 의결서를 받은 자가 지방지적위원회의 의결에 불복하는 경우에는 그 의결서를 받은 날부터 90일이내에 국토교통부장관을 거쳐 중앙지적위원회에 재심사를 청구할 수 있다.

⑤ 중앙지적위원회는 관계인을 출석하게 하여 의견을 들을 수 있으며, 필요하면 현지조사를 할 수 있다.

해설

지방지적위원회는 지적측량에 대한 적부심사 청구사항만 심의·의결한다. 지적기술자의 징계요구에 관한 사항을 심의·의결하는 곳은 중앙지적위원회이다.

답 ②

제31회 출제

02 공간정보의 구축 및 관리 등에 관한 법령상 중앙지적위원회의 심의·의결사항으로 틀린 것은?

① 측량기술자 중 지적기술자의 양성에 관한 사항

② 지적측량기술의 연구·개발 및 보급에 관한 사항

③ 지적재조사 기본계획의 수립 및 변경에 관한 사항

④ 지적 관련 정책 개발 및 업무 개선 등에 관한 사항

⑤ 지적기술자의 업무정지 처분 및 징계요구에 관한 사항

> **해설**
>
> 지적재조사 기본계획의 수립 및 변경에 관한 사항은 중앙지적재조사위원회의 심의사항이다.
> 중앙지적위원회의 심의사항은 다음과 같다.
> 1. 지적 관련 정책 개발 및 업무 개선 등에 관한 사항
> 2. 지적측량기술의 연구·개발 및 보급에 관한 사항
> 3. 지적측량 적부심사에 대한 재심사
> 4. 측량기술자 중 지적분야 측량기술자(이하 "지적기술자"라 한다)의 양성에 관한 사항
> 5. 지적기술자의 업무정지 처분 및 징계요구에 관한 사항
>
> 답 ③

4 출제 예상문제

01 다음 지적위원회에 관한 설명 중 틀린 것은?

① 지적측량에 대한 적부심사 청구사항을 심의·의결하기 위하여 특별시·광역시·특별자치시·도 또는 특별자치도(이하 "시·도"라 한다)에 지방지적위원회를 둔다.

② 중앙지적위원회는 위원장 1명과 부위원장 1명을 포함하여 5명 이상 10명 이하의 위원으로 구성하며, 위원은 지적에 관한 학식과 경험이 풍부한 사람 중에서 국토교통부장관이 임명하거나 위촉한다.

③ 중앙지적위원회의 회의는 재적위원 과반수의 출석으로 개의하고, 출석위원 과반수의 찬성으로 의결한다.

④ 위원장이 중앙지적위원회의 회의를 소집할 때에는 회의 일시·장소 및 심의 안건을 회의 7일 전까지 각 위원에게 서면으로 통지하여야 한다.

⑤ 위원이 그 측량 사안에 관하여 관련이 있는 경우에는 그 안건의 심의 또는 의결에 참석할 수 없다.

해설 ✦ ④ 위원장이 중앙지적위원회의 회의를 소집할 때에는 회의 일시·장소 및 심의 안건을 회의 5일 전까지 각 위원에게 서면으로 통지하여야 한다.

정답 ✦ ④

PART 2
부동산 등기법

20 등기사항

제21회, 제22회, 제23회, 제34회

1 출제예상과 학습포인트

✦ 기출횟수

  21회, 22회, 23회

✦ 35회 출제 예상

  통상 3년에 한번 정도씩 출제가 이루어진다. 34회 시험에서 출제가 되지 않았기에 35회 시험에서는 출제가능성이 70% 정도로 보면 좋을 거 같다.

✦ 35회 중요도

  ★★

✦ 학습방법

  부동산등기법상 등기의 대상을 정리하는 부분이다. 이 부분만 특정해서 나오지 않더라도 등기법 전체와 연결되어 있어서 전반적인 등기법을 이해하는 데 매우 중요한 부분이다.

✦ 핵심쟁점

  ❶ 등기의 대상인 물건
  ❷ 등기의 대상인 권리
  ❸ 등기의 대상인 권리변동

2 핵심 내용

제1관 실체법적 등기사항과 절차법적 등기사항

❶ 실체법상 등기사항

① 등기를 하여야 권리변동이 발생하는 사항
② 법률행위로 인한 물권변동(민186조), 시효취득에 의한 물권변동(민245조 ①)

❷ 절차법상 등기사항

등기할 수 있는 사항, 즉 등기능력이 있으면 모두 절차법상의 등기사항이다.

❸ 양자의 관계

실체법상 등기사항은 모두 절차법상의 등기사항이나 절차법적 등기사항이 모두 실체법적 등기사항인 것은 아니다.

제2관   등기할 사항인 물건

❶ 부동산 등기의 대상

등기의 대상이 되는 부동산은 사권의 목적이 될 수 있는 토지와 건물에 한한다. 따라서 사권의 목적이 될 수 없는 공유수면하의 토지는 등기할 수 없다. 다만 하천법상의 하천이나 도로법상의 도로는 공용제한은 있지만 사권의 목적이 되므로 등기가 가능하다.

> **참고**   **하천의 등기능력인정 (등기예규 제1244호)**
>
> 1. 하천법상 하천에 대하여 소유권·저당권·권리질권에 관한 등기를 할 수 있다.
> 2. 지상권·지역권·전세권 또는 임차권에 대한 권리의 설정, 이전 또는 변경의 등기는 하천법상의 하천에 대하여는 이를 할 수 없다.

> **참고**   **부동산의 개수 결정**
>
> 1. 토지는 지적공부에 등록 된 필지 기준
> 2. 건물은 건축물대장에 등록된 개수 기준
>   건물의 개수는 건물의 물리적 구조 뿐만 아니라 사회통념, 소유자의 의사 등을 기준으로 정한다. 즉 여러동의 건물이라도 1개의 건물일 수 있고(부속건물), 1동의 건물이라도 여러개의 건물일 수 있다(구분건물).

등기할 수 있는 물건	등기할 수 없는 물건
① 하천법의 하천	① 공유수면토지
② 도로법상의 도로	② 터널, 교량
③ 방조제	③ 방조제 부대시설
④ 농업용 고정식 유리온실	④ 옥외풀장, 양어장
⑤ 유루저장탱크, 사일로(silo), 비각	⑤ 견본주택, 비닐하우스
⑥ 경량철골조 경량패널지붕 건축물	⑥ 경량철골조 혹은 조립식 패널 구조의 건축물, 주유소 캐노피
⑦ 조적조 및 컨테이너구조의 슬레이트지붕주택	⑦ 컨테이너
⑧ 개방형 축사	⑧ 구조상 공용부분
⑨ 규약상 공용부분	

✦「축사의 부동산등기에 관한 특례법」 제정으로 소의 질병을 예방하고 통기성을 확보할 수 있도록 둘레에 벽을 갖추지 아니하고 소를 사육하는 용도로 사용할 수 있는 건축물(개방형 축사)도 등기할 수 있게 되었다. 제21회

▶ **일부에 대한 등기여부** ★★★ 제23회

	소유권보존	소유권이전, 저당권설정	용익권설정
부동산의 일부	×	×	○
권리의 일부(공유지분)	×	○	×

제3관 등기할 사항인 권리 제34회

등기할 수 있는 권리		등기할 수 없는 권리	
① 소유권	② 지상권	① 점유권	② 유치권
③ 지역권	④ 전세권	③ 동산질권	④ 주위토지통행권
⑤ 저당권	⑥ 권리질권	⑤ 분묘기지권	⑥ 구분임차권
⑦ 채권담보권	⑧ 임차권	⑦ 사용대차권	

제4관 등기할 사항인 권리변동

❶ 절차법상 등기하여야 할 권리변동

1. **보존** : 소유권을 최초로 공시하는 등기이다.

2. **설정** : 설정이란 당사자의 계약에 의하여 물권 위에 새로이 소유권이외의 권리를 창설하는 것을 말한다. 따라서 소유권에는 설정이라는 개념이 있을 수 없다.

3. **이전** : 권리주체가 바뀌는 것이다.

4. **변경** : 기존의 등기사항 중 권리주체를 제외한 권리의 내용을 변경하는 것과 부동산의 표시와 등기 명의인의 표시를 변경하는 것을 말한다.

5. **소멸**

6. **처분의 제한**

   ① 압류, 가압류, 가처분, 경매기입등기, 공유물분할 금지약정

   ② 처분제한의 등기가 있다 하더라도 법률적으로 처분이 금지되는 것은 아니다.

❷ 등기하여야 효력이 발생하는 물권변동(민법 제186조)

법률행위(단독행위·계약·합동행위)에 의한 물권의 변동

❸ 등기없이 효력이 발생하는 물권변동(민법 제187조) ★

다음의 경우에는 등기가 없어도 물권의 변동이 발생한다. 다만, 처분하기 위해서는 등기를 하여야 한다.

① **상속(사망시)** : 상속과 같이 포괄적 승계가 발생하는 포괄 유증, 합병의 경우에도 등기를 요하지 않 는다. 단 특정유증의 경우에는 특정승계이기 때문에 등기를 하여야 물권의 변동이 발생한다. 제21회

② **공용징수(수용한 날)**

③ **판결(판결확정시)** : 형성판결만을 의미한다. 확인판결 ×, 이행판결 ×

④ **경매(매각대금을 완납한 때)**

⑤ **기타 법률의 규정**

   건물신축, 공유수면매립 소유권취득, 존속기간만료시 용익물권소멸, 채권소멸시 담보물권소멸, 원 인행위실효로 인한 물권복귀, 재단법인설립시 출연재산의 귀속 등(단, 점유취득시효로 인한 소유권의 취득은 법률에 규정에 의한 물권취득이지만 예외적으로 등기를 하여야 권리를 취득한다)

3 대표 기출문제

제23회 출제

01 등기에 관한 설명으로 틀린 것은?

① 사권(私權)의 목적이 되는 부동산이면 공용제한을 받고 있다 하더라도 등기의 대상이 된다.

② 1필지 토지의 특정된 일부분에 대하여 분할을 선행하지 않으면 지상권을 설정하지 못한다.

③ 건물의 공유지분에 대하여는 전세권등기를 할 수 없다.

④ 1동의 건물을 구분 또는 분할의 절차를 밟기 전에도 건물 일부에 대한 전세권설정등기가 가능하다.

⑤ 주위토지통행권은 확인판결을 받았다 하더라도 등기할 수 없다.

> **해설**
>
> 지상권과 같은 용익권은 부동산에 일부에 설정할 수 있으므로 분할절차를 선행할 필요가 없다.
>
> 답 ②

제22회 출제

02 등기에 관한 설명으로 옳은 것을 모두 고른 것은?

> ㄱ. 인터넷을 통해 인감증명서 발급예약을 신청하고 신용카드로 수수료를 결제한 경우, 예약에 따라 등기소에서 인감증명서 작성이 완료된 후에는 그 신청을 철회할 수 없다.
>
> ㄴ. 하천법상 하천으로 편입된 토지에 대해서는 소유권이전등기나 저당권설정등기를 할 수 없다.
>
> ㄷ. 공작물대장에 등재된 해상관광용 호텔선박은 건물등기부에 등기할 수 있다.
>
> ㄹ. 주위토지통행권의 확인판결을 받았더라도, 이 통행권은 등기할 수 없다.
>
> ㅁ. 1필 토지의 일부를 목적으로 하는 저당권이나 지상권은 등기할 수 있으나, '아파트 분양약관상의 일정기간 전매금지특약'은 등기할 수 없다.

① ㄱ, ㄷ   ② ㄱ, ㄹ   ③ ㄱ, ㄹ, ㅁ

④ ㄴ, ㄷ, ㅁ   ⑤ ㄴ, ㄹ

> **해설**
>
> ㄱ. 인터넷을 통해 인감증명서 발급예약을 신청하고 신용카드로 수수료를 결제한 경우, 당일에 한하여 전부에 대해서만 철회할 수 있다. 다만, 예약에 따라 등기소에서 인감증명서 작성이 완료된 후에는 당일에도 철회할 수 없다. (등기예규 제1424호 제5조 제6항) 따라서 맞는 지문이다.
>
> ㄴ. 하천법상 하천으로 편입된 토지에 대해서는 소유권이전등기나 저당권설정등기를 할 수 있다.
>
> ㄷ. 공작물대장에 등재된 해상관광용 호텔선박은 건물이 아니므로 등기부에 등기할 수 없다.
>
> ㄹ. 주위토지통행권의 확인판결을 받았더라도, 이 통행권은 등기할 수 없다.
>
> ㅁ. 1필 토지의 일부를 목적으로 하는 저당권은 등기할 수 없으나 지상권은 등기할 수 있다. 아파트 분양약관상의 일정기간 전매금지특약은 등기할 수 없다.
>
> 답 ②

4 출제 예상문제

01 다음 중 등기사항에 관한 설명으로 틀린 것은?

① 실체법상 등기를 필요로 하는 사항이라면 절차법의 영역에서도 당연히 등기할 수 있어야 하므로 실체법상의 등기 사항은 모두 절차법상의 등기사항이 된다.

② 법률행위로 인한 소유권취득은 실체법상 등기사항이다.

③ 하천법상의 하천은 공용의 제한을 받기 때문에 등기사항이 아니다.

④ 주유소의 캐노피는 등기할 수 있는 물건이 아니다.

⑤ 유치권은 등기할 수 있는 권리가 아니다.

해설 ✦ 하천법상의 하천이나 도로법상 도로는 공용제한은 받으나 사권의 객체가 되므로 등기할 수 있는 사항이다.

정답 ✦ ③

02 부동산등기법령상 등기의 대상이 되는 권리에 관한 설명으로 옳지 <u>않은</u> 것은?

① 유치권은 부동산물권이므로 등기를 할 수 있다.

② 건물의 일부에 대한 전세권도 등기할 수 있다.

③ 저당권에 의하여 담보된 채권을 질권의 목적으로 하는 경우에도 등기할 수 있다.

④ 부동산물권변동을 목적으로 하는 채권적 청구권도 가등기의 형식으로 등기할 수 있다.

⑤ 부동산임차권과 환매권은 채권이지만 등기할 수 있다.

해설 ✦ ① 유치권은 법정담보물권으로서 법률(민법 제320조)이 정한 요건을 갖춘 경우에 당연히 성립하며, 따라서 등기대상이 아니다.

② 전세권은 부동산, 즉 토지 또는 건물의 일부에도 성립한다. 다만, 부동산의 일부에 대한 전세권설정등기신청를 신청하는 때에는 전세권의 범위를 특정하고, 그 도면 또는 지적도를 제공하여야 한다.

③ 권리질권, 즉 저당권으로 담보된 채권을 질권의 목적으로 한 때에는 그 저당권등기에 질권의 부기등기를 하여야 질권의 효력이 저당권에 미치게 된다(민법 제348조).

⑤ 부동산임차권과 환매권은 채권이지만 등기하므로써 제3자에게 대항할 수 있게 된다.

정답 ✦ ①

1 출제예상과 학습포인트

✦ 기출횟수

22회, 25회, 26회, 34회

✦ 35회 출제 예상

통상 3년에 한번 정도씩 출제가 이루어진다. 34회 시험에서 종합문제로 출제되었다. 35회 시험에서는 출제가능성이 70% 정도로 보면 좋을 거 같다.

✦ 35회 중요도

★★

✦ 학습방법

일반적인 등기인 종국등기의 효력을 정리하여야 한다. 민법과 관련이 있는 부분으로 민법이론을 정리하고 최근에는 등기법상 조문이 종합문제에서 계속 지문으로 출제되고 있다.

✦ 핵심쟁점

❶ 종국등기와 예비등기의 구분
❷ 종국등기의 효력

2 핵심 내용

제1관 (종국)등기의 일반적 효력 ★★

❶ 권리 변동적 효력(민법 제186조)

법률행위, 점유시효취득을 원인으로 하는 등기에는 물권변동의 효력이 발생한다. 단, 민법 제187조에 의한 물권의 변동(법률의 규정에 의한 물권변동)시 하는 등기는 권리변동의 효력이 없다.

등기관이 등기를 마친 경우 그 등기는 접수한 때부터 효력을 발생한다. 따라서 물권변동의 효력은 접수한 때 발생한다.

❷ 대항력

① 등기함으로써 그 내용을 제3자에게 주장할 수 있는 효력.
② 환매권, 임차권 등기

❸ 순위확정의 효력

① 동일한 부동산에 관하여 등기한 권리의 순위는 법률에 다른 규정이 없으면 등기한 순서에 따른다.
② 등기의 순서는 등기기록 중 같은 구에서 한 등기는 순위번호에 따르고, 다른 구에서 한 등기는 접수번호에 따른다.
③ 부기등기의 순위는 주등기의 순위에 따른다. 다만, 같은 주등기에 관한 부기등기 상호간의 순위는 그 등기 순서에 따른다.
④ 가등기를 한 경우에 본등기의 순위는 가등기의 순위에 따른다.
⑤ 말소(멸실)회복 등기의 순위는 종전의 순위를 보유한다.
⑥ 구분건물의 대지권에 대한 등기로서의 효력이 있는 등기와 대지권의 목적인 토지의 등기기록 중 해당구 사항란에 한 등기의 전후는 접수번호에 의한다.

❹ 점유적 효력(시효기간 단축의 효력)

점유시효취득(민법 제245조 제1항)은 20년의 점유를, 등기부시효취득(동조 제2항)은 10년의 점유를 필요로 하는 바 그 차이 10년을 점유적 효력이라고 한다.

❺ 후등기 저지력(형식적 확정력)

현재 등기부상에 기록된 등기가 무효라 하더라도 그 등기를 말소하지 않고는 그 등기와 양립할 수 없는 등기를 할 수 없는 것을 후등기 저지력이라 한다.

❻ 권리의 추정적 효력

① 부동산의 표시등기, 가등기, 사망자 명의, 허무인명의의 등기는 추정력이 발생하지 않는다.
② **효과** : 반대증거에 의하여 추정은 뒤집을 수 있다. 이 경우 반대 주장하는 자가 입증 책임을 진다.
③ **범위** : 어느 등기가 되어 있으면 등기된 권리가 그 명의인에게 귀속(권리의 귀속 추정)하고, 그 등기는 적법한 절차에 의하여 적법한 등기원인으로 인하여 경료된 등기로 추정한다. 이러한 추정력은 그 등기의 당사자 사이에서도 발생한다.

④ **점유의 추정력** : 민법 제200조의 점유의 추정력은 등기된 부동산에는 인정하지 않는다.

⑤ **소유권보존등기의 추정력** : 소유권이 진실하게 보존되어 있다는 것만 추정력이 있고, 권리이전에 관하여는 추정력이 미치지 아니한다(판례). 다만, 「부동산소유권 이전등기 등에 관한 특별조치법」에 의한 소유권이전등기는 보통의 등기보다 더 강한 추정력을 인정한다.

3 대표 기출문제

제26회 출제

01 등기의 효력에 관한 설명으로 틀린 것은? (다툼이 있으면 판례에 따름)

① 등기를 마친 경우 그 등기의 효력은 대법원규칙으로 정하는 등기신청정보가 전산정보처리조직에 저장된 때 발생한다.

② 대지권을 등기한 후에 한 건물의 권리에 관한 등기는 건물만에 관한 것이라는 뜻의 부기등기가 없으면 대지권에 대하여 동일한 등기로서 효력이 있다.

③ 같은 주등기에 관한 부기등기 상호간의 순위는 그 등기순서에 따른다.

④ 소유권이전등기청구권을 보전하기 위한 가등기에 대하여는 가압류등기를 할 수 없다.

⑤ 등기권리의 적법추정은 등기원인의 적법에서 연유한 것이므로 등기원인에도 당연히 적법추정이 인정된다.

해설

소유권이전등기청구권을 보전하기 위한 가등기에 대하여는 가압류등기를 부기등기형식으로 할 수 있다.

답 ④

제34회 출제

02 등기한 권리의 순위에 관한 설명으로 틀린 것은? (다툼이 있으면 판례에 따름)

① 부동산에 대한 가압류등기와 저당권설정등기 상호간의 순위는 접수번호에 따른다.

② 2번 저당권이 설정된 후 1번 저당권 일부이전의 부기등기가 이루어진 경우, 배당에 있어서 그 부기등기가 2번 저당권에 우선한다.

③ 위조된 근저당권해지증서에 의해 1번 근저당권등기가 말소된 후 2번 근저당권이 설정된 경우, 말소된 1번 근저당권등기가 회복되더라도 2번 근저당권이 우선한다.

④ 가등기 후에 제3자 명의의 소유권이전등기가 이루어진 경우, 가등기에 기한 본등기가 이루어지면 본등기는 제3자 명의 등기에 우선한다.

⑤ 집합건물 착공 전의 나대지에 대하여 근저당권이 설정된 경우, 그 근저당권등기는 집합건물을 위한 대지권등기에 우선한다.

해설

회복된 권리의 순위는 종전 순위에 의하므로 회복된 1번 근저당권이 2번 근저당권에 우선한다.

답 ③

4 출제 예상문제

01 등기의 효력에 관한 다음 설명 중 가장 옳지 않은 것은? (다툼이 있는 경우 등기예규·선례에 의함)

① 등기관이 등기를 마치면 그 등기의 효력은 등기신청이 접수된 때부터 효력이 발생한다.

② 등기의 순서는 등기기록 중 같은 구에서 한 등기 상호간에는 순위번호에 따르고 다른 구에서 한 등기 상호간에는 접수번호에 따른다.

③ 사망자 명의의 등기신청에 의하여 마쳐진 등기라도 그에 대응하는 실체적 권리관계가 존재하는 것으로 추정된다.

④ 가등기가 있다고 하여 장차 본등기할 권리가 있다고 추정하지 않는다.

⑤ 등기가 존재하는 이상 그것이 비록 실체법상 무효라고 하더라도 형식상의 효력은 있는 것이므로 그것을 말소하지 않고서는 그것과 양립할 수 없는 등기는 할 수 없다.

해설 ✦ ③ 사망자 명의의 등기신청에 의하여 경료된 등기는 원인무효의 등기로서 등기의 추정력을 인정할 여지가 없다고 하겠다(대법원 95다51991판결). 가등기, 허무인명의 등기, 표제부의 등기 등은 추정력이 부인된다.

정답 ✦ ③

1 출제예상과 학습포인트

✦ 기출횟수

　21회, 26회

✦ 35회 출제 예상

　통상 5년에 한번 정도씩 출제가 이루어진다. 35회 시험에서는 출제가능성이 40% 정도로 보면 좋을 거 같다.

✦ 35회 중요도

　★

✦ 학습방법

　민법 판례내용을 정리하면 된다. 이 부분만은 자주 출제되지는 않으나 형식적 유효요건과 관련 하여 절대무효 등기, 직권말소, 이의신청과 연결되는 이론이므로 정확한 이해를 요한다.

✦ 핵심쟁점

　❶ 등기의 형식적 유효요건

　❷ 등기의 실질적 유효요건

　❸ 판례의 태도

2 핵심 내용

❶ 형식적 유효요건

1. **등기의 존재** : 등기부의 멸실, 등기의 불법 말소 등이 있더라도 일단 유효하게 존재하였던 등기상의 권리는 소멸하지 않는다. 즉 등기는 부동산물권변동의 효력발생요건이지 효력존속요건은 아니다 (판례).

2. 법 제29조 제1호(관할 등기소에 등기할 것) 및 법 제29조 제2호(사건이 등기할 것에 해당할 것)에 위반하지 않아야 한다. 이를 위반하여 등기된 경우에는 형식적 요건을 갖추지 못한 등기로서 절대적 무효이므로 등기관의 직권말소가 가능하고 이해관계인은 이의신청을 할 수 있다.

3. 등기법상 요구되는 적법한 절차(법 제29조 제3호~제11호)에 위반하여 등기되었더라도 실체관계와 부합하면 유효한 등기가 되므로 이해관계인의 이의신청 또한 인정되지 않는다.

❷ 실체적 유효요건 제26회

1. 등기에 부합되는 실체관계의 존재

① 부동산 존재(동일성 유무) : 부동산의 실제현황과 등기부상의 기록이 다소 불일치 하더라도 동일성 인정되면 그 등기는 유효(경정등기 실행), 동일성 부정되면 그 등기는 무효(말소등기 실행)

② 등기명의인이 허무인이 아닐 것(주체의 동일성 유무)

③ 실체적인 권리변동 또는 물권행위가 있을 것(권리변동의 과정이나 태양까지 일치할 것을 요하지 아니하고 권리변동의 결과만 일치하면 족하다)

   ✦ 시간적 불일치 : 등기원인 없이 어느 등기가 실행된 경우 그 후 그 등기에 부합하는 실체관계가 형성되면 그 때부터 그 등기는 유효하게 된다(등기의 추완).

2. 판례에 의한 유효요건 완화 ★

① 중간생략등기

   ㉠ 판례는 중간생략의 합의 유무에 불구하고 실체관계와 부합하는 등기가 기록되어 있는 한 그 등기는 유효하다고 한다(단, 중간생략등기의 합의가 없는 한 최종매수인이 최초매도인에게 직접 자기 앞으로의 등기를 청구할 수는 없다. 이 경우는 대위등기신청).

   ㉡ 토지거래허가 구역 내에서의 중간생략등기는 설사 중간생략의 합의가 있더라도 적법한 토지거래허가 없이 실행된 등기로서 무효이다.

② 모두생략등기 - 유효

③ 실제와 다른 등기원인에 의한 등기 - 유효(증여를 매매로 기록)

④ 무효등기의 유용

   ㉠ 사항란에서만 유용 가능. 다만 새로운 이해관계 있는 제3자가 없어야 한다.

   ㉡ 부동산표시에 관한 유용은 부정된다. 멸실된 건물의 등기기록을 신축건물의 등기로는 유용 불가

3 대표 기출문제

제21회 출제

01 등기의 효력에 관한 설명으로 옳은 것은? (다툼이 있으면 판례에 의함)

① 실체적 권리관계의 소멸로 인하여 무효가 된 담보가등기라도 이해관계있는 제3자가 있기 전에 다른 채권담보를 위하여 유용하기로 합의하였다면 그 등기는 유효하다.

② 건물멸실로 무효인 소유권보존등기라도 이해관계있는 제3자가 있기 전 신축건물에 유용하기로 합의한 경우에는 유효하다.

③ 甲소유 미등기부동산을 乙이 매수하여 乙명의로 한 소유권보존등기는 무효이다.

④ 부동산을 증여하였으나 등기원인을 매매로 기록한 소유권이전등기는 무효이다.

⑤ 토지거래허가구역 내의 토지에 관하여, 중간생략등기의 합의 하에 최초매도인과 최종매수인을 당사자로 하는 토지거래허가를 받아 최초매도인으로부터 최종매수인 앞으로 한 소유권이전등기는 유효하다.

해설

① 당사자가 실체적 권리의 소멸로 인하여 무효로 된 가등기를 이용하여 거래를 하기로 하였다면 그 구등기에 부합하는 가등기설정계약의 합의가 있어 구등기를 유용하기로 하고 거래를 계속하기로 한 취의라고 해석함이 타당하여 위 등기유용합의 이전에 등기상 이해관계 있는 제3자가 나타나지 않는 한 위 가등기는 원래의 담보채무소멸 후에도 유효하게 존속한다(대판 1986.12.9, 86다카716).

② 신축된 건물과 멸실된 건물이 그 자료·위치·구조 기타 면에 있어서 상호 같다고 하더라도 그로써 신축된 건물이 멸실된 건물과 동일한 건물이라고는 할 수 없으므로(신축된 건물 그것이 곧 멸실된 바로 그 건물이라고 할 수 없다) 기존건물이 멸실된 후 그곳에 새로이 건축한 건물의 물권변동에 관한 등기를 멸실된 건물의 등기부에 하여도 이는 진실에 부합하지 아니하는 것이고 비록 당사자가 멸실건물의 등기로서 신축된 건물의 등기에 갈음할 의사를 가졌다 하여도 그 등기는 무효이다(대판 1976.10. 26, 75다2211).

③ 미등기건물을 등기할 때에는 원시취득자와 승계취득자 사이의 합치된 의사에 따라 승계취득자 앞으로 직접 소유권보존등기를 경료하게 되었다면, 그 소유권보존등기는 실체적 권리관계에 부합되어 적법한 등기로서의 효력을 가진다(대판 1995.12.26, 94다44675).

④ 허위원인의 등기도 유효하다. (대판 2000.3.10., 99다65462).

⑤ 최종 매수인이 자신과 최초 매도인을 매매당사자로 하는 토지거래허가를 받아 자신 앞으로 소유권이전등기를 경료하였더라도 그러한 최종 매수인 명의의 소유권이전등기는 적법한 토지거래허가 없이 경료된 등기로서 무효이다(대판 1997.3.14., 96다22464).

답 ①

02 등기에 관한 설명으로 틀린 것은? (다툼이 있으면 판례에 따름)

① 등기원인을 실제와 다르게 증여를 매매로 등기한 경우, 그 등기가 실체관계에 부합하면 유효하다.

② 미등기부동산을 대장상 소유자로부터 양수인이 이전받아 양수인명의로 소유권보존등기를 한 경우, 그 등기가 실체관계에 부합하면 유효하다.

③ 전세권설정등기를 하기로 합의하였으나 당사자 신청의 착오로 임차권을 등기된 경우, 그 불일치는 경정등기로 시정할 수 있다.

④ 권리자는 甲임에도 불구하고 당사자 신청의 착오로 乙명의로 등기된 경우, 그 불일치는 경정등기로 시정할 수 없다.

⑤ 건물에 관한 보존등기상의 표시와 실제건물과의 사이에 건물의 건축시기, 건물 각 부분의 구조, 평수, 소재 지번 등에 관하여 다소의 차이가 있다 할지라도 사회통념상 동일성 혹은 유사성이 인식될 수 있으면 그 등기는 당해 건물에 관한 등기로서 유효하다.

> **해설**
> ③ 전세권과 임차권은 서로 다른 권리이므로 양자간에 동일성이 없다. 따라서 그 불일치는 경정등기로 시정할 수 없다.
>
> 답 ③

4 출제 예상문제

01 등기의 유효요건에 대한 내용이다. 가장 틀린 것은?

① 부적법하게 말소등기가 경료된 경우 그 말소등기는 실체관계에 부합하지 않는 것이어서 무효라는 것이 판례의 입장이다.

② 건물의 종류와 구조, 면적이 동일한 경우에는 멸실건물의 보존등기를 멸실 후에 신축한 건물의 보존등기로 유용할 수 있다.

③ 등기의 완성은 등기부에 등기사항을 기록하고 등기관이 교합함으로써 완성되는 것이지만 등기기록의 적정여부를 확인하는 (구 등기법상)등기관의 교합인이 누락되었다 하여 그것만으로 그 등기가 부존재한다고 할 수 없다는 것이 판례의 입장이다.

④ 중간생략등기가 유효하기 위해서는 최종소유자가 소유자로서의 실체법상의 요건은 모두 갖추고 있어야 한다.

⑤ 건물에 있어서는 건물의 소재와 대지 지번의 표시가 다소 상위하더라도 건물의 종류·구조·면적 등의 기록 및 그 인근에 유사한 건물의 존부 등을 종합적으로 판단하여 그 등기가 당해 건물을 표시하고 있는 것으로 인정되는 경우에는 유효한 등기로 볼 수 있다.

해설 ◆ ② 표제부 등기의 유용은 허용되지 않는다. 즉, 신축된 건물과 멸실된 건물이 그 자료·위치·구조 기타 면에 있어서 상호 같다고 하더라도 그로써 신축된 건물이 멸실된 건물과 동일한 건물이라고는 할 수 없으므로(신축된 건물 그것이 곧 멸실된 바로 그 건물이라고 할 수 없다) 기존건물이 멸실된 후 그곳에 새로이 건축한 건물의 물권변동에 관한 등기를 멸실된 건물의 등기부에 하여도 이는 진실에 부합하지 아니하는 것이고 비록 당사자가 멸실건물의 등기로서 신축된 건물의 등기에 갈음할 의사를 가졌다 하여도 그 등기는 무효이다(대판 1976.10.26, 75다2211).

① 등기는 물권의 효력발생 요건이고 그 존속요건은 아니므로 물권에 관한 등기가 원인없이 말소된 경우에는 그 물권의 효력에는 아무런 변동이 없는 것이므로, 등기공무원이 관할지방법원의 명령에 의하여 소유권이전등기를 직권으로 말소하였으나 그 후 동 명령이 취소확정된 경우에는 위 말소등기는 결국 원인없이 경료된 등기와 같이 되어 말소된 소유권이전등기는 회복되어야 하고, 회복등기를 마치기 전이라도 등기명의인으로서의 권리를 그대로 보유하고 있다고 할 것이므로 그는 말소된 소유권이전등기의 최종명의인으로서 적법한 권리자로 추정된다(대판 1982.12.28, 81다카870).

③ 대결 1977.10.31, 77마262

④ 대판 1980.2.12, 78다2104

⑤ 2007.2.22 등기예규 제1163호

정답 ◆ ②

1 출제예상과 학습포인트

✦ 기출횟수

　-

✦ 35회 출제 예상

　통상 10년에 한번 정도씩 출제가 이루어진다. 34회 시험에서 출제가 되지 않았기에 35회 시험에서는 출제가능성이 40% 정도로 보면 좋을 거 같다.

✦ 35회 중요도

　★

✦ 학습방법

　등기소와 등기관에 관한 내용은 잘 출제되지 않으나 종합문제로 각 권한자 정도는 정리하여야 한다.

✦ 핵심쟁점

　❶ 관할등기소의 지정
　❷ 관할의 위임
　❸ 등기사무의 정지
　❹ 등기관의 지정

2 핵심 내용

제1절　등기소

❶ 등기소의 의의

등기사무를 담당하는 국가기관(등기소, 지방법원의 등기과 동지원의 등기계)

❷ 관할 등기소

1. 등기할 권리의 목적인 부동산의 소재지를 관할하는 지방법원, 동지원, 등기소가 관할등기소이다.

2. 관할 등기소의 지정 ★

① 1개의 부동산이 수개의 등기소의 관할구역에 걸쳐 있을 때는 이해관계인(등기신청인)의 신청에 의하여 각 등기소를 관할하는 상급법원의 장이 관할 등기소를 지정한다. 이때의 부동산은 건물만 해당하고 토지는 문제되지 않는다.

② 건물의 신축, 증축, 부속건물의 신축 또는 건물의 합병 등으로 인하여 수개 등기소의 관할에 걸치는 경우에 지정문제가 발생한다.

③ 등기된 건물의 대지의 일부가 관할의 전속으로 인하여 2 이상의 등기관할에 걸치게 된 경우에는 종전 관할등기소가 계속 관할한다. 관할의 지정문제가 발생하지 않는다.

3. 관할의 위임 제27회

대법원장은 어느 등기소의 관할에 속하는 사무를 다른 등기소에 위임하게 할 수 있다.

4. 관할의 변경

어느 부동산의 소재지가 다른 등기소의 관할로 바뀌었을 때에는 종전의 관할 등기소는 전산정보처리조직을 이용하여 그 부동산에 관한 등기기록의 처리권한을 다른 등기소로 넘겨주는 조치를 하여야 한다.

5. 관할 위반의 등기(법 제29조 제1호 각하, 이송하지 않음)

절대무효, 등기관의 직권말소, 이의신청의 대상이 된다.

③ 등기사무의 정지

대법원장은 등기소에서 등기사무를 정지하여야 하는 사유가 발생하면 기간을 정하여 등기사무의 정지를 명령할 수 있다(제29조 제2호 각하사유).

제2절 등기관

① 등기관의 의의

① 등기관은 등기소에 근무하는 법원서기관·등기사무관·등기주사 또는 등기주사보(법원사무관·법원주사 또는 법원주사보 중 2001년 12월 31일 이전에 시행한 채용시험에 합격하여 임용된 사람을 포함한다) 중에서 지방법원장(지원장)이 지정한다.

② 등기실무상 등기소(과)장은 별도의 지정 없이 보직발령만으로 당연 등기관이 된다.

❷ 등기관의 업무처리 제한

① 등기관은 자기, 배우자 또는 4촌 이내의 친족(이하 "배우자등"이라 한다)이 등기신청인인 때에는 그 등기소에서 소유권등기를 한 성년자로서 등기관의 배우자등이 아닌 자 2명 이상의 참여가 없으면 등기를 할 수 없다. 배우자등의 관계가 끝난 후에도 같다.

② 등기관은 위의 경우에 조서를 작성하여 참여인과 같이 기명날인 또는 서명을 하여야 한다.

③ **위반의 효과** : 실체관계에 부합하면 유효인 등기가 된다. 따라서 이의신청도 할 수 없다.

❸ 등기관의 책임

① 등기관의 법령에 위반한 부당한 처분으로 사인의 재산에 손해를 가한 경우 국가는 국가배상법에 의거하여 배상책임을 진다(국가배상법 제2조).

② **구상권 행사** : 공무원의 고의, 중과실의 경우

3 출제 예상문제

01 등기소의 관할에 대한 다음 설명 중 틀린 것은?

① 등기사무는 부동산의 소재지를 관할하는 지방법원, 그 지원(支院) 또는 등기소에서 담당한다.

② 부동산이 여러 등기소의 관할구역에 걸쳐 있는 경우 그 부동산에 대한 최초의 등기신청을 하고자 하는 자는 각 등기소를 관할하는 상급법원의 장에게 관할등기소의 지정을 신청하여야 한다.

③ 상급법원장은 어느 등기소의 관할에 속하는 사무를 다른 등기소에 위임하게 할 수 있다.

④ 대법원장은 등기소에서 등기사무를 정지하여야 하는 사유가 발생하면 기간을 정하여 등기사무의 정지를 명령할 수 있다

⑤ 등기관은 등기소에 근무하는 법원서기관·등기사무관·등기주사 또는 등기주사보 중에서 지방법원장(지원장)이 지정한다.

해설 ✦ ③ 교통 그 밖에 사무처리상의 사정으로 본래의 관할등기소가 아닌 다른 등기소로 하여금 등기사무를 다루게 하는 것이 편리하거나 적당한 경우에는 '대법원장'은 어느 등기소의 관할에 속하는 사무를 다른 등기소에 위임할 수 있다(법 제8조). 관할의 위임이 있는 경우에는 위임받은 등기소만이 관할권을 가진다.

　※ 각종의 권한 자
　　1. 관할등기소의 지정 : 상급법원장
　　2. 관할의 위임 : 대법원장
　　3. 등기사무의 정지 : 대법원장
　　4. 등기관의 지정 : 지방법원장 또는 지원장

정답 ✦ ③

1 출제예상과 학습포인트

✦ 기출횟수
24회, 27회, 33회

✦ 35회 출제 예상
통상 3년에 한번 정도씩 출제가 이루어진다. 33회 시험에서 출제가 되었다. 35회 시험에서는 출제가능성이 70% 정도로 보면 좋을 거 같다.

✦ 35회 중요도
★

✦ 학습방법
등기기록에 관한 사항은 곧잘 출제되는 편이다. 특히 구분건물에 관한 등기기록은 대지권등기와 연관되어 반드시 숙지하여야 하는 부분이다. 등기부의 공개에 관한 내용도 정리를 하여야 한다.

✦ 핵심쟁점
❶ 등기기록의 양식
❷ 구분건물등기기록의 양식
❸ 등기부의 관리 및 공개

2 핵심 내용

제1관 등기부

❶ 등기부의 의의

① "등기부"란 전산정보처리조직에 의하여 입력·처리된 등기정보자료를 대법원규칙으로 정하는 바에 따라 편성한 것을 말한다.
② 등기부는 토지등기부와 건물등기부로 구분한다.
③ "등기부부본자료"(登記簿副本資料)란 등기부와 동일한 내용으로 보조기억장치에 기록된 자료를 말한다.
④ "등기기록"이란 1필의 토지 또는 1개의 건물에 관한 등기정보자료를 말한다.

❷ 물적편성주의(1부동산 1등기기록의 원칙) 제27회

① 등기부를 편성할 때에는 1필의 토지 또는 1개의 건물에 대하여 1개의 등기기록을 둔다(원칙).
② 다만, 1동의 건물을 구분한 건물에 있어서는 1동의 건물에 속하는 전부에 대하여 1개의 등기기록을 사용한다.(예외) (그러나 이 경우에도 표제부 및 각 구는 1동의 건물을 구분한 각 건물마다 두며 구분건물에 대한 등기사항증명서의 발급 및 등기기록 열람에 관하여는 1동의 건물의 표제부와 해당 전유부분에 관한 등기기록을 1개의 등기기록으로 본다. 따라서 실질적으로는 1부동산 1등기기록의 원칙이 관철되고 있다.)

❸ 등기기록의 양식

1. 등기기록에는 부동산의 표시에 관한 사항을 기록하는 표제부와 소유권에 관한 사항을 기록하는 갑구(甲區) 및 소유권 외의 권리에 관한 사항을 기록하는 을구(乙區)를 둔다.
   ① 표제부
      토지등기기록의 표제부에는 표시번호란, 접수란, 소재지번란, 지목란, 면적란, 등기원인 및 기타사항란을 두고, 건물등기기록의 표제부에는 표시번호란, 접수란, 소재지번 및 건물번호란, 건물내역란, 등기원인 및 기타사항란을 둔다.
   ② 갑구 및 을구
      순위번호란, 등기목적란, 접수란, 등기원인란, 권리자 및 기타사항란을 둔다.

2. 구분건물등기기록에는 1동의 건물에 대한 표제부를 두고 전유부분마다 표제부, 갑구, 을구를 둔다.
   ① 표제부
      ㉠ 1동 건물의 표제부에는 '1동건물의 표시'와 '대지권의 목적인 토지의 표시'를 기록한다.
      ㉡ 전유부분의 표제부에는 '전유부분건물의 표시'와 '대지권의 표시'를 기록한다.
   ② 갑구 및 을구
      순위번호란, 등기목적란, 접수란, 등기원인란, 권리자 및 기타사항란을 둔다.

3. 등기기록을 개설할 때에는 1필의 토지 또는 1개의 건물마다 부동산고유번호를 부여하고 이를 등기기록에 기록하여야 한다. 구분건물에 대하여는 전유부분마다 부동산고유번호를 부여한다.

❹ 등기부부본자료의 작성

① 등기관이 등기를 마쳤을 때에는 등기부부본자료를 작성하여야 한다.
② 등기부부본자료는 등기부와 동일하게 관리하여야 한다.

PART 2 부동산등기법

[토지등기기록 양식]

서울특별시 서대문구 대신동 107-18　　　　　　　　　　　고유번호 1135-1982-067211

【표제부】 (토지의 표시)					
표시번호	접수	소재지번	지목	면적	등기원인 및 기타사항
1 (전2)	1982년 9월9일	서울특별시 서대문구 대신동 107-18	대	432.6㎡	부동산등기법 제177조의6 제1항의 규정에 의하여 2001년 7월 9일 전산이기

【갑구】 (소유권에 관한 사항)				
순위번호	등기목적	접수	등기원인	권리자 및 기타사항
1 (전3)	소유권 이전	1997년 2월19일 제6782호	1997년 2월5일 매매	소유자 김명자 　　550228-2067890 서울 서대문구 대신동 107-18 부동산등기법 제177조의6 제1항의 규정에 의하여 2001년 7월 9일 전산이기

【을구】 (소유권 외의 권리에 관한 사항)				
순위번호	등기목적	접수	등기원인	권리자 및 기타사항
1 (전10)	근저당권 설정	2001년 5월4일 제21099호	2001년 5월 3일 설정계약	채권최고액 금45,600,000원 채무자 김명자 　　서울 서대문구 대신동 107-18 근저당권자 주식회사 우리은행 110111-0023393 서울특별시 중구 회현동1가 203 (평창동지점) 공동담보 동소 동번지 건물 부동산등기법 제177조의6 제1항의 규정에 의하여 2001년 7월 11일 전산이기

[건물등기기록 양식]

서울특별시 서대문구 대신동 107-18　　　　　　　고유번호 1135-1993-167211

【표제부】		(건물의 표시)		
표시번호	접수	소재지번 및 건물번호	건물내역	등기원인 및 기타사항
1 (전2)	1993년 5월20일	서울특별시 서대문구 대신동 107-18	벽돌조 슬래브지붕 단층주택 83.49㎡ 지하실 22.15㎡	부동산등기법 제177조의6 제1항의 규정에 의하여 2001년 7월 11일 전산이기

【갑구】		(소유권에 관한 사항)		
순위번호	등기목적	접수	등기원인	권리자 및 기타사항
1 (전3)	소유권 이전	1997년 2월19일 제6782호	1997년 2월 5일 매매	소유자 김명자 550228-2067890 서울 서대문구 대신동 107-18 부동산등기법 제177조의6 제1항의 규정에 의하여 2001년 7월 9일 전산이기

【을구】		(소유권 이외의 권리에 관한 사항)		
순위번호	등기목적	접수	등기원인	권리자 및 기타사항
1 (전1)	근저당권설정	2001년 5월 4일 제21099호	2001년 5월 3일 설정계약	채권최고액 금45,600,000원 채무자 김명자 서울 서대문구 대신동 107-18 근저당권자 주식회사 우리은행 110111-0023393 서울특별시 중구 회현동1가 203 (평창동지점) 공동담보 동소 동번지 토지 부동산등기법 제177조의6 제1항의 규정에 의하여 2001년 7월 11일 전산이기

147

[구분건물등기기록 양식]

고유번호 1313-1998-004323

【표제부】		(1동의 건물의 표시)		
표시번호	접수	소재지번, 건물명칭 및 번호	건물내역	등기원인 및 기타사항
1	1998년 4월 15일	서울특별시 강남구 대치동 29,32,46 현대아파트 가동	5층 아파트 철근콘크리트조 슬래브지붕 1층 637㎡ 2층 637㎡ 3층 637㎡ 4층 637㎡ 5층 637㎡	도면편철장 제5책 제75면

	(대지권의 목적인 토지의 표시)			
표시번호	소재지번	지목	면적	등기원인 및 기타사항
1	1. 서울특별시 강남구 대치동 29, 2. 서울특별시 강남구 대치동 32, 3. 서울특별시 강남구 대치동 46	대 대 대	1759㎡ 745㎡ 674㎡	1998년 4월 15일

【표제부】		(전유부분의 건물의 표시)		
표시번호	접수	건물번호	건물내역	등기원인 및 기타사항
1	1998년 4월 15일	1층 제101호	철근콘크리트조 96㎡	도면편철장 제5책 75면

	(대지권의 표시)		
표시번호	대지권종류	대지권비율	등기원인 및 기타사항
1	1. 소유권대지권 2. 소유권대지권 3. 임차권대지권	1759분의 47 745분의 47 674분의 18	1998년 4월 5일 대지권 1998년 4월 5일 대지권 1998년 4월 5일 대지권 1998년 4월 15일 등기

※ 구분건물등기기록의 갑구와 을구는 일반등기기록의 갑, 을구와 동일함

❺ 장부의 보존 등 제33회

① 등기부(폐쇄등기부, 등기부부본자료)는 중앙관리소에 보관·관리하여야 하며, 영구(永久)히 보존하여야 한다. 전쟁·천재지변이나 그 밖에 이에 준하는 사태를 피하기 위한 경우 외에는 그 장소 밖으로 옮기지 못한다.

② 등기부의 부속서류는 전쟁·천재지변이나 그 밖에 이에 준하는 사태를 피하기 위한 경우 외에는 등기소 밖으로 옮기지 못한다.

③ 신청서나 그 밖의 부속서류에 대하여는 법원의 명령 또는 촉탁(囑託)이 있거나 법관이 발부한 영장에 의하여 압수하는 경우에는 등기소 밖으로 옮길 수 있다.

종류 \ 사유	전쟁, 천재지변, 기타 이에 준하는 사변을 피하기 위해	법원의 명령, 촉탁	압수, 수색영장
등기부	중앙관리소 밖으로 반출 ○	반출 ×	반출 ×
등기부의 부속서류	등기소 밖으로 반출 ○	반출 ×	반출 ×
신청서나 그 밖의 부속서류	등기소 밖으로 반출 ○	반출 ○	반출 ○

❻ 신탁원부 등의 보존

① 신탁원부, 공동담보(전세)목록, 도면 및 매매목록은 보조기억장치(자기디스크, 자기테이프 그 밖에 이와 유사한 방법으로 일정한 등기사항을 기록·보관할 수 있는 전자적 정보저장매체를 말한다. 이하 같다)에 저장하여 보존하여야 한다.

② 전자신청의 경우 그 신청정보 및 첨부정보는 보조기억장치에 저장하여 보존하여야 한다.

③ 신탁원부, 공동담보(전세)목록, 도면 및 매매목록은 영구(永久)히 보존하여야 한다. 신청정보 및 첨부정보와 취하정보는 5년간 보존한다. 제25회

❼ 등기사항의 열람과 증명

① 누구든지 수수료를 내고 대법원규칙으로 정하는 바에 따라 등기기록에 기록되어 있는 사항의 전부 또는 일부의 열람(閱覽)과 이를 증명하는 등기사항증명서의 발급을 청구할 수 있다. 다만, 등기기록의 부속서류(신청서나 그 밖의 부속서류 의미)에 대하여는 이해관계 있는 부분만 열람을 청구할 수 있다.

② 등기기록의 열람 및 등기사항증명서의 발급 청구는 관할 등기소가 아닌 등기소에 대하여도 할 수 있다.

⑧ 등기사항증명서 제27회

① **신청 방법** : 등기소 방문신청, 무인발급기 이용신청, 인터넷신청
② 신탁원부, 공동담보(전세)목록, 도면 또는 매매목록은 그 사항의 증명도 함께 신청하는 뜻의 표시가 있는 경우에만 등기사항증명서에 이를 포함하여 발급한다.
③ 구분건물에 대한 등기사항증명서의 발급에 관하여는 1동의 건물의 표제부와 해당 전유부분에 관한 등기기록을 1개의 등기기록으로 본다.
④ 등기신청이 접수된 부동산에 관하여는 등기관이 그 등기를 마칠 때까지 등기사항증명서를 발급하지 못한다. 다만, 그 부동산에 등기신청사건이 접수되어 처리 중에 있다는 뜻을 등기사항증명서에 표시하여 발급할 수 있다.
⑤ **종류**(단, 폐쇄한 등기기록은 '등기사항전부증명서(말소사항포함)'에 한정)
  ㉠ 등기사항전부증명서(말소사항 포함)
  ㉡ 등기사항전부증명서(현재 유효사항)
  ㉢ 등기사항일부증명서(특정인 지분)
  ㉣ 등기사항일부증명서(현재 소유현황)
  ㉤ 등기사항일부증명서(지분취득 이력)

⑨ 등기사항의 열람

① 등기기록의 열람은 등기기록에 기록된 등기사항을 전자적 방법으로 그 내용을 보게 하거나 그 내용을 기록한 서면을 교부하는 방법으로 한다.
② 신청서나 그 밖의 부속서류의 열람은 등기관 또는 그가 지정하는 직원이 보는 앞에서 하여야 한다.
③ 대리인이 신청서나 그 밖의 부속서류의 열람을 신청할 때에는 신청서에 그 권한을 증명하는 서면을 첨부하여야 한다.

	등기사항증명서	열람
등기기록	누구든지 신청	누구든지 신청
등기기록의 부속서류	×	이해관계부분

3 대표 기출문제

제33회 출제

01 전산이기된 등기부 등에 관한 설명으로 틀린 것은?

① 등기부는 영구히 보존해야 한다.

② 등기부는 법관이 발부한 영장에 의하여 압수하는 경우에는 대법원규칙으로 정하는 보관·관리 장소 밖으로 옮길 수 있다.

③ 등기관이 등기를 마쳤을 때는 등기부부본자료를 작성해야 한다.

④ 등기원인을 증명하는 정보에 대하여는 이해관계 있는 부분만 열람을 청구할 수 있다.

⑤ 등기관이 등기기록의 전환을 위해 등기기록에 등기된 사항을 새로운 등기기록에 옮겨 기록한 때에는 종전 등기기록을 폐쇄해야 한다.

> **해설**
>
> 등기부는 대법원규칙으로 정하는 장소에 보관·관리하여야 하며, 전쟁·천재지변이나 그 밖에 이에 준하는 사태를 피하기 위한 경우 외에는 그 장소 밖으로 옮기지 못한다.
>
> 답 ②

제27회 출제

02 등기부 등에 관한 설명으로 틀린 것은?

① 폐쇄한 등기기록은 영구히 보존해야 한다.

② A토지를 B토지에 합병하여 등기관이 합필등기를 한 때에는 A토지에 관한 등기기록을 폐쇄해야 한다.

③ 등기부부본자료는 등기부와 동일한 내용으로 보조기억 장치에 기록된 자료이다.

④ 구분건물등기기록에는 표제부를 1동의 건물에 두고 전유부분에는 갑구와 을구만 둔다.

⑤ 등기사항증명서 발급신청시 매매목록은 그 신청이 있는 경우에만 등기사항증명서에 포함하여 발급한다.

> **해설**
>
> 구분건물등기기록에는 1동건물 표제부와 전유부분 표제부와 갑구와 을구를 둔다.
>
> 답 ④

4 출제 예상문제

01 등기기록의 양식에 관련된 설명이다. 옳은 것 전부를 맞게 묶은 것은?

> 가. 토지등기기록의 표제부에는 표시번호란, 접수란, 소재지번란, 지목란, 면적란, 등기원
>   인및 기타사항란을 둔다.
> 나. 건물등기기록의 표제부에는 표시번호란, 접수란, 소재지번 및 건물번호란, 건물내역란,
>   등기원인및 기타사항란을 둔다.
> 다. 갑구와 을구에는 순위번호란, 등기목적란, 접수란, 등기원인란, 권리자 및 기타사항란
>   을둔다.
> 라. 구분건물등기기록에는 1동의 건물에 대한 표제부를 두고 전유부분마다 갑구, 을구를
>   둔다.
> 마. 구분한 각 건물 중 대지권이 있는 건물이 있는 경우 1동의 건물의 표제부에는 표시번
>   호란, 대지권종류란, 대지권비율란, 등기원인 및 기타사항란을 둔다.

① 가   ② 가, 나   ③ 가, 나, 다
④ 가, 나, 다, 라   ⑤ 가, 나, 다, 라, 마

해설 ✦ 라. 구분건물등기기록에는 1동의 건물에 대한 표제부를 두고 전유부분마다 표제부, 갑구, 을구를 둔다.
　　　마. 구분한 각 건물 중 대지권이 있는 건물이 있는 경우에는 1동의 건물의 표제부에는 대지권의 목적인 토지의
　　　　표시를 위한 표시번호란, 소재지번란, 지목란, 면적란, 등기원인 및 기타사항란을 두고, 전유부분의 표제부에는
　　　　대지권의 표시를 위한 표시번호란, 대지권종류란, 대지권비율란, 등기원인 및 기타사항란을 둔다.

정답 ✦ ③

02 등기사항증명서의 발급에 관한 다음 설명 중 옳지 <u>않은</u> 것은?

① 모사전송의 방식에 의한 등기사항증명서의 발급신청은 현재 허용되지 않는다.

② 신탁원부, 공동담보(전세)목록, 도면 또는 매매목록은 그 사항의 증명도 함께 신청하는 뜻의 표시가 있는 경우에만 등기사항증명서에 이를 포함하여 발급한다.

③ 구분건물에 대한 등기사항증명서의 발급에 관하여는 1동의 건물에 속하는 전부에 대하여 1개의 등기기록으로 본다.

④ 등기신청이 접수된 부동산에 관하여는 등기관이 그 등기를 마칠 때까지 등기사항증명서를 발급하지 못한다. 다만, 그 부동산에 등기신청사건이 접수되어 처리 중에 있다는 뜻을 등기사항증명서에 표시하여 발급할 수 있다.

⑤ 폐쇄한 등기기록에 대하여는 말소사항 포함 등기사항전부증명서만 발급할 수 있다.

해설 ✦ ① 구법에 있던 모사전송의 방식에 의한 등기사항증명서의 발급신청(관할외 등기소에 등기사항증명서의 발급신청) 은 폐지되었다.

② 등기부 등기사항증명서 발급의 대상은 등기부 및 폐쇄등기부는 물론, 등기부의 일부로 보는 공동인명부·공동담 보목록·도면·신탁원부 등도 그 대상이 된다. 그러나 '등기기록의 부속서류'(신청서 기타 부속서류를 의미)는 이해관계있는 부분에만 열람을 청구할 수 있을 뿐이고, 등기사항증명서 발급청구의 대상은 아니다.

③ 구분건물에 대한 등기사항증명서의 발급에 관하여는 1동의 건물의 표제부와 해당 전유부분에 관한 등기기록을 1개의 등기기록으로 본다.

⑤ 규칙 제29조 단서

정답 ✦ ③

1 출제예상과 학습포인트

✦ 기출횟수

20회, 21회, 24회, 28회, 29회, 31회

✦ 35회 출제 예상

통상 3년에 한번 정도씩 출제가 이루어진다. 34회 시험에서 대지권문제가 출제되었다. 35회 시험에서는 출제가능성이 60% 정도로 보면 좋을 거 같다.

✦ 35회 중요도

★★

✦ 학습범위

지금현재 이론에서 언급된 부분에서 더 이상 양을 늘리지 말고 반복해서 이 정도만 숙지하면 될 거 같다.

✦ 학습방법

구분건물 등기기록을 중심으로 대지권등기의 절차와 그 효과를 숙지하여야 한다.

✦ 핵심쟁점

❶ 구분건물 등기기록의 양식
❷ 규약상 공용부분의 등기
❸ 대지권등기의 절차
❹ 대지권등기의 효과

2 핵심 내용

❶ 구분건물의 요건

① 구조상·이용상 독립성

단, 상가건물(구분점포)은 구조상 독립성이 없어도 일정한 요건을 갖춘 경우에는 인정.

② 구분행위(의사)

따라서 독립성이 있는 건물이라고 당연히 구분건물이 되는 것은 아니다.

❷ 구분건물의 구성

① **전유부분** : 구분소유권의 목적이 되는 부분.
② **구조상 공용부분** : 등기능력이 없다.
③ **규약상 공용부분** : 건물 구분소유자들의 규약에 의하여 정한 공용부분(표제부만 둔다)
④ **전유부분과 공용부분의 일체성** : 구분소유자의 공용부분에 관한 지분은 그가 가지는 전유부분의 처분에 따르고, 공용부분에 관한 득실변경은 등기를 요하지 않는다.

❸ 규약상 공용부분에 관한 등기

1. 규약상 공용부분 뜻의 등기

① **신청인** : 기존소유권 등기명의인이 단독신청
② **등기의 실행** : 해당건물의 표제부에 규약설정 공용부분의 뜻을 기록하고, 갑구, 을구의 소유권 기타권리를 말소한다. 따라서 이 경우 공용부분인 건물에 소유권 외의 권리에 관한 등기가 있을 때에는 그 권리의 등기명의인의 승낙이 있어야 한다.

2. 규약상 공용부분 뜻의 말소등기

공용부분이라는 뜻을 정한 규약을 폐지한 경우에 공용부분의 취득자는 지체 없이 소유권보존등기를 신청하여야 한다. 제28회, 제31회, 제34회

❹ 건물의 대지와 대지사용권, 대지권

① **건물의 대지** : 1동건물이 소재하는 법정대지와, 그 건물의 대지로 하기로 규약으로 정한 규약상 대지가 있다.
② **대지사용권** : 구분건물의 소유자가 전유부분을 소유하기 위하여 그 건물의 대지에 관하여 가지는 권리(소유권, 지상권, 전세권, 임차권)
③ **대지권** : 건물 전유부분과 분리하여 처분할 수 없는 대지사용권을 특히 대지권이라 한다(규약으로 달리 정함이 없는 한 구분건물소유자는 원칙적으로 대지권을 취득한다).

155

❺ 건물대지 등기부의 간소화를 위한 특칙 제24회

1. 대지권의 등기

① 구분건물에 대지권이 있는 경우에는 등기관은 1동 건물의 등기기록의 표제부에 대지권의 목적인 토지의 표시에 관한 사항을 기록하고 전유부분의 등기기록의 표제부에는 대지권의 표시에 관한 사항을 기록하여야 한다.

② 등기의 실행

  ㉠ 1동의 건물의 표제부 중 대지권의 목적인 토지의 표시란 대지권의 목적인 토지의 일련번호, 토지의 소재, 지번, 지목, 면적과 등기연월일을 기록

  ㉡ 전유부분의 표제부 중 대지권의 표시란 대지권의 목적인 토지의 표시(일련번호로 갈음), 대지권의 종류, 비율, 대지권발생 연월일과 등기연월일을 기록한다.

2. 대지권인 뜻의 등기

① 건물의 등기기록에 대지권의 등기를 한 때에는 등기관은 직권으로 대지권의 목적인 토지의 등기기록 해당구에 소유권, 지상권, 전세권 또는 임차권이 대지권이라는 뜻을 기록하여야 한다.

② 대지권인 뜻의 등기를 하는 때에는 어느 권리가 대지권인 뜻과 그 대지권을 등기한 1동의 건물을 표시함에 족한 사항 및 그 연월일을 기록한다.

3. 전유부분과 대지사용권의 일체성

① 건물등기부 표제부에 대지권등기를 하고, 대지권의 목적인 토지 등기용지의 해당구 사항란에 대지권인 뜻의 등기를 한 후에는 전유부분과 대지사용권은 일체적으로 처분되며, 대지권을 등기한 후에 한 건물의 권리에 관한 등기는 대지권에 대하여 동일한 등기로서 효력이 있다.

② 대지권에 대한 등기로서의 효력이 있는 등기와 대지권의 목적인 토지의 등기기록 중 해당 구에 한 등기의 순서는 접수번호에 따른다.

4. 대지권등기를 할 경우에 건물만에 관하여 등기가 있을 때는 그 등기에 건물만에 관한 뜻을 부기하여야 한다.

5. 대지권등기를 할 경우에 건물에 관한 등기가 저당권에 관한 등기로서 대지권에 대한 등기와 등기원인, 그 연월일과 접수번호가 동일한 것일 때에는 대지권에 대한 저당권의 등기는 직권말소하여야 한다.

6. 대지권등기시 그 토지에 소유권 이외의 권리에 관한 등기가 있을 경우에는 전유부분의 표제부에 토지에 별도의 등기가 있다는 뜻을 기록하여야 한다.

구분	절차	실행
대지권등기	일괄신청	건물등기부 표제부
대지권인 뜻의 등기	직권	토지등기기록 해당구
건물만에 관한 뜻의 등기	직권	건물등기에 부기
건물과 동일한 대지권에 대한 저당권등기	직권	말소
토지에 별도등기 있다는 뜻의 등기	직권	전유부분 표제부

❻ 대지권의 등기 후 분리처분등기의 금지 ★

1. 토지에 금지되는 등기

① 대지권인 권리의 이전등기
② 대지권인 권리의 저당권설정등기
③ 대지권인 권리의 (가)압류, 이전(담보)가등기

2. 건물에 금지되는 등기

① 건물만의 소유권이전등기
② 건물만의 저당권설정등기
③ 건물만의 (가)압류, 이전(담보)가등기

3. 허용되는 등기

권리의 성질상 일체처분이 아닌 사항(용익권 설정등기)이나, 대지권의 등기가 있기 전에 토지나 건물에 관하여 생긴 권리에 기초한 물권변동의 등기는 각각 따로 등기 할 수 있다.

❼ 등기의 효력

① 대지권을 등기한 후에 한 건물에 대한 소유권에 관한 등기로서 건물만에 관한 뜻의 부기가 없는 것은 대지권에 대하여 동일한 등기로서의 효력이 있다
② 건물만에 관한 뜻의 부기가 없는 것으로 대지권에 대한 등기로서의 효력이 있는 등기와 대지권의 목적인 토지의 등기기록 중 해당구에 한 등기의 순서는 접수번호에 의한다.

▷ **대지권등기 기록 예**

1동의 건물의 표제부

(표제부)				(1동의 건물의 표시)
표시 번호	접 수	소재지번, 건물명칭 및 번호	건물내역	등기원인 및 기타사항
1	2002년1월29일	서울특별시 용산구 용산동 108 대우아파트 101동	10층아파트 철근콘크리트조 슬래브지붕 1층 637㎡ 2층 637㎡ 중략 10층 637㎡	도면편철장 제5책 1면
(대지권의 목적인 토지의 표시)				
표시 번호	소재 지번	지목	면적	등기원인 및 기타사항
1	1. 서울특별시 용산구 용산동 108	대	2504㎡	2002년1월29일

전유부분의 표제부

(표제부)				(전유부분의 건물의 표시)
표시 번호	접 수	건물번호	건물내역	등기원인 및 기타사항
1	2002년1월29일	1층101호	철근콘크리트조 85㎡	도면편철장제5책13면
(대지권의 표시)				
표시 번호	대지권종류	대지권비율	등기원인 및 기타사항	
1	1. 소유권대지권	1504분의47	2002년1월28일 대지권 2002년1월29일 등기	

▷ **대지권인 뜻의 등기기록 예**

(용산동 108 토지)

(갑 구)				(소유권에 관한 사항)
순위 번호	등기목적	접 수	등기원인	권리자 및 기타사항
2	소유권이전	생략	생략	소유자 대우건설　생략
3	소유권대지권			건물의 표시 서울특별시 용산구 용산동 108 대우아파트 101동 2002년 1월29일 등기

3 대표 기출문제

제31회 출제

01 부동산등기에 관한 설명으로 틀린 것은?

① 규약에 따라 공용부분으로 등기된 후 그 규약이 폐지된 경우, 그 공용부분 취득자는 소유권 이전등기를 신청하여야 한다.

② 등기할 건물이 구분건물인 경우에 등기관은 1동 건물의 등기기록의 표제부에는 소재와 지번, 건물명칭 및 번호를 기록하고, 전유부분의 등기기록의 표제부에는 건물번호를 기록하여야 한다.

③ 존재하지 아니하는 건물에 대한 등기가 있을 때 그 소유권의 등기명의인은 지체 없이 그 건물의 멸실등기를 신청하여야 한다.

④ 같은 지번 위에 1개의 건물만 있는 경우에는 건물의 등기기록의 표제부에 건물번호를 기록하지 않는다.

⑤ 부동산환매특약은 등기능력이 인정된다.

해설

규약에 따라 공용부분으로 등기된 후 그 규약이 폐지된 경우, 그 공용부분 취득자는 소유권보존등기를 신청하여야 한다. 종전 공용부분으로 되어 있을 때 표제부만 있고 갑구,을구가 없기 때문이다.

답 ①

02 집합건물의 등기에 관한 설명으로 옳은 것은?

① 등기관이 구분건물의 대지권등기를 하는 경우에는 건축물대장 소관청의 촉탁으로 대지권의 목적인 토지의 등기기록에 소유권, 지역권, 전세권 또는 임차권이 대지권 이라는 뜻을 기록하여야 한다.

② 구분건물로서 그 대지권의 변경이 있는 경우에는 구분건물의 소유권의 등기명의인은 1동의 건물에 속하는 다른 구분건물의 소유권의 등기면의인을 대위하여 대지권의 변경등기를 신청할 수 있다.

③ '대지권에 대한 등기로서 효력이 있는 등기'와 '대지권의 목적인 토지의 등기기록 중 해당 구에 한 등기'의 순서는 순위번호에 따른다.

④ 구분건물의 등기기록에 대지권이 등기된 후 건물만에 관해 저당권설정계약을 체결한 경우, 그 설정계약을 원인으로 구분건물만에 관한 저당권설정등기를 할 수 있다.

⑤ 토지의 소유권이 대지권인 경우 토지의 등기기록에 대지권이라는 뜻의 등기가 되어 있더라도, 그 토지에 대한 새로운 저당권설정계약을 원인으로 하여, 그 토지의 등기기록에 저당권설정등기를 할 수 있다.

해설

① 소유권, 지상권, 전세권 또는 임차권이 대지권이 될 수 있고 성질상 지역권은 대지권이 될 수 없다.

③ '대지권에 대한 등기로서 효력이 있는 등기'와 '대지권의 목적인 토지의 등기기록 중 해당 구에 한 등기'의 순서는 접수번호에 따른다.

④ 구분건물의 등기기록에 대지권이 등기된 후에는 건물만에 관한 소유권이전등기 또는 저당권설정등기를 할 수 없다.

⑤ 토지의 소유권이 대지권인 경우 토지의 등기기록에 대지권이라는 뜻의 등기가 되어 있으면, 그 토지의 등기기록에 저당권설정등기를 할 수 없다.

정답 ②

4 출제 예상문제

01 대지권 등기에 관련된 설명으로 틀린 것은?

① 대지권의 등기가 된 건물등기기록에는 건물만에 관한 소유권의 이전등기, 저당권의 설정등기는 이를 할 수 없다.

② 대지권을 등기한 건물의 등기기록에는 그 건물만에 관한 전세권설정등기를 할 수 있다.

③ 대지권에 대한 전세권설정등기는 하지 못한다.

④ 건물의 등기기록에 대지권의 등기를 한 경우, 그 권리의 목적인 토지의 등기기록 중 표제부에 대지권이 있다는 뜻을 등기하여야 한다.

⑤ 대지권의 표시란에는 대지권의 목적인 토지의 일련번호를 기록함으로써 대지권의 목적인 토지의 표시를 갈음할 수 있다.

해설 ✦ ④ 건물의 등기기록에 대지권의 등기를 한 경우에는 그 권리의 목적인 토지의 등기기록 중 '해당구'에 대지권이 있다는 뜻을 등기하여야 한다(법 제57조의2 제1항).

③ 전세권은 구분건물의 전유부분에는 설정할 수 있지만 대지권부분은 공유지분이므로 설정이 불가능하다. 따라서 특정전유부분과 대지권을 동일한 전세권의 목적으로 하는 전세권설정도 할 수 없다.(등기예규 제1351호)

정답 ✦ ④

1 출제예상과 학습포인트

✦ 기출횟수

28회, 31회, 32회

✦ 35회 출제 예상

종전에는 잘 나오지 않는 부분이었으나 최근에 자주 출제가 이루어진다. 35회 시험에서는 출제가능성이 70% 정도로 보면 좋을 거 같다.

✦ 35회 중요도

★★★

✦ 학습방법

촉탁등기의 특징과 공매 경매에 관한 절차를 등기와 관련하여 이해하여야 한다.

✦ 핵심쟁점

❶ 촉탁등기의 특징

❷ 경매에 관한 등기

❸ 공매에 관한 등기

2 핵심 내용

제1관 촉탁등기의 특칙 ★ 제28회

① 등기촉탁을 할 수 있는 관공서는 원칙적으로 국가 및 지방자치단체를 말한다. 국가 또는 지방자치단체가 아닌 공사 등은 등기촉탁에 관한 특별규정이 있는 경우에 한하여 등기촉탁을 할 수 있다.

② 본인이나 대리인의 출석을 요하지 아니하므로 우편에 의한 등기촉탁도 할 수 있다.

③ 촉탁은 신청과 실질적으로 아무런 차이가 없으므로, 촉탁에 의하지 아니하고 등기권리자와 등기의무자의 공동으로 등기를 신청할 수도 있다.

④ 국가 또는 지방자치단체가 등기권리자인 경우에는 국가 또는 지방자치단체는 등기의무자의 승낙을 받아 해당 등기를 지체 없이 등기소에 촉탁하여야 한다.

⑤ 국가 또는 지방자치단체가 등기의무자인 경우에는 국가 또는 지방자치단체는 등기권리자의 청구에 따라 지체 없이 해당 등기를 등기소에 촉탁하여야 한다.

④ 관공서가 그 등기를 촉탁하는 경우에는 등기의무자의 권리에 관한 등기필정보를 제공할 필요가 없다. 이 경우 관공서가 촉탁에 의하지 아니하고 법무사 또는 변호사에게 위임하여 등기를 신청하는 경우에도 같다.

⑤ 관공서가 등기의무자로서 등기촉탁하는 경우에는 임감증명 불요.

⑥ 관공서가 등기촉탁을 하는 경우에는 등기기록과 대장의 부동산표시가 일치하지 아니하더라도 그 등기촉탁을 수리하여야 한다.

참고 강제경매에 관한 등기의 촉탁

(1) 경매개시결정등기, 경매개시결정등기의 말소등기, 경매매수인 명의의 소유권이전등기 등은 모두 법원의 촉탁으로 등기된다.

(2) 매각으로 매수인이 인수하지 아니한 부동산상의 부담기입의 말소등기의 촉탁
 ① 저당권등기, 압류등기, 가압류등기, 담보가등기 등은 선후를 불문하고 말소된다.
 ② 저당권 설정등기 후 또는 강제경매등기 후의 용익물권에 관한등기는 말소된다.
 ③ 경매개시결정등기 후의 소유권이전등기는 말소된다.
 ④ 예고 등기는 말소되지 않는다.

참고 공매처분으로 인한 등기의 촉탁 제31회

관공서가 공매처분을 한 경우에 등기권리자의 청구를 받으면 지체 없이 다음의 등기를 등기소에 촉탁하여야 한다. 〈개정 2020. 2. 4.〉
① 공매처분으로 인한 권리이전의 등기
② 공매처분으로 인하여 소멸한 권리등기의 말소
③ 체납처분에 관한 압류등기 및 공매공고등기의 말소

3 대표 기출문제

제32회 출제

01 관공서의 촉탁등기에 관한 설명으로 틀린 것은?

① 관공서가 경매로 인하여 소유권이전등기를 촉탁하는 경우, 등기기록과 대장상의 부동산의 표시가 부합하지 않은 때에는 그 등기촉탁을 수리할 수 없다.

② 관공서가 등기를 촉탁하는 경우 우편에 의한 등기촉탁도 할 수 있다.

③ 등기의무자인 관공서가 등기권리자의 청구에 의하여 등기를 촉탁하는 경우, 등기의무자의 권리에 관한 등기필 정보를 제공할 필요가 없다.

④ 등기권리자인 관공서가 부동산 거래의 주체로서 등기를 촉탁할 수 있는 경우라도 등기의무자와 공동으로 등기를 신청할 수 있다.

⑤ 촉탁에 따른 등기절차는 법률에 다른 규정이 없는 경우에는 신청에 따른 등기에 관한 규정을 준용한다.

해설

① 신청정보 또는 등기기록의 부동산의 표시가 토지대장·임야대장 또는 건축물대장과 일치하지 아니한 경우에는 각하하여야 한다.(법 제29조 제11호) 본 규정은 등기명의인이 등기신청을 하는 경우에 적용되는 규정이므로 관공서가 등기촉탁을 하는 경우에는 등기기록과 대장의 부동산표시가 일치하지 아니하더라도 그 등기촉탁을 수리하여야 한다.(등기예규 1517호 5.)

답 ①

02 관공서가 촉탁하는 등기에 관한 설명으로 옳은 것은?

① 관공서가 촉탁정보 및 첨부정보를 적은 서면을 제출하는 방법으로 등기촉탁하는 경우에는 우편으로 그 촉탁서를 제출할 수 있다.

② 공동신청을 해야 할 경우, 등기권리자가 지방자치단체인 때에는 등기의무자의 승낙이 없더라도 해당 등기를 등기소에 촉탁해야 한다.

③ 관공서가 공매처분을 한 경우에 등기권리자의 청구를 받으면 지체 없이 체납처분으로 인한 압류등기를 등기소에 촉탁해야 한다.

④ 관공서가 체납처분으로 인한 압류등기를 촉탁하는 경우에는 등기명의인을 갈음하여 등기명의인의 표시변경등기를 함께 촉탁할 수 없다.

⑤ 수용으로 인한 소유권이전등기를 신청하는 경우에는 보상이나 공탁을 증명하는 정보를 첨주정보로서 등기소에 제공할 필요가 없다.

해설

① 관공서가 촉탁정보 및 첨부정보를 적은 서면을 제출하는 방법으로 등기촉탁을 하는 경우에는 우편으로 그 촉탁서를 제출할 수 있다.(규칙 155조1항)

② 공동신청을 해야 할 경우, 등기권리자가 지방자치단체인 때에는 등기의무자의 승낙을 받아 해당 등기를 등기소에 촉탁해야 한다.(법98조1항)

③ 관공서가 공매처분을 한 경우에 등기권리자의 청구를 받으면 지체 없이 체납처분으로 인한 압류등기의 말소등기, 공매처분으로 인한 권리이전등기, 공매처분으로 인한 권리등기의 말소등기를 촉탁하여야 한다.(법97조)

④ 관공서가 체납처분으로 인한 압류등기를 촉탁하는 경우에는 등기명의인 또는 상속인, 그 밖의 포괄승계인을 갈음하여 부동산의 표시, 등기명의인의 표시의 변경, 경정 또는 상속, 그 밖의 포괄승계로 인한 권리이전의 등기를 함께 촉탁할 수 있다.(법96조)

⑤ 수용으로 인한 소유권이전등기를 신청하는 경우에는 보상이나 공탁을 증명하는 정보를 첨부정보로서 등기소에 제공하여야 한다.

답 ①

4 출제 예상문제

01 관공서가 등기의무자로서 하는 등기촉탁에 관한 설명 중 <u>틀린</u> 것은?

① 국가 또는 지방자치단체가 아닌 공사 등은 등기촉탁에 관한 특별규정이 있는 경우에 한하여 등기촉탁을 할 수 있다.

② 등기의무자의 권리에 관한 등기필정보(증)는 제공할 필요가 없으며, 관공서가 촉탁에 의하지 아니하고 법무사 또는 변호사에게 위임하여 등기를 신청하는 경우에도 마찬가지이다.

③ 관공서가 등기를 촉탁하는 경우에는 본인이나 대리인의 출석을 요하지 아니하므로 우편에 의한 등기촉탁도 할 수 있다.

④ 등기의무자(관공서)의 인감증명을 제공하여야 한다.

⑤ 관공서가 등기촉탁을 하는 경우에는 등기기록과 대장상의 부동산의 표시가 부합하지 아니하더라도 그 등기촉탁을 수리하여야 한다.

해설 ✦ ④ 관공서에는 인감증명의 제공에 관한 규정이 적용되지 않으므로 등기의무자(관공서)의 인감증명은 제공하지 않는다(규칙 제54조 제3항).
　　　①, ②, ③, ⑤ (관공서의 촉탁등기에 관한 예규 등기예규 제1440호 2011.12.28. 개정)

정답 ✦ ④

27 가압류, 가처분 등기

22회, 23회, 24회, 25회

1 출제예상과 학습포인트

✦ 기출횟수
  22회, 23회, 24회, 25회

✦ 35회 출제 예상
  통상 3년에 한번 정도씩 출제가 이루어진다. 35회 시험에서는 출제가능성이 60% 정도로 보면 좋을 거 같다.

✦ 35회 중요도
  ★★

✦ 학습방법
  보전처분으로서 가압류와 가처분제도의 취지 및 차이점을 이해하고 그에 따른 등기절차를 숙지하여야 한다.

✦ 핵심쟁점
  ❶ 가압류 등기
  ❷ 가처분 등기
  ❸ 가처분 이후의 등기절차

2 핵심 내용

❶ 의의

다툼의 대상에 대한 가처분(계쟁물에 대한 가처분)은 채권자가 금전채권 이외의 물건이나 권리에 대한 청구권이 있을 때 그 강제집행시까지 계쟁물이 처분·멸실 되는 등 현상이 변경되는 것을 방지하고자 하는 집행보전제도이다.

청구권을 보전하기 위한 제도임에는 가압류와 같으나, 청구권이 금전채권이 아니라는 점과 대상이 채무자의 일반재산이 아닌 특정 계쟁물이라는 점에서 가압류와 다르다.

❷ 가처분의 대상

1. 등기된 부동산은 물론 미등기부동산도 대상이 된다. 미등기부동산에 대한 가처분등기촉탁이 있는 경우에는 직권으로 소유권보존등기를 한다.

2. 등기부상 1필지 토지의 특정된 일부분에 대한 처분금지가처분등기는 할 수 없으므로, 1필지 토지의 특정 일부분에 관한 소유권이전등기청구권을 보전하기 위하여는 바로 분할등기가 될 수 있다는 등 특별한 사정이 없으면 그 1필지 토지 전부에 대한 처분금지가처분결정에 기한 등기촉탁에 의하여 그 1필지 토지 전부에 대한 처분금지가처분등기를 할 수 밖에 없다(대법원 75.5.27. 선고 75다190 판결).

3. 가등기상의 권리 자체의 처분을 금지하는 가처분은 등기사항이라고 할 것이나, 가등기에 기한 본등기를 금지하는 내용의 가처분은 가등기상의 권리 자체의 처분의 제한에 해당하지 아니하므로 그러한 본등기를 금지하는 내용의 가처분등기는 수리하여서는 아니된다.

❷ 가처분등기의 실행

① 집행법원의 촉탁이 있는 경우에 해당구 사항란에 가처분결정의 기입등기를 하여야 한다.
② 소유권에 대한 가처분은 주등기로 소유권이외의 권리 및 소유권이전청구권가등기에 대한 가처분은 부기등기로 한다.
③ 등기관이 가처분등기를 할 때에는 가처분의 피보전권리와 금지사항을 기록하여야 한다.
④ 가처분의 피보전권리가 소유권 이외의 권리설정등기청구권으로서 소유명의인을 가처분채무자로 하는 경우에는 그 가처분등기를 등기기록 중 갑구에 한다.

❹ 가처분등기 이후의 등기의 말소 (단독, 동시신청) 제23회, 제24회, 제25회

① 「민사집행법」 제305조 제3항에 따라 권리의 이전, 말소 또는 설정등기청구권을 보전하기 위한 처분금지가처분등기가 된 후 가처분채권자가 가처분채무자를 등기의무자로 하여 권리의 이전, 말소 또는 설정의 등기를 신청하는 경우에는, 그 가처분등기 이후에 된 등기로서 가처분채권자의 권리를 침해하는 등기의 말소를 단독으로 신청할 수 있다.
다만, 다음의 등기는 말소하지 못한다.
  ㉠ 가처분등기 전에 마쳐진 가압류에 의한 강제경매개시결정등기
  ㉡ 가처분등기 전에 마쳐진 담보가등기, 전세권 및 저당권에 의한 임의경매개시결정등기
  ㉢ 가처분채권자에게 대항할 수 있는 주택임차권등기 등
② 등기관이 위 ①의 신청에 따라 가처분등기 이후의 등기를 말소할 때에는 직권으로 그 가처분등기도 말소하여야 한다. 가처분등기 이후의 등기가 없는 경우로서 가처분채무자를 등기의무자로 하는 권리의 이전, 말소 또는 설정의 등기만을 할 때에도 또한 같다.
③ 등기관이 위 ①의 신청에 따라 가처분등기 이후의 등기를 말소하였을 때에는 지체 없이 그 사실을 말소된 권리의 등기명의인에게 통지하여야 한다.

3 대표 기출문제

제22회 출제

01 가압류·가처분 등기에 관한 설명으로 옳은 것은?

① 소유권에 대한 가압류등기는 부기등기로 한다.

② 처분금지가처분등기가 되어 있는 토지에 대하여는 지상권설정등기를 신청할 수 없다.

③ 가압류등기의 말소등기는 등기권리자와 등기의무자가 공동으로 신청해야 한다.

④ 부동산에 대한 처분금지가처분등기의 경우, 금전채권을 피보전권리로 기록한다.

⑤ 부동산의 공유지분에 대해서도 가압류등기가 가능하다.

해설

① 소유권에 대한 가압류등기는 주등기로 한다.

② 처분금지가처분등기가 되어 있는 토지에 대하여는 지상권설정등기 등 처분의 등기를 신청할 수 있다.

③ 가압류등기의 말소등기는 집행법원의 촉탁에 의한다.

④ 가압류등기는 금전채권을, 가처분등기는 금전채권 이외의 권리를 피보전권리로 한다.

⑤ 부동산의 합유지분에는 가압류등기가 불가능하나 공유지분에 대해서는 가압류등기가 가능하다. 맞는 지문이다.

目 ⑤

제25회 출제

02 등기신청에 관한 설명으로 틀린 것은? (다툼이 있으면 판례에 의함)

① 처분금지가처분등기가 된 후, 가처분채무자를 등기의무자로 하여 소유권이전등기를 신청하는 가처분채권자는 그 가처분등기 후에 마쳐진 등기 전부의 말소를 단독으로 신청할 수 있다.

② 가처분채권자가 가처분등기 후의 등기말소를 신청할 때에는 "가처분에 의한 실효"를 등기원인으로 하여야 한다.

③ 가처분채권자의 말소신청에 따라 가처분등기 후의 등기를 말소하는 등기관은 그 가처분등기도 직권말소하여야 한다.

④ 등기원인을 경정하는 등기는 단독신청에 의한 등기의 경우에는 단독으로, 공동신청에 의한 등기의 경우에는 공동으로 신청하여야 한다.

⑤ 체납처분으로 인한 상속부동산의 압류등기를 촉탁하는 관공서는 상속인의 승낙이 없더라도 권리이전의 등기를 함께 촉탁할 수 있다.

> **해설**
>
> ① 처분금지가처분등기가 된 후, 가처분채권자가 가처분채무자를 등기의무자로 하여 권리의 이전, 말소 또는 설정의 등기를 신청하는 경우에는, 가처분등기 이후에 마쳐진 제3자 명의의 등기의 말소를 단독으로 신청할 수 있다. 다만, 다음의 등기는 말소하지 못한다.
>
> ㉠ 가처분등기 전에 마쳐진 가압류에 의한 강제경매개시결정등기
>
> ㉡ 가처분등기 전에 마쳐진 담보가등기, 전세권 및 저당권에 의한 임의경매개시결정등기
>
> ㉢ 가처분채권자에게 대항할 수 있는 주택임차권등기등
>
> ③ 가처분의 목적이 달성되었으므로 가처분등기를 직권말소한다.
>
> ② 관공서는 압류등기를 촉탁하는 경우에 상속인을 대위하여 상속에 따른 권리이전등기를 촉탁할 수 있다.
>
> 답 ①

4 출제 예상문제

01 가처분등기 이후의 등기의 말소에 관한 설명으로 틀린 것은?

① 가처분채권자가 가처분채무자를 등기의무자로 하여 소유권이전등기를 신청하는 경우에는 가처분등기 이후에 마쳐진 제3자 명의의 등기의 말소를 단독으로 신청할 수 있다.

② 가처분채권자가 가처분채무자를 등기의무자로 하여 소유권말소등기를 신청하는 경우에는 가처분등기 이후에 마쳐진 제3자 명의의 등기의 말소를 단독으로 신청할 수 있다.

③ 가처분등기 이후의 등기를 말소할 때에는 그 가처분등기도 말소도 신청하여야 한다.

④ 가처분등기 이후에 마쳐진 제3자 명의의 등기라도 가처분등기 전에 마쳐진 가압류에 의한 강제경매개시결정등기는 말소신청할 수 없다.

⑤ 등기관이 신청에 따라 가처분등기 이후의 등기를 말소하였을 때에는 지체 없이 그 사실을 말소된 권리의 등기명의인에게 통지하여야 한다.

해설 ✦ 구법은 촉탁말소를 원칙으로 하였으나 법 개정으로 직권말소사유가 되었다. 가처분등기 이후의 등기를 말소할 때에는 직권으로 그 가처분등기도 말소하여야 한다(법 제94조 제2항).
  ①, ② 규칙 제152조 제1항
  ④ 규칙 제152조 제1항 단서
  ⑤ 법 제94조 제3항

정답 ✦ ③

27회, 28회, 29회, 30회, 31회, 32회

1 출제예상과 학습포인트

✦ 기출횟수
   27회, 28회, 29회, 30회, 31회, 32회

✦ 35회 출제 예상
   신청주의의 예외로서 등기관의 직권등기에 관한 문제는 매년 출제되는 테마이다. 등기법 전체에 관한 이해가 필요한
   부분이다. 35회 시험에서는 출제가능성이 90% 정도로 보면 좋을 거 같다.

✦ 35회 중요도
   ★★★

✦ 학습방법
   등기법 전체에 대한 이해가 전제된 상태에서 구체적 등기 종류별로 직권등기들을 숙지하여야 한다.

✦ 핵심쟁점
   ❶ 직권 보존등기
   ❷ 직권 말소등기
   ❸ 직권 변경등기
   ❹ 직권 경정등기

2 핵심 내용

❶ 등기관의 직권에 의한 등기

1. 당사자에게 등기신청의 부담을 주기 곤란한 경우

   ① 등기관의 과오로 등기의 착오 또는 유루가 있는 때의 직권경정등기(법 제32조 2항)
   ② 등기관의 과오로 등기가 부적법하게 말소된 경우에 직권회복등기

2. 촉탁된 등기를 하기 위한 전제로서 필요로 한 경우 직권소유권보존등기

   ① 미등기부동산에 대하여 소유권의 처분제한등기를 촉탁 받은 경우(법 제66조)
   ② 미등기주택에 대하여 임차권등기 촉탁을 받은 경우에 소유권보존등기

3. 등기부상 무효임이 명백한 등기에 대한 직권말소

① 관할위반한 등기와 등기할 것이 아닌 사항의 등기의 말소(법 제58조)

② 등기를 말소할 때에 등기상 이해관계 있는 제3자 명의의 등기의 말소(법 제57조)

③ 가등기에 기한 본등기를 한 때 가등기에 의하여 보전되는 권리를 침해하는 등기의 말소(법 제92조)

④ 가처분등기 이후의 등기를 신청말소한 때 그 가처분등기의 말소(법 제94조 2항)

⑤ 수용으로 인한 소유권이전등기 후의 소유권 외의 권리등의 말소(법 제99조 4항)

⑥ 환매에 따른 권리취득의 등기를 한 때 환매특약등기의 말소(규칙 제114조)

4. 신청(촉탁)된 등기와 관련된 부수적인 등기를 직권으로 하는 경우

① 직권변경등기

　㉠ 소유권이전등기를 할 때에 첨부정보로서 등기의무자의 등기기록 상의 주소가 신청정보 상의 주소로 변경된 사실이 명백히한 때에 등기명의인표시의 변경등기(규칙 제122조)

　㉡ 지적소관청의 불일치사항통지를 받은 경우에 소유자가 1개월 이내에 신청이 없을 때 하는 토지 표시변경등기(법 제36조)

　㉢ 행정구역 또는 그 명칭이 변경된 경우에 부동산표시변경등기 또는 등기명의인의 주소변경등기(규칙 제54조)

　㉣ 「도로명주소법」에 따른 건물등기기록 표제부의 변경등기(도로명주소법 제20조, 등기예규 제1436호)

　㉤ 수탁자의 변경으로 인한 이전등기 등을 하는 경우에 신탁원부 기록의 변경등기(법제85조의2)

② 대지권에 관련된 등기

　㉠ 대지권이 있다는 뜻의 기록(법 제40조 4항)

　㉡ 토지에 별도등기 있다는 뜻의 기록(규칙 제90조)

　㉢ 건물만에 관한 것이라는 뜻의 기록(규칙 제92조)

③ 승역지(承役地)의 등기기록에 지역권설정등기를 한 때의 요역지(要役地)의 등기기록에 하는 지역권등기(법 제71조)

④ 추가로 공동저당설정등기를 한 경우에 종전에 등기한 부동산의 등기기록에는 해당 등기에 부기등기로 담보추가의 뜻을 기록하여야 한다.(규칙 135조3항)

3 대표 기출문제

제31회 출제

01 부동산등기에 관한 설명으로 옳은 것을 모두 고른 것은?

> ㄱ. 국가 및 지방자치단체에 해당하지 않는 등기권리자는 재결수용으로 인한 소유권이전
> 등기를 단독으로 신청할 수 있다.
> ㄴ. 등기관은 재결수용으로 인한 소유권이전등기를 하는 경우에 그 부동산을 위하여 존재
> 하는 지역권의 등기를 직권으로 말소하여야 한다.
> ㄷ. 관공서가 공매처분을 한 경우에 등기권리자의 청구를 받으면 지체 없이 공매처분으로
> 인한 권리이전의 등기를 등기소에 촉탁하여야 한다.
> ㄹ. 등기 후 등기사항에 변경이 생겨 등기와 실체관계가 일치하지 않을 때는 경정등기를
> 신청하여야 한다.

① ㄱ, ㄷ   ② ㄱ, ㄹ   ③ ㄴ, ㄷ

④ ㄱ, ㄴ, ㄹ   ⑤ ㄴ, ㄷ, ㄹ

해설

ㄱ. 국가 및 지방자치단체에 해당하지 않는 등기권리자는 재결수용으로 인한 소유권이전등기를 단독으로 신청할
수 있다.

ㄴ. 등기관은 재결수용으로 인한 소유권이전등기를 하는 경우에 그 부동산을 위하여 존재하는 지역권의 등기는 말소
할 수 없다.

ㄷ. 관공서가 공매처분을 한 경우에 등기권리자의 청구를 받으면 지체 없이 공매처분으로 인한 권리이전의 등기를
등기소에 촉탁하여야 한다.

ㄹ. 등기 후 등기사항에 변경이 생겨 등기와 실체관계가 일치하지 않을 때는 변경등기를 신청하여야 한다.

답 ①

4 출제 예상문제

01 다음 중 등기관이 직권으로 하는 등기를 모두 고르면?

> ㉠ 지역권등기시 요역지의 등기기록에 하는 지역권의 등기
> ㉡ 수용으로 인한 소유권이전등기시 소유권 및 소유권 이외의 권리에 관한 등기의 말소등기
> ㉢ 임차권등기명령에 따른 주택임차권등기
> ㉣ 환매에 의한 권리취득등기를 한 경우의 환매특약등기의 말소등기
> ㉤ 매각으로 인한 소유권이전등기시 매수인이 인수하지 아니한 부동산의 부담에 관한 기입등기를 말소하는 등기
> ㉥ 말소등기를 하는 경우 말소할 권리를 목적으로 하는 제3자의 권리에 관한 등기의 말소등기

① ㉠, ㉢, ㉣   ② ㉡, ㉣   ③ ㉠, ㉡, ㉣, ㉥   ④ ㉣, ㉥   ⑤ ㉡, ㉣, ㉥

해설 ✦ ㉢ 법원의 촉탁에 의한다.
　　　㉤ 집행법원의 촉탁에 의하여 말소한다(민사집행법 제144조 제1항 제2호).

정답 ✦ ③

02 다음 중 등기관이 직권으로 할 수 있는 등기가 <u>아닌</u> 것은?

① 대지권의 등기를 하는 때 토지등기부에 하는 대지권인 뜻의 등기
② 혼동으로 인한 권리소멸의 말소등기
③ 소유권이전등기의 신청시 등기명의인의 주소 변경으로 신청정보상의 등기의무자 표시가 등기부와 일치하지 아니하지만, 제공한 주소증명정보에 주소 변경 사실이 명백히 나타날 때 하는 등기명의인 표시의 변경등기
④ 수용을 원인으로 한 소유권이전등기 시에 하는 근저당권설정등기의 말소
⑤ 미등기 부동산에 대하여 가압류등기의 촉탁이 있는 경우에 하는 당해 부동산의 소유권보존등기

해설 ✦ ② 혼동으로 인한 권리소멸의 말소등기는 단독신청등기이지 직권등기가 아니다.

정답 ✦ ②

1 출제예상과 학습포인트

✦ 기출횟수

　25회, 29회

✦ 35회 출제 예상

　통상 3년에 한번 정도씩 출제가 이루어진다. 종합문제에서 신청의무와 관련되어 지문은 하나씩 자주 출제되는 편이다. 35회 시험에서는 출제가능성이 50% 정도로 보면 좋을 거 같다.

✦ 35회 중요도

　★

✦ 학습방법

　법령별로 예외적인 신청의무가 있는 등기를 구분하여야 한다.

✦ 핵심쟁점

　❶ 부동산등기법상 등기신청의무

　❷ 부동산등기특별조치법상 등기신청의무

2 핵심 내용

신청주의하에서 등기를 신청할 것인지의 여부는 당사자에게 맡겨져 있는 것이 원칙(임의신청원칙)이지만 일정한 경우에는 공익상의 이유로 법률에 의하여 등기신청의무를 부과하는 경우가 있다.

❶ 「부동산등기법」상의 등기신청의무

1. 취지

부동산의 표시에 변경이 발생한 경우 등기신청의무를 부과한 것은 등기기록과 대장의 표시를 일치시켜 거래의 안전을 꾀하고자 하는 것이다.

2. 신청의무가 있는 경우

① 토지의 분할·합병이 있는 경우와 소재지번·지목·면적에 변경이 있는 경우, 토지가 멸실된 경우에는 그 토지소유권의 등기명의인은 그 사실이 있는 때부터 1개월 이내에 그 등기를 신청하여야 한다(법 제35조, 제39조). 이 경우 등기신청을 게을리 하더라도 과태료는 부과하지 않는다. '공간정보의 구축 및 관리등에 관한 법률' 제89조에 따라 지적소관청에 등기촉탁의무가 있으므로 토지소유권의 등기명의인에게 제재를 과하는 것은 부당하기 때문이다.

② 건물의 분할·구분·합병이 있는 경우와 소재지번 및 건물번호, 건물의 종류·구조·면적(부속건물이 있는 경우에는 부속건물의 종류·구조·면적도 포함)에 변경이 있는 경우, 건물이 멸실된 경우 및 구분건물의 대지권의 변경이나 소멸이 있는 경우에는 그 건물소유권의 등기명의인은 1개월 이내에 등기를 신청하여야 한다(법 제41조 제1항, 제43조 제1항). 이 경우 등기신청의무 있는 자가 그 등기신청을 게을리 하였을 때에는 종전에는 50만원 이하의 과태료를 부과하여 하였으나, 현재는 건축물대장의 기재 내용이 변경되는 경우, 지방자치단체의 장이 관할등기소에 의무적으로 건물의 표시변경등기를 촉탁하는 내용으로 「건축법」이 개정됨에 따라, 건물의 분할, 구분, 합병, 멸실 등 건물표시 변경사유가 있는 때 건물의 소유자가 1월 이내에 그 등기신청을 하지 아니하면 과태료를 부과하는 규정을 삭제하였다. [법률 제14901호, 2017.10.13., 일부개정] 따라서 현재는 토지든 건물이든 부동산표시변경등기의 신청의무를 해태해도 과태료는 없다.

❷ 「부동산등기특별조치법」상의 등기신청의무

1. 소유권이전등기신청의무

① 부동산의 소유권이전을 내용으로 하는 계약을 체결한 자는 계약의 당사자가 서로 대가적인 채무를 부담하는 경우에는 반대급부의 이행이 완료된 날, 계약당사자의 일방만이 채무를 부담하는 경우에는 그 계약의 효력이 발생한 날부터 60일 이내에 소유권이전등기를 신청하여야 한다. 다만, 그 계약이 취소·해제되거나 무효인 경우에는 그러하지 아니하다(동법 제2조 제1항).

② 부동산의 소유권을 이전받을 것을 내용으로 하는 계약을 체결한 자가 계약의 당사자가 서로 대가적인 채무를 부담하는 경우에는 반대급부의 이행이 완료된 날, 계약당사자의 일방만이 채무를 부담하는 경우에는 그 계약의 효력이 발생한 날 이후 그 부동산에 대하여 다시 제3자와 소유권이전을 내용으로 하는 계약이나 제3자에게 계약당사자의 지위를 이전하는 계약을 체결하고자 할 때에는 그 제3자와 계약을 체결하기 전에 먼저 체결된 계약에 따라 소유권이전등기를 신청하여야 한다(동법 제2조 제2항).

③ 부동산의 소유권을 이전받을 것을 내용으로 하는 계약을 체결한 자가 계약의 당사자가 서로 대가적인 채무를 부담하는 경우에는 반대급부의 이행이 완료된 날, 계약당사자의 일방만이 채무를 부담하는 경우에는 그 계약의 효력이 발생한 날 전에 그 부동산에 대하여 다시 제3자와 소유권이전을 내용으로 하는 계약을 체결한 때에는 먼저 체결된 계약의 반대급부의 이행이 완료되거나 계약의 효력이 발생한 날부터 60일 이내에 먼저 체결된 계약에 따라 소유권이전등기를 신청하여야 한다(동법 제2조 제3항).

2. 소유권보존등기신청의무

소유권보존등기가 되어 있지 아니한 부동산에 대하여 소유권이전을 내용으로 하는 계약을 체결한 자는 소유권보존등기를 신청할 수 있음에도 이를 하지 아니한 채 계약을 체결한 경우에는 그 계약을 체결한 날, 계약을 체결한 후에 소유권보존등기를 신청할 수 있게 된 경우에는 소유권보존등기를 신청할 수 있게 된 날부터 60일 이내에 소유권보존등기를 신청하여야 한다(동법 제2조 제5항).

3. 과태료

등기신청의무를 해태한 때에는 그 해태한 날 당시의 부동산에 대하여 지방세법 제10조의 과세표준에 같은 법 제11조 제1항의 표준세율(같은 법 제14조에 따라 조례로 세율을 달리 정하는 경우에는 그 세율을 말한다)에서 1천분의 20을 뺀 세율을 적용하여 산출한 금액(같은 법 제13조 제2항 또는 제4항에 해당하는 경우에는 그 금액의 100분의 300)의 5배 이하에 해당하는 과태료에 처한다(동법 제11조 제1항 본문). 다만, '부동산 실권리자명의 등기에 관한 법률' 제10조 제1항의 규정에 의하여 과징금을 부과한 경우에는 그러하지 아니하다.

3 대표 기출문제

제25회 출제

01 **甲은 乙에게 甲 소유의 X부동산을 부담 없이 증여하기로 하였다. 부동산등기 특별조치법에 따른 부동산소유권등기의 신청에 관한 설명으로 틀린 것은?** (다툼이 있으면 판례에 의함)

① 甲과 乙은 증여계약의 효력이 발생한 날부터 60일 내에 X부동산에 대한 소유권이전등기를 신청하여야 한다.

② 특별한 사정이 없으면, 신청기간 내에 X부동산에 대한 소유권이전등기를 신청하지 않아도 원인된 계약은 효력을 잃지 않는다.

③ 甲과 X부동산에 대한 소유권보존등기를 신청할 수 있음에도 이를 하지 않고 乙에게 증여하는 계약을 체결하였다면, 증여계약의 체결일이 보존등기 신청기간의 기산일이다.

④ X부동산에 관한 소유권이전등기를 신청기간 내에 신청하지 않고 乙이 丙에게 소유권이전등기청구권을 양도하여도 당연히 그 양도행위의 사법상 효력이 부정되는 것은 아니다.

⑤ 만일 甲이 乙에게 X부동산을 매도하였다면, 계약으로 정한 이행기가 그 소유권이전등기 신청기간의 기산일이다.

> **해설**
>
> ① 편무계약(증여)은 계약이 효력을 발생할 날로부터 60일 이내에 소유권이전등기를 신청하여야 한다.
>
> ②④부동산등기 특별조치법은 단속규정으로 이를 위반하였다하여 사법상 효력까지 부정되는 것은 아니다.
>
> ⑤ 쌍무계약은 반대급부이행이 완료된 날부터 60일 이내에 소유권이전등기를 신청하여야 한다.
>
> 답 ⑤

02 건축물대장에 甲 건물을 乙 건물에 합병하는 등록을 2018년 8월 1일에 한 후, 건물의 합병등기를 하고자 하는 경우에 관한 설명으로 <u>틀린</u> 것은?

① 乙 건물의 소유권의 등기면의인은 건축물대장상 건물의 합병등록이 있는 날로부터 1개월 이내에 건물합병등기를 신청하여야 한다.

② 건물합병등기를 신청할 의무있는 자가 그 등기신청을 게을리 하였더라도, 「부동산등기법」상 과태료를 부과받지 아니한다.

③ 합병등기를 신청하는 경우, 乙 건물의 변경 전과 변경후의 표시에 관한 정보를 신청정보의 내용으로 등기소에 제공하여야 한다.

④ 甲 건물에만 저당권등기가 존재하는 경우에 건물합병등기가 허용된다.

⑤ 등기관이 합병제한 사유가 있음을 이유로 신청을 각하한 경우 지체 없이 그 사유를 건축물대장 소관청에 알려야 한다.

> **해설**
>
> 소유권·전세권 및 임차권의 등기 외의 권리에 관한 등기가 있는 건물에 관하여는 합병의 등기를 할 수 없다.(법 제42조)
>
> 답 ④

4 출제 예상문제

01 예외적 등기신청의무에 관한 설명으로 틀린 것은?

① 토지의 분합·멸실·면적의 증감이 있을 때에는 그 토지의 소유권등기 명의인은 1월 이내에 그 등기를 신청하여야 한다.

② 건물의 분합·멸실·종류·구조의 변경 또는 부속건물의 신축이 있을 때, 건물대지의 지번변경이 있는 경우에는 그 건물의 소유권등기명의인은 1월 이내에 등기를 신청하여야 한다.

③ 존재하지 않은 건물에 대한 등기가 있는 때에는 지체없이 그 소유권의 등기명의인은 멸실등기를 신청하여야 한다.

④ 건물을 신축한 자는 소유권이전계약을 체결하지 않은 경우라도 신축한 날로부터 60일 이내에 건물에 대한 소유권보존등기를 신청하여야 한다.

⑤ 소유권이전의 쌍무계약을 체결한 자는 반대급부의 이행이 완료된 날로부터 60일 이내에 소유권이전등기를 신청하여야 한다.

해설 ✦ ④ 일반적으로 건물을 신축한 날로부터 기산하는 소유권보존등기 신청의무는 없다. 단 미등기의 부동산에 대한 소유권이전을 내용으로 계약을 체결한 자는 다음 각 호의 1에 해당하는 날로부터 60일 이내에 소유권보존등기를 신청하여야 한다.(부동산 등기특별조치법 제2조 제5항)

(i) 소유권보존등기를 신청할 수 있음에도 이를 하지 않은 채 이전계약을 체결한 경우에는 그 계약을 체결한 날

(ii) 계약을 체결한 후에 보존등기를 신청할 수 있게 된 경우에는 소유권보존등기를 신청할 수 있게 된 날. 예) 건설회사가 아파트 준공 전에 분양을 한 경우에 그 후 아파트가 준공되어 건물대장이 작성되었으면 그 작성한 날로부터 건설회사는 60일 이내에 소유권보존등기를 신청하여야 한다.

정답 ✦ ④

테마 30 등기의 당사자 능력

제24회, 제26회, 제28회, 제32회, 제34회

1 출제예상과 학습포인트

✦ 기출횟수

24회, 26회, 28회, 32회

✦ 35회 출제 예상

통상 2년에 한번 정도씩 출제가 이루어진다. 34회 시험에서 출제가 되었고 35회 시험에서도 출제가능성이 70% 정도로 보면 좋을 거 같다.

✦ 35회 중요도

★★★

✦ 학습방법

등기당사자능력의 기본개념을 이해하고 관련 기출문제 중심으로 학습을 하되 특히 비법인 사단이나 재단의 등기절차는 자주 출제되는 부분이므로 숙지를 요한다.

✦ 핵심쟁점

❶ 등기당사자능력의 개념

❷ 등기당사자능력의 유무 구분

2 핵심 내용

❶ 의의

등기신청의 당사자능력이란 등기부상 권리자(등기명의인)가 될 수 있는 자격을 뜻한다.

❷ 자연인

① 원칙 : 의사능력, 행위능력 불문하고 누구나 인정된다.
② 태아 : 태아의 권리능력 취득시기에 대한 정지조건설(판례)에 의하면 태아의 등기신청의 당사자능력이 부정. 해제조건설에 의하면 태아의 등기신청의 당사자능력 인정
③ 외국인 : 상호주의에 의해 긍정된다.

❸ 법인

① 사법인 공법인 불문하고 인정된다.
② **국가, 지방자치단체** : 공법인으로서 등기신청의 당사자능력이 긍정된다. 단 지방자치단체는 시·군·구까지이므로 읍, 면, 동은 등기신청의 당사자 능력이 인정되지 않는다.

❹ 권리능력 없는 사단·재단 제31회

① 종중, 문중, 그 밖에 대표자나 관리인이 있는 법인 아닌 사단이나 재단에 속하는 부동산의 등기에 관하여는 그 사단이나 재단을 등기권리자 또는 등기의무자로 한다.
② 위 등기는 그 사단이나 재단의 명의로 그 대표자나 관리인이 신청한다.

❺ 민법상 조합

법인으로서 실질이 인정되지 않으므로 등기신청의 당사자능력이 부정된다. 이 경우 조합원 전원 명의로 등기(합유등기)를 하여야 한다.

❻ 학교

학교 자체는 법인이 될 수 없으므로 등기신청의 당사자능력이 부정된다(사립학교는 학교재단명의로, 공립학교는 그 지방자치단체명의로 등기한다).

> **참고** 등기당사자능력이 없는자
>
> ① 태아
> ② 행정기관으로서 읍·면·동
> ③ 학교
> ④ 민법상 조합
> ⑤ 읍, 면, 동은 독립한 지방자치단체가 아니므로 등기신청적격이 없다. 다만 법인아니 사단 재단도 대표자 또는 관리인이 있으면 당사자가 될 수 있으므로, 자연부락(동,리)이 그 부락주민을 구성원으로 하여 의사결정기관과 대표자를 두어 독자적으로 활동하는 조직체라면 비법인사단으로서 당사자능력을 가진다.(대판 1999.1.29. 98다33512)

참고 등기당사자적격

등기당사자적격이란 특정등기신청에 있어서 정당한 등기신청인이 될 수 있는 자격을 의미한다.

등기당사자능력이란 등기신청을 하기 위한 일반적인 자격을 인정하는데 불과하고 특정한 등기를 신청하려면 등기신청권이 있어야 한다. 이러한 등기신청권이 있는 자를 등기당사자적격이 있는 자 또는 정당한 등기신청인이라고 한다.

등기신청권이 없는 자의 등기신청은 법 제29조 3호에 의하여 각하하여야 한다. 등기당사자적격은 공동신청의 등기에서는 등기권리자 및 등기의무자의 개념과, 단독신청의 등기에서는 누가 등기신청권을 갖는지와 밀접한 관련이 있다.

저당권설정등기에서 채무자는 등기당사자적격이 없다.(저당권자와 설정자가 당사자적격있음)

또한 소유권보존등기는 대장상 최초의 소유자가 단독으로 신청하는데 그 자를 상대로 소유권이전판결을 받은 자는 그 자를 대위하여 보존등기를 할 수 있지만 직접 자기명의로는 신청할 수 없다.

3 대표 기출문제

제32회 출제

01 부동산등기법상 등기의 당사자능력에 관한 설명으로 틀린 것은?

① 법인 아닌 사단은 그 사단 명의로 대표자가 등기를 신청할 수 있다.

② 시설물로서의 학교는 학교 명의로 등기할 수 없다.

③ 행정조직인 읍, 면은 등기의 당사자능력이 없다.

④ 민법상 조합을 채무자로 표시하여 조합재산에 근저당권설정등기를 할 수 있다.

⑤ 외국인은 법령이나 조약의 제한이 없는 한 자기 명의로 등기신청을 하고 등기명의인이 될 수 있다.

해설

④ 민법상 조합을 채무자로 표시하여 조합재산에 근저당권설정등기를 할 수 없다. (등기선례 1-59)

답 ④

제24회 출제

02 등기신청에 관한 설명으로 틀린 것은?

① 丙의 채무담보를 위하여 甲과 乙이 근저당권설정계약을 체결한 경우, 丙은 근저당권설정등기신청에서 등기당사자 적격이 없다.

② 17세인 甲은 소유권보존등기신청에서 등기신청능력을 갖지 않는다.

③ 성년후견인 甲은 피성년후견인 乙을 대리하여 등기신청을 할 수 있다.

④ 지방자치단체는 등기신청에서 등기당사자능력이 있다.

⑤ 甲으로부터 적법하게 등기신청을 위임받은 乙이 피한정 후견인 이라도 등기신청능력을 갖는다.

해설

① 근저당권설정등기신청에서 등기당사자 적격은 근저당권자와 근저당권설정자에게 있다. 丙은 채무자일 뿐 이므로 등기당사자 적격이 없다.

② 소유권보존등기신청은 제한능력자도 신청할 수 있다. 따라서 미성년자인 甲은 등기신청능력을 갖는다.

③ 등기신청의 대리는 제한능력자도 가능하다. 따라서 제한능력자인 성년후견인 甲은 피성년후견인 乙을 대리하여 등기신청을 할 수 있다.

④ 지방자치단체는 공법인이므로 등기신청에서 등기당사자능력이 있다.

⑤ 乙은 대리인 이므로 제한능력자(피한정 후견인) 라도 등기신청능력을 갖는다.

답 ②

4 출제 예상문제

01 다음 중 등기당사자능력이 없는 것을 바르게 고른 것은? (판례에 의함)

> ㉠ 권리능력 없는 사단인 "제주양씨 금성공파 첨정공문중"
> ㉡ 학교법인 '백두' 산하의 압록고등학교
> ㉢ 외국인
> ㉣ 태아
> ㉤ 농업협동조합 등 특별법상의 조합
> ㉥ 비법인사단으로서의 실체를 갖추고 있으나 주무관청으로부터 인가를 취소당한 주택조합
> ㉦ 동(洞) 명의로 동민들이 법인 아닌 사단을 설립한 경우
> ㉧ 서울특별시 서초구 서초동

① ㉠, ㉡, ㉤
② ㉡, ㉣, ㉧
③ ㉢, ㉤, ㉥
④ ㉢, ㉥, ㉦
⑤ ㉣, ㉦, ㉧

해설 ✦ ㉡, ㉣, ㉧ 등기신청적격이 없다.
　　㉠ "제주양씨 금성공파 첨정공문중"은 권리능력 없는 사단(법인 아닌 사단)이므로 등기당사자능력이 있다(법 제30조).
　　㉦ 1992.5.28 등기선례 3-39

정답 ✦ ②

1 출제예상과 학습포인트

✦ **기출횟수**

19회, 26회, 30회, 31회

✦ **35회 출제 예상**

통상 2년에 한번 정도씩 출제가 이루어진다. 전체등기절차에서 등기당사자의 구분은 정확히 정리하여야 한다. 35회 시험에서는 출제가능성이 70% 정도로 보면 좋을 거 같다.

✦ **35회 중요도**

★★★

✦ **학습방법**

절차법상 등기권리자, 등기의무자의 개념과 실체법상 등기권리자, 등기의무자의 개념을 구분하고 각 등기종류별로 등기당사자를 구분할 수 있어야 한다. 등기권리자와 등기의무자의 개념은 등기당사자적격과 밀접한 관련이 있다.

✦ **핵심쟁점**

❶ 절차법상 등기권리자와 등기의무자
❷ 실체법상 등기권리자와 등기의무자
❸ 등기 종류별 등기권리자와 등기의무자

2 핵심 내용

등기는 법률에 다른 규정이 없는 경우에는 등기권리자와 등기의무자가 공동으로 신청한다.

구분	절차법상 개념	실체법상 개념
등기권리자	등기부상 명의인이 되는 자(이익)	등기청구권을 가지는 자
등기의무자	등기부상 권리상실자(불이익)	등기청구권에 협력의무자

❶ 절차법상의 등기권리자, 등기의무자와 실체법상의 등기권리자, 등기의무자의 개념은 대부분 일치하지만 항상 일치하는 것은 아니다. 제30회, 제31회

① 채무자 명의의 소유권이전등기를 채권자가 대위신청하는 경우, 채권자는 실체법상의 등기권리자이지만 절차법상의 등기권리자는 그 등기의 명의인이 되는 채무자이다.

② 매도인이 실체법상의 등기인수청구권을 행사하여 판결에 의하여 매수인 앞으로 단독으로 소유권이전등기를 신청하는 경우, 실체법상 등기권리자는 매도인 이지만 절차법상 등기권리 자는 그 명의인이 되는 매수인이다.

❷ 등기권리자, 등기의무자는 공동신청을 전제로 한 개념이므로 성질상 단독 신청하는 등기의 경우에는 등기권리자, 등기의무자가 없다는 것을 주의하여야 한다. 소유권보존등기의 경우 대장상 소유자로 등록 된 자가 단독으로 신청하므로 소유권보존등기는 등기권리자, 등기의무자가 없다.

❸ **등기권리자와 등기의무자의 판단** 제19회, 제26회

① 환매등기는 매도인이 등기권리자이고, 매수인이 등기의무자이다.

② 환매권실행의 등기는 환매권자가 등기권리자이고, 현재의 소유권명의인이 등기의무자이다.

③ 본등기는 가등기권리자가 등기권리자이고, 가등기 당시의 소유자가 등기의무자이다(현재의 소유명의인 ×).

④ 저당권설정등기의 말소등기를 함에 있어서 저당권설정 후 소유권이 제3자에게 이전된 경우에는 저당권설정자 또는 제3취득자가 저당권자와 공동으로 그 말소등기를 신청할 수 있다(단, 원인무효로 인한 말소의 경우에는 저당권설정자 신청 ×).

⑤ 적법한 제한물권의 등기를 설정자가 불법말소한 후 소유권을 제3자에게 이전한 경우에 제한물권자는 말소회복등기의 등기권리자이고 말소될 당시의 소유자가 등기의무자이므로 제한물권자는 당초의 소유자를 상대로 말소회복청구를 하여야 한다.

⑥ 저당권변경등기(채무자변경)는 저당권자가 등기권리자이고, 저당권설정자가 등기의무자이다. 채무인수인은 등기의 당사자가 아님.

⑦ 지역권설정등기의 등기권리자는 요역지 소유자이고, 등기의무자는 승역지 소유자이다.

⑧ 전세금증액의 전세권변경등기시 등기권리자는 전세권자이고 등기의무자는 전세권설정자이나, 전세금감액의 전세권변경등기시 등기권리자는 전세권설정자이고 등기의무자는 전세권자이다.

3 대표 기출문제

제30회 출제

01 등기권리자와 등기의무자에 관한 설명으로 틀린 것은?

① 실체법상 등기권리자와 절차법상 등기권리자는 일치하지 않는 경우도 있다.

② 실체법상 등기권리자는 실체법상 등기의무자에 대해 등기신청에 협력할 것을 요구할 권리를 가진 자이다.

③ 절차법상 등기의무자에 해당하는지 여부는 등기기록상 형식적으로 판단해야 하고, 실체법상 권리의무에 대해서는 고려해서는 안 된다.

④ 甲이 자신의 부동산에 설정해 준 乙명의의 저당권설정등기를 말소하는 경우, 甲이 절차법상 등기권리자에 해당한다.

⑤ 부동산이 甲→乙→丙으로 매도되었으나 등기명의가 甲에게 남아 있어 丙이 乙을 대위하여 소유권이전등기를 신청하는 경우, 丙은 절차법상 등기권리자에 해당한다.

> **해설**
> 채권자대위신청의 경우 등기청구권을 행사하는 채권자 丙이 실체법상 등기권리자이나 절차법상 등기권리자는 새로 등기명의인이 되는 채무자 乙이다.
>
> 답 ⑤

제31회 출제

02 절차법상 등기권리자와 등기의무자를 옳게 설명한 것을 모두 고른 것은?

> ㄱ. 甲 소유로 등기된 토지에 설정된 乙 명의의 근저당권을 丙에게 이전하는 등기를 신청하는 경우, 등기의무자는 乙이다.
>
> ㄴ. 甲에서 乙로, 乙에서 丙으로 순차로 소유권이전등기가 이루어졌으나 乙 명의의 등기가 원인무효임을 이유로 甲이 丙을 상대로 丙 명의 등기 말소를 명하는 확정판결을 얻은 경우, 그 판결에 따른 등기에 있어서 등기권리자는 甲이다.
>
> ㄷ. 채무자 甲에서 乙로 소유권이전등기가 이루어졌으나 甲의 채권자 丙이 등기원인이 사해행위임을 이유로 그 소유권이전등기의 말소판결을 받은 경우, 그 판결에 따른 등기에 있어서 등기권리자는 甲이다.

① ㄴ   ② ㄷ   ③ ㄱ, ㄴ   ④ ㄱ, ㄷ   ⑤ ㄴ, ㄷ

해설

ㄱ. 근저당권의 이전등기의 당사자는 근저당권의 양도인이 등기의무자이고 양수인이 등기권리자이다. 따라서 등기의무자는 乙이다.

ㄴ. 丙 명의의 등기 말소를 하는 경우에 절차법상 丙이 등기의무자이고 등기부상 다시 소유권을 회복하는 乙이 등기권리자이다.

ㄷ. 乙 명의의 등기를 말소하는 것이므로 절차법상 乙이 등기의무자이고 등기부상 다시 소유권을 회복하는 甲이 등기권리자이다.

답 ④

4 출제 예상문제

01 등기권리자와 등기의무자에 관한 설명 중 틀린 것은?

① 환매특약등기의 등기권리자는 매도인이고, 등기의무자는 매수인이다.

② 유증으로 인한 소유권이전등기의 등기권리자는 수증자이고 등기의무자는 유언집행자이다.

③ 채무자변경으로 인한 저당권변경등기의 등기권리자는 저당권자이고, 등기의무자는 저당권설정자이다.

④ 저당부동산의 소유권이 제3자에게 이전된 경우 저당권말소등기의 등기권리자는 저당권설정자 또는 제3취득자이고, 등기의무자는 저당권자이다.

⑤ 소유권이전청구권보전의 가등기가 이루어진 부동산에 관하여 제3취득자 앞으로 소유권이전등기가 마쳐진 후 그 가등기가 말소된 경우, 그 가등기의 말소회복등기의 등기권리자는 가등기권리자이고, 등기의무자는 가등기의무자인 전소유자이다.

해설 ✦ ⑤ 이 경우 그 가등기의 회복등기의무자는 가등기가 말소될 당시의 소유자인 제3취득자이므로 가등기의 회복등기청구는 회복등기의무자인 제3취득자를 상대로 하여야 한다(대판 2009.10.15., 2006다43903).

정답 ✦ ⑤

1 출제예상과 학습포인트

✦ 기출횟수

　20회, 22회, 24회, 27회, 31회, 32회, 33회

✦ 35회 출제 예상

　거의 매년 출제가 되는 부분이다. 33회 시험에서도 출제가 되었으며, 35회 시험에서도 역시 출제가능성이 매우 높다.

✦ 35회 중요도

　★★★

✦ 학습방법

　지금현재 이론에서 언급된 부분에서 더 이상 양을 늘리지 말고 조문 위주로 반복해서 숙지하면 될 것이다.

✦ 핵심쟁점

　단독신청등기의 종류

2 핵심 내용

1. 소유권보존등기(所有權保存登記) 또는 소유권보존등기의 말소등기(抹消登記)는 등기명의인으로 될 자 또는 등기명의인이 단독으로 신청한다.
2. 상속, 법인의 합병, 그 밖에 대법원규칙으로 정하는 포괄승계(법인의 분할로 인하여 분할 전 법인이 소멸하는 경우 등)에 따른 등기는 등기권리자가 단독으로 신청한다.
3. 등기절차의 이행 또는 인수를 명하는 판결에 의한 등기는 승소한 등기권리자 또는 등기의무자가 단독으로 신청하고, 공유물을 분할하는 판결에 의한 등기는 등기권리자 또는 등기의무자가 단독으로 신청한다. 〈개정 2020. 2. 4.〉
4. 부동산표시의 변경이나 경정(更正)의 등기는 소유권의 등기명의인이 단독으로 신청한다.
5. 등기명의인표시의 변경이나 경정의 등기는 해당 권리의 등기명의인이 단독으로 신청한다.

6. 가등기 및 그 말소등기

① 가등기는 가등기권리자와 가등기의무자가 공동으로 신청함이 원칙이다(법 제23조 제1항). 그러나 가등기권리는 가등기의무자의 승낙이 있거나 가등기를 명하는 법원의 가처분명령이 있을 때에는 단독으로 가등기를 신청할 수 있다(법 제89조).

② 가등기의 말소도 공동으로 신청하는 것이 원칙이나(법 제23조 제1항), 가등기명의인은 단독으로 가등기의 말소를 신청할 수 있고, 또한 가등기의무자 또는 가등기에 관하여 등기상 이해관계 있는 자는 가등기명의인의 승낙을 받아 단독으로 가등기의 말소를 신청할 수 있다(법 제93조 제1항, 제2항).

7. 수용으로 인한 소유권이전등기

수용으로 인한 소유권이전등기는 '등기권리자'가 단독으로 신청할 수 있다(법 제99조 제1항).

8. 사망 등으로 인한 권리의 소멸과 말소등기

등기명의인인 사람의 사망 또는 법인의 해산으로 권리가 소멸한다는 약정이 등기되어 있는 경우에 사람의 사망 또는 법인의 해산으로 그 권리가 소멸하였을 때에는, '등기권리자'는 그 사실을 증명하여 단독으로 해당 등기의 말소를 신청할 수 있다(법 제55조).

9. 등기의무자의 소재불명과 말소등기

등기권리자가 등기의무자의 소재불명으로 인하여 공동으로 등기의 말소를 신청할 수 없을 때에는 '민사소송법'에 따라 공시최고(公示催告)를 신청할 수 있고, 이 경우에 제권판결(除權判決)이 있으면 '등기권리자'가 그 사실을 증명하여 단독으로 등기의 말소를 신청할 수 있다(법 제56조).

10. 혼동으로 소멸한 권리의 말소등기

예컨대, 지상권자가 그 토지의 소유권을 취득한 경우에 지상권은 혼동으로 소멸하는데(민법 제191조 제1항 본문), 이 경우 혼동으로 소멸한 지상권의 말소등기는 그 토지의 소유자가 단독으로 신청할 수 있다.

11. 신탁재산에 속하는 부동산의 신탁등기는 수탁자가 단독으로 신청한다.

12. 규약상 공용부분의 등기와 규약폐지에 따른 등기

집합건물법에 따른 규약상 공용부분이라는 뜻의 등기는 '소유권의 등기명의인'이 신청하여야 하며(법 제47조 제1항 본문), 공용부분이라는 뜻을 정한 규약을 폐지한 경우에 '공용부분의 취득자'는 지체없이 소유권보존등기를 신청하여야 한다(동조 제2항).

13. 가처분에 의한 실효등기의 말소

민사집행법(제305조 제3항)에 따라 권리의 이전·말소 또는 설정등기청구권을 보전하기 위한 처분금지가처분등기가 된 후 가처분채권자가 본안소송에서 승소하여 가처분채무자를 등기의무자로 하여 권리의 이전·말소 또는 설정의 등기를 신청하는 경우, 그 가처분등기 이후에 된 등기로서 가처분채권자의 권리를 침해하는 등기의 말소를 단독으로 신청할 수 있다(법 제94조 제1항).

3 대표 기출문제

제28회 출제

01 등기권리자 또는 등기명의인이 단독으로 신청하는 등기에 관한 설명으로 틀린 것을 모두 고른 것은?

> ㄱ. 등기의 말소를 공동으로 신청해야 하는 경우, 등기의무자의 소재불명으로 제권판결을 받으면 등기권리자는 그 사실을 증명하여 단독으로 등기의 말소를 신청할 수 있다.
> ㄴ. 수용으로 인한 소유권이전등기를 하는 경우, 등기권리자는 그 목적물에 설정되어 있는 근저당권설정등기의 말소등기를 단독으로 신청하여야 한다.
> ㄷ. 이행판결에 의한 등기는 승소한 등기권리자가 단독으로 신청할 수 있다.
> ㄹ. 말소등기 신청시 등기의 말소에 대하여 등기상 이해관계 있는 제3자의 승낙이 있는 경우, 그 제3자 명의의 등기는 등기권리자의 단독신청으로 말소된다.
> ㅁ. 등기명의인 표시변경등기는 해당 권리의 등기명의인이 단독으로 신청할 수 있다.

① ㄱ, ㄷ   ② ㄱ, ㄹ   ③ ㄴ, ㄹ
④ ㄴ, ㅁ   ⑤ ㄷ, ㅁ

해설

ㄴ. 수용으로 인한 소유권이전등기를 하는 경우, 그 목적물에 설정되어 있는 근저당권설정등기의 말소등기는 등기관이 직권으로 한다.
ㄹ. 말소등기 신청시 등기의 말소에 대하여 등기상 이해관계 있는 제3자의 승낙이 있는 경우, 그 제3자 명의의 등기는 등기관이 직권으로 말소한다.

정답 ③

4 출제 예상문제

01 다음 중 등기신청인에 대한 설명이 틀린 것은?

① 소유권보존등기 또는 소유권보존등기의 말소등기는 등기명의인으로 될 자 또는 등기명의인이 단독으로 신청한다.

② 판결에 의한 등기는 승소한 등기권리자 또는 등기의무자가 단독으로 신청한다.

③ 상속, 포괄유증 등 포괄승계에 따른 등기는 등기권리자가 단독으로 신청한다.

④ 부동산표시의 변경이나 경정의 등기는 소유권의 등기명의인이 단독으로 신청한다.

⑤ 등기명의인표시의 변경이나 경정의 등기는 해당 권리의 등기명의인이 단독으로 신청한다.

해설 ✦ ③ 포괄승계에 따른 등기는 등기권리자가 단독으로 신청한다. 단 포괄유증의 경우에는 공동으로 신청하여야 한다.

정답 ✦ ③

1 출제예상과 학습포인트

✦ 기출횟수

24회, 26회, 28회

✦ 35회 출제 예상

통상 3년에 한번 정도씩 출제가 이루어진다. 35회 시험에서는 출제가능성이 50% 정도로 보면 좋을 거 같다.

✦ 35회 중요도

★

✦ 학습방법

판결에 의한 등기예규를 중심으로 내용을 이해하고 기출문제 중심으로 반복 숙지하면 될 것이다.

✦ 핵심쟁점

❶ 단독신청할 수 있는 판결의 종류 ❷ 신청인 ❸ 신청시기 ❹ 첨부 정보

2 핵심 내용

❶ 단독신청

① 등기절차의 이행 또는 인수를 명하는 판결에 의한 등기는 승소한 등기권리자 또는 등기의무자가 단독으로 신청하고, 공유물을 분할하는 판결에 의한 등기는 등기권리자 또는 등기의무자가 단독으로 신청한다. (판결과 동일한 효력이 있는 조서 포함, 단 공정증서는 단독불가)

② 승소한 등기권리자 또는 승소한 등기의무자가 단독으로 신청할 수 있다. (패소한 자 ✕)

단, 공유물분할판결의 패소한 피고도 신청가능, 채권자대위판결시 채무자도 신청가능

❷ 신청시기

소유권이전등기절차의 이행을 명하는 확정판결을 받았으면 확정시기에 관계없이 (10년이 경과해도) 그 판결에 의한 소유권이전등기를 신청할 수 있다. 제26회

❸ 등기원인 및 원인일자

① 이행판결 : 주문에 기록된 법률행위 및 그 성립일
   단, 판결 주문에 기록되어 있지 않으면 확정판결 및 판결선고일
② 형성판결 : 판결에서 행한 형성처분 및 판결확정일자

❹ 첨부정보

① 확정판결정본(판결정본에 확정증명 첨부, 송달증명×)이 원인증명정보이다. 검인필요
② 등기상 이해관계인의 승낙서 필요
③ 등기원인에 대한 제3자의 동의 승낙서 불요(단, 소유권이전등기시 행정청의 허가증명정보는 제공하여야 한다.)

3 대표 기출문제

제19회 출제

01 판결에 의한 소유권이전등기신청에 관한 설명으로 옳은 것은?

① 판결에 의한 소유권이전등기를 신청하는 경우, 그 판결주문에 등기원인일자가 기록이 없으면 등기신청정보에 판결송달일을 등기원인일로 기록하여야 한다.
② 소유권이전등기의 이행판결에 가집행이 붙은 경우, 판결이 확정되지 아니하여도 가집행선고에 의한 소유권이전등기를 신청할 수 있다.
③ 판결에 의한 소유권이전등기 신청정보에는 판결정본과 그 판결에 대한 송달증명서를 제공하여야 한다.
④ 공유물분할판결이 확정되면 그 소송의 피고도 단독으로 공유물 분할을 원인으로 한 지분이전등기를 신청할 수 있다.
⑤ 소유권이전등기절차 이행을 명하는 판결이 확정된 후 10년이 경과하면 그 판결에 의한 소유권이전등기를 신청할 수 없다.

> **해설**
>
> 판결에 의한 등기신청에 관한 등기예규 문제이다.(등기예규 제1383호)
> ① 등기절차의 이행을 명하는 판결주문에 등기원인과 그 연월일이 명시되어 있지 아니한 경우 등기신청정보에는 등기원인은 "확정판결"로, 그 연월일은 "판결선고일"을 기록한다.
> ② 판결은 확정판결이어야 한다. 따라서 확정되지 아니한 가집행선고가 붙은 판결에 의하여 등기를 신청한 경우 등기관은 그 신청을 각하하여야 한다.
> ③ 판결에 의한 등기를 신청함에 있어 등기원인증서로써 판결정본과 그 판결이 확정되었음을 증명하는 확정증명서를 제공하여야 한다. 송달증명서의 제공은 요하지 않는다.
> ④ 공유물분할판결이 확정되면 그 소송 당사자는 원·피고인지 여부에 관계없이 그 확정판결을 제공하여 등기권리자 단독으로 공유물분할을 원인으로 한 지분이전등기를 신청할 수 있다.
> ⑤ 등기절차의 이행을 명하는 확정판결을 받았다면 그 확정시기에 관계없이, 즉 확정 후 10년이 경과하였다 하더라도 그 판결에 의한 등기신청을 할 수 있다.
>
> 답 ④

제24회 출제

02 확정판결에 의한 등기신청에 관한 설명으로 틀린 것은?

① 공유물분할판결을 첨부하여 등기권리자가 단독으로 공유물분할을 원인으로 한 지분이전등 기를 신청할 수 있다.

② 승소한 등기권리자가 판결에 의한 등기신청을 하지 않는 경우에는 패소한 등기의무자도 그 판결에 의한 등기 신청을 할 수 있다.

③ 승소한 등기권리자가 그 소송의 변론종결 후 사망하였다면, 상속인이 그 판결에 의해 직접 자기 명의로 등기를 신청할 수 있다.

④ 채권자 대위소송에서 채무자가 그 소송이 제기된 사실을 알았을 경우, 채무자도 채권자가 얻은 승소판결에 의하여 단독으로 그 등기를 신청할 수 있다.

⑤ 등기절차의 이행을 명하는 판결이 확정된 후, 10년이 지난 경우에도 그 판결에 의한 등기신 청을 할 수 있다.

> **해설**
>
> ② 승소한 등기권리자가 판결에 의한 등기신청을 하지 않는 경우에는 패소한 등기의무자도 그 판결에 의한 등기 신청을 할 수 없다. 판결에 의한 등기는 승소한 등기권리자 또는 등기의무자가 신청할 수 있고. 패소한 자는 신청할 수 없다.
>
> 답 ②

4 출제 예상문제

01 소유권이전등기절차의 이행을 명하는 판결에 의한 등기신청과 관련한 설명으로 올바른 것은?

① 등기의무자는 판결에 의하여 단독으로 등기를 신청할 수 없다.

② 판결정본을 등기원인증서로 첨부하는 경우에는 확정증명서외에 송달증명서는 첨부할 필요가 없다.

③ 판결주문에 등기원인과 그 연월일이 명시되지 않은 경우에는 등기원인은 '확정판결'로 하고 그 연월일은 '판결확정일'을 기록한다.

④ 판결이 확정된 후 10년이 경과하였다면 그 판결에 의한 등기신청을 할 수 없다.

⑤ 판결에 의한 등기는 이해관계인의 승낙서의 첨부를 요하지 아니한다.

해설 ✦ ① 승소한 등기의무자는 판결에 의하여 단독으로 등기를 신청할 수 있다.

③ 판결주문에 등기원인과 그 연월일이 명시되지 않은 경우에는 등기원인은 '확정판결'로 하고 그 연월일은 '판결선고일'을 기록한다.

④ 판결이 확정된 후 10년이 경과하여도 그 판결에 의한 등기신청을 할 수 있다.

⑤ 말소등기나 말소회복등기와 같이 이해관계인의 승낙서를 요하는 경우에는 판결을 받아 단독신청하는 경우라도 면제되지 아니한다.

정답 ✦ ②

제3자의 등기신청

제24회, 제30회, 제31회, 제33회

1 출제예상과 학습포인트

✦ 기출횟수

　24회, 30회, 31회, 제33회

✦ 35회 출제 예상

　거의 매년 출제가 이루어진다. 종합문제에서 지문 하나정도는 언제나 들어가는 중요한 테마이다. 35회 시험에서는 출제가능성이 90% 정도로 보면 좋을 거 같다.

✦ 35회 중요도

　★★★

✦ 학습방법

　핵심내용에서 언급된 부분에서 더 이상 양을 늘리지 말고 반복해서 이 정도만 숙지하면 될 것이다.

✦ 핵심쟁점

　❶ 대리인에 의한 신청

　❷ 포괄승계인에 의한 등기신청

　❸ 대위등기신청

2 핵심 내용

❶ 대리인에 의한 신청

1. 방문신청의 대리는 누구든지 할 수 있으나 전자신청의 대리는 자격자대리인(변호사, 법무사)만 할 수 있다.

2. **자기계약 쌍방대리 가능** 제30회

3. **대리권의 존속시기와 흠결의 효과**

　① 등기신청의 대리권은 신청서의 접수시까지 있으면 된다.

　② 행위능력이 없는 자도 등기신청의 대리인이 될 수 있다.

③ 대리권 없는 자의 등기신청은 각하된다(법 제29조 제3호). 다만 이를 간과하고 기록한 등기의 효력은 실체관계와 부합하면 유효하다.(판)

④ 등기의무자의 적합한 위임이 있었다면 대리인이 본인의 사망 후에 등기신청을 하였다 하더라도 그에 기하여 경료된 등기는 무효라고 할 수 없다.(판)

❷ 포괄승계인에 의한 등기신청

① 등기원인이 발생한 후에 등기권리자 또는 등기의무자에 대하여 상속이나 그 밖의 포괄승계가 있는 경우에는 상속인이나 그 밖의 포괄승계인이 그 등기를 신청할 수 있다.

② 중간생략등기 허용

상속 등 포괄승계에 따른 등기를 거칠 필요가 없이 피승계인에서 상대방으로 바로 등기를 실행한다.

③ 포괄승계인이 등기신청을 하는 경우는 신청정보의 등기의무자의 표시가 등기기록과 일치하지 아니하더라도 각하하지 아니한다(법 제29조 제7호 단서).

구분	등기원인	등기신청	등기필정보
포괄승계인에 의한 등기	매매 등 일정한 법률행위	공동신청	제공
포괄승계에 따른 등기	상속 등	단독신청	불요

❸ 대위등기신청 ★★

1. 채권자대위신청 제31회

① 채권자는 자기 채권을 보전하기 위하여 채무자의 등기신청권을 채권자의 이름으로 대위 신청할 수 있다. 이 경우 채권자의 채권은 특정채권이든 금전채권이든 모두 포함한다. 채무자의 무자력은 요건이 아니다.

② 대위할 수 있는 등기는 채무자에게 손해가 아니어야 한다.(채무자가 등기권리자이거나, 권리에 영향이 없는 중성적등기)

③ 등기관은 등기가 완료된 때에는 채무자(등기권리자) 및 채권자(등기신청인)에게는 등기완료 통지를 한다.

④ 채권자의 채권자가 대위권을 행사할 수 있다.(대위의 대위)

⑤ 대위에 의하여 등기를 실행할 경우 그 등기에는 대위자와 대위자의 주소, 대위원인을 함께 기록한다. (주민등록번호×)

2. 구분건물소유자의 대위신청

① **구분건물의 표시등기의 대위** : 구분건물 소유자 중 일부가 보존등기를 신청하는 경우 다른 구분건물의 표시등기를 대위하여 신청할 수 있다. 권리등기는 대위신청 ×

② 건물의 신축으로 인하여 비구분건물이 구분건물로 된 경우에 신축건물의 소유권보존등기는 다른 건물의 표시변경등기와 동시에 신청하여야 하며, 이 경우 건물소유자는 다른 건물의 소유자를 대위하여 건물의 표시변경등기를 신청할 수 있다.

3. 건물멸실등기의 대위신청 : 대지소유자가 건물 멸실등기를 대위하여 신청할 수 있다.

4. 토지수용에 의한 등기신청시의 대위 : 사업시행자가 등기명의인의 표시변경 또는 상속으로 인한 소유권이전등기를 대위하여 신청할 수 있다.

5. 신탁에 의한 대위신청 : 위탁자 또는 수익자가 수탁자를 대위하여 신탁등기를 신청

---

3 대표 기출문제

제33회 출제

01 등기신청에 관한 설명으로 틀린 것은? (다툼이 있면 판례에 따름)

① 상속인이 상속포기를 할 수 있는 기간 내에는 상속인의 채권자가 대위권을 행사하여 상속등기를 신청 수 없다.

② 가등기를 마친 후에 가등기권자가 사망한 경우, 그 상속인은 상속등기를 할 필요 없이 상속을 증명하는 서면을 첨부하여 가등기의무자와 공동으로 본등기를 신청할 수 있다.

③ 건물이 멸실된 경우 그 건물소유권의 등기명의인이 1개월 이내에 멸실등기신청을 하지 않으면 그 건물대지의 소유자가 그 건물소유권의 등기명의인을 대위하여 멸실등기를 신청할 수 있다.

④ 피상속인으로부터 그 소유의 부동산을 매수한 매수인이 등기신청을 하지 않고 있던 중 상속이 개시된 경우, 상속인은 신분을 증명할 수 있는 서류를 첨부하여 피상속인으로부터 바로 매수인 앞으로 소유권이전등기를 신청할 수 있다.

⑤ 1동의 건물에 속하는 구분건물 중 일부만에 관하여 소유권보존등기를 신청하면서 나머지 구분건물의 표시에 관한 등기를 동시에 신청하는 경우, 구분건물의 소유자는 1동에 속하는 다른 구분건물의 소유자를 대위하여 그 건물의 표시에 관한 등기를 신청할 수 있다.

해설

① 상속등기가 상속재산에 대한 처분행위라고 볼 수 없으니 만큼 채권자가 상속인을 대위하여 상속등기를 하였다 하여 단순승인의 효력을 발생시킬 수 없고 상속인의 한정승인 또는 포기할 수 있는 권한에는 아무런 영향도 미치는 것이 아니므로 채권자의 대위권행사에 의한 상속등기를 거부할 수 없다.[대법원 1964. 4. 3.자 63마54 결정]

답 ①

제31회 출제

02 채권자 甲이 채권자대위권에 의하여 채무자 乙을 대위하여 등기신청하는 경우에 관한 설명으로 옳은 것을 모두 고른 것은?

ㄱ. 乙에게 등기신청권이 없으면 甲은 대위등기를 신청할 수 없다.
ㄴ. 대위등기신청에서는 乙이 등기신청인이다.
ㄷ. 대위등기를 신청할 때 대위원인을 증명하는 정보를 첨부하여야 한다.
ㄹ. 대위신청에 따른 등기를 한 경우, 등기관은 乙에게 등기완료의 통지를 하여야 한다.

① ㄱ, ㄴ   ② ㄱ, ㄷ   ③ ㄴ, ㄹ   ④ ㄱ, ㄷ, ㄹ   ⑤ ㄴ, ㄷ, ㄹ

해설

ㄴ. 채권자가 신청인이므로 대위등기신청에서는 채권자 甲이 등기신청인이다.

답 ④

제30회 출제

03 甲이 그 소유의 부동산을 乙에게 매도한 경우에 관한 설명으로 틀린 것은?

① 乙이 부동산에 대한 소유권을 취득하기 위해서는 소유권이전등기를 해야 한다.
② 乙이 甲의 위임을 받더라도 그의 대리인으로서 소유권이전등기를 신청할 수 없다.
③ 乙이 소유권이전등기신청에 협조하지 않는 경우, 甲은 乙에게 등기신청에 협조할 것을 소구(訴求)할 수 있다.
④ 甲이 소유권이전등기신청에 협조하지 않는 경우, 乙은 승소판결을 받아 단독으로 소유권이전등기를 신청할 수 있다.
⑤ 소유권이전등기가 미쳐지면, 乙은 등기신청을 접수한 때 부동산에 대한 소유권을 취득한다.

등기신청의 대리는 자기계약, 쌍방대리가 가능하다. 따라서 당사자중 1인인 乙이 甲의 위임을 받아 그의 대리인으로서(대리인의 자기계약 유형) 소유권이전등기를 신청할 수 있다.

目 ②

4 출제 예상문제

01 대위등기신청에 관한 다음 설명 중 가장 옳은 것은?

① 신청정보로 대위자의 성명(또는 명칭)과 주소(또는 사무소 소재지)를 제공하여야 하나, 그 대위자의 정보가 등기기록에 기록되지는 않는다.

② 채권자의 피보전채권이 금전채권인 경우 채권자가 대위등기를 신청할 때에는 채무자의 무자력을 증명하는 서면을 첨부하여야 한다.

③ 채권자가 대위에 의하여 등기를 신청할 때에는 대위원인을 증명하는 서면을 첨부하여야 하는바, 그 서면은 공정증서야 하며 사서증서는 이에 해당하지 않는다.

④ 채권자가 채무자를 대위하여 등기를 신청하는 경우 채무자로부터 채권자 자신으로의 등기를 동시에 신청하여야 한다.

⑤ 상속등기를 하지 아니한 부동산에 대하여 가압류결정이 있을 때 가압류채권자는 그 기입등기촉탁 이전에 먼저 대위에 의하여 상속등기를 함으로써 등기의무자의 표시가 등기기록과 부합하도록 하여야 한다.

해설 ✦ ① 채권자의 대위신청에 의하여 등기관이 등기를 할 때에는 대위자의 성명(명칭)과 주소(사무소 소재지)를 기록하여야하나, 대위자의 주민등록번호(부동산등기용등록번호)는 기록하지 않는다.

정답 ✦ ⑤

PART 2 부동산등기법

1 출제예상과 학습포인트

✦ 기출횟수

　22회, 27회, 29회

✦ 35회 출제 예상

　통상 3년에 한번 정도씩 출제가 이루어진다. 35회 시험에서는 출제가능성이 50% 정도로 보면 좋을 거 같다.

✦ 35회 중요도

　★

✦ 학습방법

　핵심 내용 부분을 반복해서 숙지하면 될 거 같다.

✦ 핵심쟁점

　❶ 방문신청의 특칙

　❷ 전자신청의 제한

2 핵심 내용

❶ 방문신청 제29회

① 등기는 신청인 또는 그 대리인(代理人)이 등기소에 출석하여 신청정보 및 첨부정보를 적은 서면을 제출하는 방법으로 신청할 수 있다. 다만, 대리인이 변호사나 법무사(자격자대리인)인 경우에는 대법원규칙으로 정하는 사무원을 등기소에 출석하게 하여 그 서면을 제출할 수 있다.

② 방문신청을 하는 경우에는 등기신청서에 신청정보의 내용으로 등기소에 제공하여야 하는 정보를 적고 신청인 또는 그 대리인이 기명날인하거나 서명하여야 한다.

③ 서면에 적은 문자의 정정, 삽입 또는 삭제를 한 경우에는 그 글자 수를 난외(欄外)에 적으며 문자의 앞뒤에 괄호를 붙이고 이에 날인 또는 서명하여야 한다. 이 경우 삭제한 문자는 해독할 수 있게 글자체를 남겨두어야 한다.

④ 전자표준양식(e-form 신청)에 의한 신청은 전자신청이 아니므로 사용자등록을 하지 않고도 이용할 수 있고 대리인의 자격제한이 없다.

❷ 전자신청 제27회, 제29회

1. 의의

전산정보처리조직을 이용하여 신청정보 및 첨부정보를 보내는 방법(법원행정처장이 지정하는 등기유형으로 한정한다)으로 등기신청 할 수 있다.

2. 전자신청을 할 수 있는 자

① 전자신청은 당사자가 직접 하거나 자격자대리인이 당사자를 대리하여 한다. 다만, 법인 아닌 사단이나 재단은 전자신청을 할 수 없다. 「출입국관리법」에 따른 외국인등록 또는 「재외동포의 출입국과 법적 지위에 관한 법률」에 따른 국내거소신고한 외국인도 전자신청을 할 수 있다.

② 대리에 의한 신청

전자신청의 대리는 자격자대리인(변호사, 법무사)만 할 수 있다.

3. 사용자 등록

① 전자신청을 하고자 하는 당사자 또는 대리인은 개인공인증서를 발급받아 최초의 등기신청 전에 등기소(등기소 관할제한 없음)에 직접 출석하여 미리 사용자등록을 하여야 한다.

(법인은 전자증명서의 이용등록을 하면 사용자등록을 한 것으로 본다)

② 사용자등록신청의 대리는 불가하며 전자신청할 수 없다. 사용자등록신청시 인감증명과 주소증명서면을 첨부하여야 한다.

③ 유효기간은 3년, 만료일 3월전부터 만료일까지 사이에 유효기간의 연장을 신청할 수 있다.

3 대표 기출문제

제29회 출제

01 방문신청을 위한 등기신청서의 작성 및 제공에 관한 설명으로 틀린 것은?

① 등기신청서에는 신청인 또는 그 대리인이 기명날인하거나 서명하여야 한다.

② 신청서에 간인을 하는 경우, 등기권리자가 여러 명이고 등기의무자가 1명일 때에는 등기권리자 중 1명과 등기의무자가 간인하는 방법으로 한다.

③ 신청서의 문자를 삭제한 경우에는 그 글자 수를 난외(欄外)에 적으며 문자의 앞뒤에 괄호를 붙이고 이에 서명하고 날인하여야 한다.

④ 특별한 사정이 없는 한, 등기의 신청은 1건당 1개의 부동산에 관한 신청정보를 제공하는 방법으로 하여야 한다.

⑤ 같은 채권의 담보를 위하여 여러 개의 부동산에 대한 저당권설정등기를 신청하는 경우, 부동산의 관할 등기소가 서로 다르면 1건의 신청정보로 일괄하여 등기를 신청할 수 없다.

> **해설**
>
> ③ 서면에 적은 문자의 정정, 삽입 또는 삭제를 한 경우에는 그 글자 수를 난외(欄外)에 적으며 문자의 앞뒤에 괄호를 붙이고 이에 날인 또는 서명하여야 한다. 이 경우 삭제한 문자는 해독할 수 있게 글자체를 남겨두어야 한다.(규칙 제57조 ②)
>
> 답 ③

제29회 출제

02 등기신청에 관한 설명으로 옳은 것은?

① 외국인은 「출입국관리법」에 따라 외국인등록을 하더라도 전산정보처리조직에 의한 사용자등록을 할 수 없으므로 전자신청을 할 수 없다.

② 법인 아닌 사단이 등기권리자로서 등기신청을 하는 경우, 그 대표자의 성명 및 주소를 증명하는 정보를 첨부정보로 제공하여야 하지만 주민등록번호를 제공할 필요는 없다.

③ 이행판결에 의한 등기는 승소한 등기권리자 또는 패소한 등기의무자가 단독으로 신청한다.

④ 신탁재산에 속하는 부동산의 신탁등기는 신탁자와 수탁자가 공동으로 신청하여야 한다.

⑤ 전자표준양식에 의한 등기신청의 경우, 자격자대리인(법무사 등)이 아닌 자도 타인을 대리하여 등기를 신청 할 수 있다.

4 출제 예상문제

01 등기신청의 방법에 관한 설명으로 틀린 것은?

① 신청인 또는 그 대리인이 등기소에 출석하여 신청정보 및 첨부정보를 적은 서면을 제출하는 방법으로 할 수 있다.

② 대리인이 변호사나 법무사인 경우에는 대법원규칙으로 정하는 사무원을 등기소에 출석하게 하여 신청정보 및 첨부정보를 적은 서면을 제출할 수 있다.

③ 전산정보처리조직을 이용하여 신청정보 및 첨부정보를 보내는 방법으로 할 수 있다.

④ 법원행정처장이 지정하는 등기유형에 한하여 전자신청할 수 있다

⑤ 외국인은 물론 법인 아닌 사단이나 재단도 전자신청할 수 있다.

해설 ✦ 등기신청은 방문신청은 물론 전자신청도 가능하다. 다만 전자신청은 법원행정처장이 지정하는 등기유형에 한하여 할 수 있으며, 법인 아닌 사단이나 재단은 전자신청할 수 없다(규칙 67조).

정답 ✦ ⑤

36 등기 신청정보

22회, 23회, 24회, 25회, 29회, 33회

1 출제예상과 학습포인트

✦ 기출횟수

22회, 23회, 24회, 25회, 29회, 33회

✦ 35회 출제 예상

최근에 자주 출제되는 부분이다. 35회 시험에서는 출제가능성이 70% 정도로 보면 좋을 거 같다.

✦ 35회 중요도

★★

✦ 학습방법

일괄신청이 가능한 경우를 정리하고 각 등기의 필요적 신청정보와 임의적 신청정보를 구분하여 정리하여야 한다.

✦ 핵심쟁점

❶ 일괄신청 ❷ 필요적 신청정보 ❸ 임의적 신청정보

2 핵심 내용

❶ 신청정보의 제공방법

1. 1건 1신청주의 원칙

등기의 신청은 1건당 1개의 부동산에 관한 신청정보를 제공하는 방법으로 하여야 하는 것이 원칙이다.(법 제25조 본문) 다만 등기목적과 등기원인이 동일하거나 그 밖에 대법원규칙으로 정하는 경우에는 같은 등기소의 관할 내에 있는 여러 개의 부동산에 관한 신청정보를 일괄하여 제공하는 방법으로 할 수 있다.(법 제25조 단서)

2. 예외(일괄신청) 제23회

① 등기목적과 등기원인이 동일한 경우

② 대법원규칙으로 정하는 경우(규칙 제47조 제1항)

㉠ 같은 채권의 담보를 위하여 소유자가 다른 여러 개의 부동산에 대한 저당권설정등기를 신청하는 경우

   © 공매처분으로 인한 등기를 촉탁하는 경우

   © 매각으로 인한 등기를 촉탁하는 경우

   © 신탁등기의 신청

3. 방문신청의 특례

 ① 등기신청서에 신청정보의 내용으로 등기소에 제공하여야 하는 정보를 적고 신청인 또는 그 대리인이 기명날인하거나 서명하여야 한다.(단 인감증명 제출자는 서명불가)

 ② 신청서가 여러 장일 때에는 신청인 또는 그 대리인이 간인을 하여야 하고, 등기권리자 또는 등기의무자가 여러 명일 때에는 그 중 1명이 간인하는 방법으로 한다.

❷ 신청정보의 내용 제25회

1. 필요적 정보사항

 ① 부동산의 표시에 관한 사항

  〔토지 : 소재, 지번, 지목, 면적을 기록한다.

  〔건물 : 소재, 지번, 구조, 종류, 면적, 1필지 또는 수필지상에 수 개의 건물이 있는 때에는 건물의 번호, 부속건물이 있는 때에는 그것의 구조·종류·면적을 기록한다.

  〔구분건물 : 1동 건물의 소재와 지번(다만 구분건물에 대하여 소재와 지번은 기록하지 않는다), 구조, 종류, 면적, 1필지 또는 수필지상에 수 개의 건물이 있는 때에는 건물의 번호, 구분건물에 대지권이 있는 때에는 그 권리의 표시를 기록한다.

 ② 신청인에 관한 사항

	신청정보 내용	등기부 기록
자연인	성명, 주소, 주민등록번호	○
법인의 대표자	성명, 주소	×
비법인 사단 재단의 대표자	성명, 주소, 주민등록번호	○
대리인	성명, 주소	×
대위자	성명, 주소	○

 ③ 등기원인과 그 연월일

 ④ 등기의 목적(등기의 내용 내지 종류)

 ⑤ 등기필정보. 다만, 공동신청 또는 승소한 등기의무자의 단독신청에 의하여 권리에 관한 등기를 신청하는 경우로 한정한다.

 ⑥ 관할 등기소의 표시

⑦ 신청서를 제공하는 연월일

⑧ 매매에 관한 거래계약서를 등기원인을 증명하는 서면으로 하여 소유권이전등기를 신청하는 경우에는 거래신고필증에 기록된 거래가액

⑨ 취득세 등 기타사항

2. 임의적 정보사항

① 등기사항으로 할 것인가의 여부가 당사자의 의사에 맡겨져 있는 사항이지만, 반드시 법률에 근거 규정이 있어서 등기할 수 있는 사항이어야 한다.

② 등기원인증명정보에 기록된 사항이면 반드시 신청정보로 제공하여야 한다. 위반시 각하사유가 된다.

③ 구체적 내용

　ⓐ 권리소멸의 약정이 있는 경우

　ⓑ 공유물불분할 특약

　ⓒ 환매특약

　ⓓ 지상권의 기간, 지료, 그 지급시기

　ⓔ 저당권의 변제기, 이자 및 그 발생시기, 지급시기 등

3 대표 기출문제

제22회 출제

01 등기신청서의 임의적 기재사항은?

① 지상권설정등기의 경우 지료

② 지역권설정등기의 경우 요역지 표시

③ 전세권설정등기의 경우 전세권의 목적인 범위

④ 전세권설정등기의 경우 전세금

⑤ 근저당권설정등기의 경우 채권최고액

> **해설**
>
> ※ 지상권설정등기의 필요적 등기사항(부동산등기법 제69조)
> 1. 지상권설정의 목적
> 2. 범위
> 3. 지상권설정의 범위가 토지의 일부인 경우에는 그 부분을 표시한 도면의 번호
>
> ※ 지상권설정등기의 임의적 등기사항
> 1. 존속기간
> 2. 지료와 지급시기
> 3. 토지사용제한의 특약
>
> 답 ①

제33회 출제

02 매매를 원인으로 한 토지소유권이전등기를 신청하는 경우에 부동산등기규칙상 신청정보의 내용으로 등기소에 제공해야 하는 사항으로 옳은 것은?

① 등기권리자의 등기필정보
② 토지의 표시에 관한 사항 중 면적
③ 토지의 표시에 관한 사항 중 표시번호
④ 신청인이 법인인 경우에 대표자의 주민등록번호
⑤ 대리인에 의하여 등기를 신청하는 경우에 그 대리인의 주민등록번호

> **해설**
>
> ① 등기의무자의 등기필정보를 제공하여야 한다.
> ② 토지의 표시에 관한 사항 중 면적
> ③ 토지의 표시에 관한 사항 중 표시번호는 제공하지 않는다.
> ④ 신청인이 법인인 경우에 대표자의 성명, 주소만 제공하고 주민등록번호는 제공하지 않는다.
> ⑤ 대리인에 의하여 등기를 신청하는 경우에 그 대리인의 성명, 주소만 제공하고 주민등록번호는 제공하지 않는다.
>
> 답 ②

4 출제 예상문제

01 등기 신청정보의 내용 중 <u>틀린</u> 것은?

① 환매특약의 등기 - 매매대금, 매매비용
② 근저당권설정등기 - 근저당권 설정계약이라는 뜻, 채권최고액, 채무자
③ 임차권설정등기 - 차임
④ 소유권보존등기 - 등기원인 및 그 연월일
⑤ 채권자 대위권에 의한 등기 - 채권자, 채무자, 대위원인

해설 ✦ 소유권보존등기는 등기상 등기원인이 없다. 따라서 등기원인 및 그 연월일을 기록하지 아니한다.

정답 ✦ ④

02 다음 중 동일한 신청서에 의하여 일괄신청할 수 있는 경우가 <u>아닌</u> 것은?

① 같은 채권의 담보를 위하여 소유자가 다른 여러 개의 부동산에 대한 저당권설정등기를 신청하는 경우
② 매각으로 인한 소유권이전등기와 매수인이 인수하지 아니한 부동산의 부담에 관한 기입을 말소하는 등기를 촉탁하는 경우
③ 공매처분으로 인한 권리이전등기와 공매처분으로 인하여 소멸한 권리등기의 말소등기를 촉탁하는 경우
④ 소유자가 각기 다른 수개의 부동산을 동일인이 매수하여 소유권이전등기를 신청하는 경우
⑤ 신탁등기와 신탁원인의 소유권이전등기를 신청하는 경우

해설 ✦ ①,②,③,⑤ 공매처분, 경매, 공동저당, 신탁등기의 경우에 일괄신청할 수 있다(규칙 제47조).
　　　④ 당사자자가 다른 경우에는 당사자별로 신청정보를 제공하여야 한다.

정답 ✦ ④

✦ 기출횟수
20회, 30회

✦ 35회 출제 예상
최근에는 출제가 뜸하다가 30회, 34회에서 종합적인 절차를 묻는 문제로 출제 되었다. 35회 시험에서는 출제가능성
이 70% 정도로 보면 좋을 것 같다.

✦ 35회 중요도
★★

✦ 학습방법
등기필정보의 개념과 각 절차에서 등기필정보의 쓰임을 이해하여야 한다.

✦ 핵심쟁점
❶ 등기필정보의 개념
❷ 등기필정보의 작성
❸ 등기필정보의 제공

2 핵심 내용

❶ 등기필정보 의의 및 제공이유

① 등기필정보는 등기부에 새로운 권리자가 기록되는 경우에 그 권리자를 확인하기 위하여 등기관이
작성한 정보를 말한다. 등기관이 새로운 등기를 마쳤을 때에는 등기필정보를 작성하여 등기권리자
에게 통지하여야 한다. 등기필정보를 받은 등기권리자는 나중에 등기의무자로서 권리에 관한 등기
를 신청하는 경우에 전에 통지받은 등기필정보를 제공하여야 한다. 등기필정보는 구법의 등기필증
을 갈음하는 것이다.(등기권리증의 역할)

② 신청인이 진정한 등기의무자인지 여부를 등기관이 쉽게 확인하게 하고 등기의무자가 처분의 의사
가 확실히 있는 지 여부를 판단하여 등기의 진정성을 보장하기 위함이다.

② 등기필정보의 작성

등기관이 새로운 권리에 관한 등기를 마쳤을 때에는 등기필정보를 작성하여 등기권리자에게 통지하여야 한다. 다만, 다음 어느 하나에 해당하는 경우에는 그러하지 아니하다.

① 국가 또는 지방자치단체가 등기권리자인 경우

② 승소한 등기의무자가 등기신청을 한 경우

③ 등기권리자를 대위하여 등기신청을 한 경우

④ 등기관이 직권으로 소유권보존등기를 한 경우

⑤ 등기권리자가 등기필정보의 통지를 원하지 아니하는 경우

⑥ 등기필정보를 전산정보처리조직으로 통지받아야 할 자가 수신이 가능한 때부터 3개월 이내에 전산정보처리조직을 이용하여 수신하지 않은 경우

⑦ 등기필정보통지서를 수령할 자가 등기를 마친 때부터 3개월 이내에 그 서면을 수령하지 않은 경우

② 등기필정보의 제공

등기권리자와 등기의무자가 공동으로 권리에 관한 등기를 신청하는 경우에 신청인은 그 신청정보와 함께 통지받은 등기의무자의 등기필정보를 등기소에 제공하여야 한다. 승소한 등기의무자가 단독으로 권리에 관한 등기를 신청하는 경우에도 또한 같다.

④ 등기필증(등기필정보)의 제공 요하지 않는 경우 ★★★

공동신청 또는 승소한 등기의무자의 단독신청에 의하여 권리에 관한 등기를 신청하는 경우만 제공하므로 그 외의 경우에는 제공할 필요가 없다.

① 단독신청의 등기

    ㉠ 판결의 의한 등기(단, 승소한 등기의무자의 판결의 의한 신청시 제공) 제26회

    ㉡ 상속등기

    ㉢ 가등기

    ㉣ 표시변경등기

    ㉤ 멸실등기

    ㉥ 소유권 보존등기

    ㉦ 수용에 의한 등기

② 관공서의 촉탁등기 : 관공서가 등기권리자이든 등기의무자이든 등기필증은 불요.

❺ 등기필증(등기필정보)이 멸실 된 때 이를 대체하는 방법(확인제도)

등기필증(등기필정보)는 절대 재교부하지 않으며 이를 분실한 경우 다음과 같은 방법으로 등기를 신청한다. 제30회

① 등기의무자 또는 법정대리인이 등기소에 출석하여 확인조서 작성
② 대리인이 변호사나 법무사일 때 : 확인정보 작성·제공
③ 대리인이 변호사나 법무사가 아닐 때 : 공증서면부본 1통의 제공
④ 이와 같은 방법으로 등기를 경료한 경우 등기관은 등기완료 후 등기의무자에게 등기완료의 통지를 하여야 한다.

3 대표 기출문제

제20회 출제

01 등기의무자의 권리에 관한 등기필증의 제출에 관한 설명으로 틀린 것은?

① 소유권이전등기를 신청하여 등기필정보를 통지받은 자가 그 소유권을 양도하기 위하여 이전등기를 신청할 경우, 등기필정보의 제공으로 등기필증의 제출을 대신할 수 있다.
② 유증을 원인으로 하는 소유권이전등기를 신청할 경우, 등기필증을 요하지 않는다.
③ 소유권보존등기 또는 상속으로 인한 소유권이전등기를 신청할 경우, 등기필증을 요하지 않는다.
④ 등기권리자가 판결에 의하여 소유권이전등기를 신청할 경우, 등기필증을 요하지 않는다.
⑤ 승소한 등기의무자가 단독으로 소유권이전등기를 신청할 경우, 등기필증을 제출하여야 한다.

> 해설
> ② 유증을 원인으로 하는 소유권이전등기를 신청할 경우에는 등기의무자(유증자)의 등기필증을 첨부하여야 한다 (2001.6.28 등기예규 제1024호).
> ① 법 제177조의9 제2항. 즉, 등기필증을 제출하여야 하는 경우 전자신청을 하기 위해서는 등기필정보를 등기소에 송신하여야 한다(규칙 제145조의14 제1항 전단).
> ③ 미등기부동산에 대한 '소유권보존등기'의 경우에는 처음부터 등기의무자의 권리에 관한 등기필증이 존재하지 않으므로 이를 신청서에 첨부할 수 없으며(법 제132조 제2항 단서), 또한 '상속으로 인한 소유권이전등기'의 경우에는 피상속인의 사망에 의하여 상속이 개시되고 등기의 진정성은 상속을 증명하는 서면에 의하여 보장되므로 별도로 피상속인의 등기필증을 제출할 필요가 없다.

④ 법 제40조 제3항 본문
⑤ 법 제40조 제3항 단서

답 ②

제30회 출제

02 등기필정보에 관한 설명으로 틀린 것은?

① 승소한 등기의무자가 단독으로 등기신청을 한 경우, 등기필정보를 등기권리자에게 통지하지 않아도 된다.

② 등기관이 새로운 권리에 관한 등기를 마친 경우, 원칙적으로 등기필정보를 작성하여 등기권리자에게 통지해야 한다.

③ 등기권리자가 등기필정보를 분실한 경우, 관할등기소에 재교부를 신청할 수 있다.

④ 승소한 등기의무자가 단독으로 권리에 관한 등기를 신청하는 경우, 그의 등기필정보를 등기소에 제공해야 한다.

⑤ 등기관이 법원의 촉탁에 따라 가압류등기를 하기 위해 직권으로 소유권보존등기를 한 경우, 소유자에게 등기필정보를 통지하지 않는다.

해설

등기권리자가 등기필정보를 분실 또는 멸실한 경우라도 절대 재교부하지 않는다.

답 ③

4 출제 예상문제

01 등기소에서 등기관이 등기권리자의 신청에 의하여 다음 등기를 마쳤을 때에는 등기필정보를 작성하여야 한다. 틀린 것은?

① 소유권보존등기나 소유권이전등기를 하는 경우
② 전세권설정등기를 하는 경우
③ 소유권이전청구권가등기를 하는 경우
④ 부동산표시의 변경·경정등기를 하는 경우
⑤ 甲 단독소유를 甲·乙 공유로 경정하는 경우나 합유자가 추가되는 합유명의인표시변경 등기를 하는 경우

해설 ✦ ④ 등기필정보는 등기관이 새로운 권리에 관한 등기를 마쳤을 때에는 작성한다(법 제50조 제1항).
따라서 등기관이 권리의 보존·설정·이전하는 등기를 하는 경우, 이들 권리의 설정 또는 이전청구권 보전을 위한 가등기를 하는 경우, 권리자를 추가하는 경정 또는 변경등기(갑 단독소유를 갑·를 공유로 경정하는 경우나 합유자가 추가되는 합유명의인표시변경 등기 등)를 하는 경우 등에 작성한다. 그러나 말소등기, 처분제한등기, 등기명의인표시변경·경정, 부동산표시변경·경정, 권리자를 추가하는 변경·경정등기가 아닌 일반적인 권리변경·경정등기 등의 등기를 마쳤을 때에는 등기필정보를 작성하지 아니한다.

정답 ✦ ④

1 출제예상과 학습포인트

✦ 기출횟수

　21회

✦ 35회 출제 예상

　자주 출제되는 부분은 아니지만 첨부정보로서 언제든 지문 하나 정도는 나올 수 있는 테마이다.

✦ 35회 중요도

　★

✦ 학습방법

　인감증명서의 제출을 요하는 경우와 그렇지 않은 경우를 구분할 수 있어야 한다.

✦ 핵심쟁점

　❶ 인감증명서의 의의
　❷ 인감증명서의 제출을 요하는 경우

2 핵심 내용

❶ 의의

방문신청의 경우에 신청서 또는 위임장에 날인한 등기의무자의 등기신청의사를 확인하기 위하여 등기의무자의 인감증명을 첨부한다. 등기권리자의 인감증명은 요구하지 않는다. 그리고 제3자의 승낙서 등을 첨부한 경우에 그 서면의 진정성을 확인하기 위하여 날인한 제3자의 인감증명을 첨부한다(전자신청의 경우에는 공인인증서로 제공).

❷ 인감증명서의 제출을 요하는 경우(규칙 제60조)

1. 소유권의 등기명의인이 등기의무자로서 등기를 신청하는 경우 등기의무자의 인감증명을 제출하여야 한다. 따라서 소유권 이외의 권리의 등기명의인이 등기의무자인 경우에는 원칙적으로 필요가 없다.

2. 소유권에 관한 가등기명의인이 가등기말소를 신청하는 경우에는 가등기명의인의 인감증명서를 제출하여야 한다.

3. 소유권 외의 권리의 등기명의인이 등기의무자로서 등기필정보가 없이 등기를 신청하는 경우 등기의무자의 인감증명을 제출한다.

4. 토지합필의 특례에 따라 토지소유자들의 확인서를 첨부하여 토지합필등기를 신청하는 경우 그 토지소유자들의 인감증명을 제출하여야 한다.

5. 권리자의 확인서를 첨부하여 토지분필등기를 신청하는 경우 그 권리자의 인감증명을 제출하여야 한다.

6. 협의분할에 의해 상속등기를 신청하는 경우에는 분할협의서에 날인한 상속인 전원의 인감증명서를 제출하여야 한다.

7. 등기신청서에 제3자의 동의 또는 승낙을 증명하는 서면을 첨부하는 경우에는 그 제3자의 인감증명을 제출하여야 한다.

   ※ 1.부터 3.까지 및 6.에 따라 인감증명을 제출하여야 하는 자가 다른 사람에게 권리의 처분권한을 수여한 경우에는 그 대리인의 인감증명을 함께 제출하여야 한다.

❸ 인감증명서의 제출을 요하지 않은 경우

1. 국가 또는 지방자치단체인 경우에는 인감증명을 제출할 필요가 없다.

2. 규칙 제60조 제4호 내지 제7호의 서면이 공정증서이거나 당사자가 서명 또는 날인하였다는 뜻의 공증인의 인증을 받은 서면인 경우에는 인감증명을 제출할 필요가 없다.

3. 단독신청의 등기

4. 전자신청의 등기

❹ 제출하여야 하는 인감증명

1. **법인, 외국회사** : 대표자의 인감증명

2. **비법인 사단·재단** : 대표자 또는 관리인의 인감증명

3. **법정대리인이 신청** : 법정대리인의 인감증명

4. 외국인

① 인감증명제도 有 : 인감증명법상의 인감증명, 본국발행 인감증명

② 인감증명제도 無 : 본국 관공서의 증명이나 본국 또는 대한민국 공증인의 인증(「재외공관 공증법」에 따른 인증을 포함한다)을 받음으로써 인감증명의 제출을 갈음할 수 있다.

5. 재외국민 : 위임장이나 첨부서면에 본인이 서명 또는 날인하였다는 뜻의 「재외공관 공증법」에 따른 인증을 받음으로써 인감증명의 제출을 갈음할 수 있다.

❺ 유효기간

등기신청서에 첨부하는 인감증명, 법인등기부등·초본, 주민등록등·초본, 가족관계증명서, 토지대장 및 건축물대장등본은 발행일로부터 3월 이내의 것이어야 한다.

❻ 사용용도

1. 매매를 원인으로 한 소유권이전등기신청의 경우에는 부동산매수자란에 매수인의 성명(법인은 법인명)·주민등록번호 및 주소가 기록되어 있는 "부동산매도용 인감증명서"를 첨부하여야 한다.

2. 매매이외의 경우에는 등기신청서에 첨부된 인감증명서상의 사용용도와 그 등기의 목적이 다르더라도 그 등기신청은 이를 수리하여야 한다.

3 대표 기출문제

제21회 출제

01 부동산등기를 신청하는 경우 제출해야 하는 인감증명이 아닌 것은?

① 소유권의 등기명의인이 등기의무자로서 등기신청을 하는 경우 등기의무자의 인감증명

② 건물멸실등기를 신청하는 경우 멸실된 건물 소유자의 인감증명

③ 소유권 이외의 권리의 등기명의인이 등기의무자로서 등기필증 대신에 부동산등기법 제49조 소정의 확인서면을 첨부하여 등기를 신청하는 경우 등기의무자의 인감증명

④ 협의분할상속등기를 신청하는 경우 분할협의서에 날인한 상속인 전원의 인감증명

⑤ 등기명의인표시의 경정등기를 신청하는 경우 경정 전·후 동일인임을 증명하는 보증서를 첨부할 때에는 그 보증인의 인감증명

해설

② 건물멸실등기는 소유권의 등기명의인이 단독신청하는 등기로서 소유권의 등기명의인이 등기의무자로서 등기를 신청하는 경우가 아니므로 멸실된 건물 소유자의 인감증명은 첨부할 필요가 없다(규칙 제60조 제1호 참조).

① 등기규칙 제60조 제1호

③ 등기규칙 제60조 제3호

④ 등기규칙 제60조 제6호

⑤ 등기명의인표시경정등기의 신청을 위해서는 등기명의인의 표시의 경정을 증명하는 시·구·읍·면의 장의 서면 또는 이를 증명함에 족한 서면을 신청서에 첨부하여야 하고, 후단에 속하는 서면으로 동일인보증서를 첨부할 경우에는 동일인임을 보증하는 자의 인감증명 및 기타 보증인의 자격을 인정할 만한 서면(공무원 재직증명, 법무사 인가증 사본 등)을 함께 제출하여야 한다(2009.3.24 등기예규 제1280호).

답 ②

4 출제 예상문제

01 인감증명의 제출에 관한 설명이다. 올바르지 않은 것은?

① 규칙 제60조의 인감증명의 제출규정은 방문신청시에만 적용되며 전자신청의 경우에는 공인 인증서로서 의사의 진정성 여부를 확인한다.

② 관공서가 등기의무자인 경우나 소유권보존등기, 환매특약등기 등을 신청하는 때에는 인감 증명의 제출을 요하지 아니한다.

③ 협의분할에 의한 상속등기를 신청하는 경우에 당해 부동산에 대하여 권리를 취득하는 상속 인을 포함한 상속인 전원의 인감증명을 제출하여야 한다.

④ 근저당권설정등기신청시 그 용도가 가등기용으로 기록된 등기의무자의 인감증명서를 제공 한 경우 등기관은 그 등기신청을 각하하여야 한다.

⑤ 등기신청서에 제3자의 동의 또는 승낙을 증명하는 서면을 첨부하는 경우 그 서면이 공정증 서인 경우에는 인감증명의 제출을 요하지 아니한다.

해설 ✦ ④ 매매를 원인으로 하는 소유권이전등기를 신청하는 경우에는 반드시 '부동산매도용인감증명'을 제공하여야 하나, 기타의 등기신청의 경우에는 인감증명서에 적힌 용도에 불구하고, 그와 다른 등기에 전용할 수 있다. 따라서 근저당권 설정등기신청 시에는 그 용도가 '가등기용'으로 기록된 등기의무자의 인감증명서를 제공하였다고 하여 그 등기신청을 각하할 수는 없다.

③ 공동상속재산의 분할협의에는 공동상속인 전원이 참가하여야 하며, 일부의 상속인 만에 의한 협의분할의 상속 등기는 할 수 없다. 그리고 상속재산분할협의서에는 상속인 전원이 날인하여야 하며, '협의분할에 의한 상속등 기를 신청하는 경우 분할협의서에 날인한 상속인 전원의 인감증명'을 제출하여야 한다.

정답 ✦ ④

02 부동산등기법령상 인감증명의 제출에 관한 설명이다. 올바르지 <u>않은</u> 것은?

① 소유권 외의 권리의 등기명의인이 등기필정보 없이 등기의무자로서 등기소에 출석하여 등기관으로부터 등기의무자등임을 확인받고 등기를 신청하는 경우에도 인감증명을 제출하여야 한다.

② 등기명의인으로부터 권리의 처분권한을 수여받은 대리인이 본인을 대리하여 법률행위를 하고 그에 따른 등기신청을 하는 경우에 본인의 인감증명 외에 대리인의 인감증명도 제출하여야 한다.

③ 상속인이 상속재산 협의분할권한을 대리인에게 위임하여 협의분할이 이루어지고 그에 따른 상속등기신청을 하는 경우에 본인의 인감증명 외에 대리인의 인감증명도 제출하여야 한다.

④ 인감증명을 제출하여야 하는 재외국민이 입국하지 않는 경우에 인감증명의 제출에 갈음하여 대한민국 재외공관의 공증서면으로 제출할 수 없다.

⑤ 인감증명제도가 없는 국가의 외국인이 「인감증명법」에 따른 인감증명을 받을 수 없는 경우에는 본국뿐만 아니라 대한민국 공증인의 인증, 특히 대한민국 재외공관에서의 인증을 받아 등기를 신청할 수 있다.

해설 ✦ ④ 종전에는 외국인과 달리 재외국민은 반드시 인감증명을 제출하여야 하였으나 등기규칙 [시행 2019. 1. 1.] [대법원규칙 제2801호, 2018. 8. 31., 일부개정]개정 으로 인감증명을 제출하여야 하는 재외국민이 입국하지 않는 경우에 인감증명의 제출에 갈음하여 대한민국 재외공관에서 본인이 위임장 등에 서명 또는 날인하였다는 뜻의 공증을 받아 제출할 수 있도록 하였다.

정답 ✦ ④

테마 39 기타 첨부정보

26회, 27회, 29회, 32회

1 출제예상과 학습포인트

✦ 기출횟수

26회, 27회, 29회, 32회, 34회

✦ 35회 출제 예상

통상 2년에 한번 정도씩 출제가 이루어진다. 33회 시험에서 오랜만에 검인에 관한 문제가 출제 되었다. 34회에서 종합문제로 출제되었다. 언제든 다시 출제될 수 있는 부분이다.

✦ 35회 중요도

★★

✦ 학습방법

핵심이론에서 언급된 부분을 반복해서 숙지하면 될 것이다.

✦ 핵심쟁점

❶ 검인제도

❷ 농지취득자격증명

❸ 토지거래계약허가

❹ 등기용등록번호

❺ 비법인사단의 등기신청시 첨부정보

2 핵심 내용

제1관 등기원인을 증명하는 정보

❶ 의의

등기원인증명정보란 등기할 권리변동의 원인인 법률행위나 법률사실의 성립을 증명하는 정보를 말한다. (예 각종 계약서, 판결정보, 공유불분할협의서, 이혼시재산분할협의서, 증여증서, 수용재결서, 대장등본, 주민등록등·초본 등)

❷ 계약서 등의 검인제도

① 계약(종류불문)을 원인으로 소유권이전등기를 신청하는 때에는 계약서에 시장, 군수, 구청장 또는 그 권한을 위임받은 자의 검인을 받아 관할 등기소에 제공 하여야 한다.(단 매매의 경우에는 거래신고 필증)

② 검인대상이 되는 것 : 증여·교환 계약서, 양도담보 계약서, 집행력 있는 판결서

③ 검인 제도는 투기 방지가 주된 목적이므로 투기 여지가 없거나 계약이 아닌 경우는 검인을 받을 필요가 없다. 따라서 수용(협의성립확인서, 재결서)이나 경·공매(매각허가결정서) 또는 계약의 일방이 국가 또는 지방자치단체인 경우에는 검인을 요하지 않는다.

제2관　등기원인에 대한 제3자의 허가·동의·승낙을 증명하는 정보

❶ 제3자의 허가·동의·승낙을 증명하는 정보는 등기원인에 관한 것이다. 따라서 소유권보존등기와 같이 등기원인이 없는 경우는 제3자의 허가·동의·승낙을 증명하는 정보를 제공할 수 없다.

❷ 관계법령에 의하여 필요한 경우

① 농지의 소유권이전등기 – 농지취득자격증명(농지법)
　　예외) 상속, 취득시효완성, 진정명의회복, 공유농지의 분할, 국가가 농지를 소유하는 경우 등

② 토지거래허가구역 – 후술

③ 외국인이 토지를 취득하는 경우 – 시장·군수·구청장의 토지취득허가증(외국인토지법)
　　토지거래계약허가증을 첨부한 경우에는 토지취득허가증은 첨부하지 아니한다.

④ 전통사찰의 부동산의 양도에 대한 문화관광부장관의 허가 및 전통사찰의 부동산의 대여 또는 담보제공에 대한 시·도지사의 허가(전통사찰보존법)

⑤ 학교법인이 그의 기본재산을 처분하는 경우 – 관할관청의 허가서(사립학교법)

❸ 판결에 의한 등기 신청의 경우 제34회

1. 원칙(제공 불요) : 판결에 의하여 등기를 신청하는 경우에는 제3자의 동의, 승낙,여부가 재판 과정에서 확인되었기 때문에 제공할 필요가 없다.

2. 예외(제공하는 경우)

　　① 해당 허가서 등의 현존사실이 그 판결서에 기록되어 있지 않은 경우

　　② 행정관청의 허가 등을 요하는 소유권이전등기를 신청하는 경우

> **참고** 토지거래허가구역의 등기절차
>
> ⑴ 「부동산 거래신고 등에 관한 법률」에 의한 허가의 대상이 되는 토지에 관하여 소유권·지상권을 이전 또는 설정하는 계약(예약을 포함)을 체결하고 그에 따른 등기신청을 하기 위해서는 신청서에 시장, 군수 또는 구청장이 발행한 토지거래계약허가증을 첨부하여야 한다. 다만, 그 계약이 증여와 같이 대가성이 없는 경우에는 제외.
>
> ⑵ 등기를 신청할 당시 또는 등기원인인 계약을 체결할 당시에 허가대상 토지가 아닌 경우에는 토지거래계약허가증을 첨부할 필요가 없다.
>
> ⑶ 외국인 등이 토지취득허가증을 첨부하여 등기권리자로서 등기신청하는 경우에는 토지거래계약허가증을 첨부할 필요가 없다.
>
> ⑷ 가등기(담보가등기를 포함한다)를 신청하기 위해서는 토지거래계약허가증을 신청서에 첨부하여야 한다.
>
> ⑸ 가등기를 신청할 당시 토지거래계약허가증을 제출한 경우, 그 가등기에 의한 본등기를 신청할 때에 별도로 토지거래계약허가증을 제출할 필요가 없다.
>
> ⑹ 토지거래계약허가증을 등기신청서에 첨부한 때에는, 등기원인증명정보에 검인을 받을 필요가 없으며 농지취득자격증명과 토지취득허가증 또한 제출할 필요가 없다.

제3관   주소 및 주민등록번호를 증명하는 정보

❶ 제공하는 자

① 등기권리자(새로 등기명의인이 되는 경우로 한정)의 주소(또는 사무소 소재지) 및 주민등록번호(또는 부동산등기용등록번호)를 증명하는 정보를 제공하여야 한다.

② 다만, 소유권이전등기를 신청하는 경우에는 등기의무자의 주소를 증명하는 정보도 제공하여야 한다.

❷ 제공하는 정보

① 신청인이 개인 : 주민등록정보, 주민등록증 사본(단 주소증명정보로 제공 불가)

② 신청인이 법인 : 법인등기사항증명정보

③ 권리능력 없는 사단·재단 : 부동산등기용등록번호 증명서(단 주소증명정보로 제공 불가)

▶ **부동산등기용 등록번호** 제27회

등기권리자	증명정보	부여기관
국가, 지방자치단체, 외국정부, 국제기관	제공불요	국토교통부장관 지정, 고시
법인	법인등기사항증명서	주된 사무소 소재지 관할등기소 등기관
법인이 아닌 사단·재단	등기용등록번호증명서	시장, 군수, 구청장(관할 ×)
외국인	등기용등록번호증명서	체류지를 관할하는 지방출입국·외국인관서의 장
재외국민	등기용등록번호증명서	대법원 소재지 관할등기소 등기관

제4관 기타 첨부정보

❶ 건물의 도면 또는 지적도

1. 제공하는 경우 제27회

① 건물소유권보존등기(토지 ×) (단, 건축물대장정보를 제공한 경우는 도면 불요)
  ㉠ 구분건물의 소유권보존등기를 신청하는 경우
  ㉡ 1필지 또는 수필지상에 수 개의 건물소유권보존등기를 신청하는 경우
② 부동산의 일부에 지상권, 전세권, 지역권, 임차권설정등기를 신청하는 경우

2. 도면의 제출방법

① 원칙 : 도면은 전자문서로 작성하여야 하며, 그 제공은 전산정보처리조직을 이용하여 등기소에 송신하는 방법으로 하여야 한다.(규칙 제63조 본문)
② 예외
  ㉠ 자연인 또는 법인 아닌 사단이나 재단이 직접 등기신청을 하는 경우
  ㉡ 자연인 또는 법인 아닌 사단이나 재단이 자격자대리인이 아닌 자에게 위임한 경우

❷ 토지(임야)대장등본 또는 건출물대장등본

① 소유권보존등기   ② 소유권이전등기
③ 부동산의 변경등기   ④ 부동산의 멸실등기

❸ 거래신고필증과 매매목록

매매에 관한 거래계약서를 등기원인을 증명하는 정보로 하여 소유권이전등기를 신청하는 경우(단 매매목록은 1개의 신고필증에 2개 이상의 부동산이 기록되어 있는 경우 또는 수인과 수인사이의 거래인 경우에 제공)

❹ 등기상 이해관계인의 승낙서

1. 제공을 요하는 등기

① 부기등기 형식의 권리변경등기
② 말소등기(일부말소 의미의 경정등기 포함)
③ 말소회복등기

주 의

① 판결에 의한 등기라도 이해관계인의 승낙서는 첨부해야한다.
② 멸실등기의 경우에 이해관계인의 승낙서 불요
③ 가등기에 의한 본등기시, 승소한 가처분권자의 등기시 이해관계인의 승낙서 불요

▶ **법인 아닌 사단의 등기신청시 첨부정보** 제26회

구분	등기권리자인 경우	등기의무자인 경우
정관 기타 규약	○	○
대표자 또는 관리인임을 증명하는 정보 (단, 등기된 대표자는 불요)	○	○
대표자 또는 관리인의 주소 및 주민등록번호증명정보	○	○
사원총회결의서	X	○
대표자 또는 관리인의 인감증명	X	○
부동산 등기용등록번호 증명정보	○	X

3 대표 기출문제

제32회 출제

01 2021년에 사인(私人)간 토지소유권이전등기 신청시, 등기원인을 증명하는 서면에 검인을 받아야 하는 경우를 모두 고른 것은?

ㄱ. 임의경매	ㄴ. 진정명의 회복
ㄷ. 공유물분할합의	ㄹ. 양도담보계약
ㅁ. 명의신탁해지약정	

① ㄱ, ㄴ　　　　　　② ㄱ, ㄷ　　　　　　③ ㄴ, ㄹ

④ ㄷ, ㅁ　　　　　　⑤ ㄷ, ㄹ, ㅁ

> **해설**
>
> 계약을 원인으로 소유권이전등기를 신청할 때에는 계약서에 부동산의 소재지를 관할하는 시장·군수·구청장의 검인을 받아 관할등기소에 이를 제출하여야 한다.
> 임의경매, 진정명의 회복은 원인이 계약이 아니므로 검인을 요하지 아니한다.
> 공유물분할합의, 양도담보계약, 명의신탁해지약정은 계약이므로 검인을 요한다.
>
> 답 ⑤

제26회 출제

02 법인 아닌 사단이 등기신청을 하는 경우, 등기소에 제공하여야 할 정보에 관한 설명으로 틀린 것은?

① 대표자의 성명, 주소 및 주민등록번호를 신청정보의 내용으로 제공하여야 한다.

② 법인 아닌 사단이 등기권리자인 경우, 사원총회결의가 있었음을 증명하는 정보를 첨부정보로 제공하여야 한다.

③ 등기되어 있는 대표자가 등기를 신청하는 경우, 대표자임을 증명하는 정보를 첨부정보로 제공할 필요가 없다.

④ 대표자의 주소 및 주민등록번호를 증명하는 정보를 첨부정보로 제공하여야 한다.

⑤ 정관이나 그 밖의 규약의 정보를 첨부정보로 제공하여야 한다.

사원총회결의가 있었음을 증명하는 정보는 법인 아닌 사단이 등기의무자인 경우에 제공하고 등기권리자인 경우에는 제공할 필요가 없다.

정답 ②

제34회 출제

03 등기신청을 위한 첨부정보에 관한 설명으로 옳은 것을 모두 고른 것은?

> ㄱ. 토지에 대한 표시변경등기를 신청하는 경우, 등기원인을 증명하는 정보로서 토지대장 정보를 제공하면 된다.
>
> ㄴ. 매매를 원인으로 소유권이전등기를 신청하는 경우, 등기의무자의 주소를 증명하는 정보도 제공하여야 한다.
>
> ㄷ. 상속등기를 신청하면서 등기원인을 증명하는 정보로서 상속인 전원이 참여한 공정증서에 의한 상속재산분할협의서를 제공하는 경우, 상속인들의 인감증명을 제출할 필요가 없다.
>
> ㄹ. 농지에 대한 소유권이전등기를 신청하는 경우, 등기원인을 증명하는 정보가 집행력 있는 판결인 때에는 특별한 사정이 없는 한 농지취득자격증명을 첨부하지 않아도 된다.

① ㄱ, ㄴ   ② ㄷ, ㄹ   ③ ㄱ, ㄴ, ㄷ
④ ㄱ, ㄷ, ㄹ   ⑤ ㄴ, ㄷ, ㄹ

등기원인을 증명하는 정보가 집행력 있는 판결인 경우에는 등기원인에 대하여 제3자의 허가, 동의 또는 승낙을 증명하는 정보를 제공할 필요가 없다. 다만, 등기원인에 대하여 행정관청의 허가, 동의 또는 승낙을 받을 것이 요구되는 때에는 그러하지 아니하다.(규칙 제46조 ③)
따라서 농지취득자격증명은 행정관청의 허가서 등에 해당하므로 판결에 의한 등기신청이라도 이를 첨부하여야 한다.

정답 ③

PART 2 부동산등기법

4 출제 예상문제

01 다음은 등기를 신청하는 경우에 그 신청정보와 함께 등기소에 제공하는 첨부정보를 기술한 것이다. 틀린 것은?

① 등기원인을 증명하는 정보

② 등기원인에 대하여 제3자의 허가, 동의 또는 승낙이 필요한 경우에는 이를 증명하는 정보

③ 등기권리자 및 등기의무자의 주소(또는 사무소 소재지) 및 주민등록번호(또는 부동산등기용 등록번호)를 증명하는 정보.

④ 대리인에 의하여 등기를 신청하는 경우에는 그 권한을 증명하는 정보

⑤ 소유권이전등기를 신청하는 경우에는 토지대장·임야대장·건축물대장 정보나 그 밖에 부동산의 표시를 증명하는 정보

해설 ✦ 등기권리자만 주소 및 주민등록번호를 증명하는 정보를 제공한다. 다만, 소유권이전등기를 신청하는 경우에는 등기의무자의 주소를 증명하는 정보도 제공하여야 한다(규칙 제46조 제6호).

정답 ✦ ③

02 부동산등기용등록번호의 부여절차에 대한 내용이다. 틀린 것은?

① 국가·지방자치단체·국제기관 및 외국정부의 등록번호는 국토교통부장관이 지정·고시한다.

② 주민등록번호가 없는 재외국민의 등록번호는 대법원 소재지 관할 등기소(서울중앙지방법원 등기국)의 등기관이 부여한다.

③ 재외국민의 등록번호의 부여, 등록번호증명사항의 변경 및 등록번호증명서의 발급 신청은 관할등기소 이외의 등기소에도 신청할 수 있다.

④ 법인 아닌 사단이나 재단은 사무소 소재지 관할 시장, 군수 또는 구청장이 부여한다.

⑤ 외국인의 등록번호는 체류지(국내에 체류지가 없는 경우에는 대법원 소재지)를 관할하는 지방출입국·외국인관서의 장이 부여한다.

해설 ✦ ④ 법인 아닌 사단이나 재단은 시장, 군수 또는 구청장이 부여한다. 관할의 제한이 없다.

    ②,③ 주민등록번호가 없는 재외국민의 등록번호는 '대법원소재지 관할 등기소(서울중앙지방법원 등기국)의 등기관'이 부여한다. (법 제49조)다만, 재외국민의 등록번호의 부여, 등록번호증명사항의 변경 및 등록번호증명서의 발급 신청은 관할등기소 이외의 등기소에도 신청할 수 있다(2011. 10.11 등기예규 제1389호).

정답 ✦ ④

40 등기신청의 각하 및 취하

23회, 24회, 26회, 29회, 30회, 32회, 제34회

PART 2 부동산등기법

1 출제예상과 학습포인트

✦ 기출횟수
  23회, 24회, 26회, 29회, 30회, 32회, 34회

✦ 35회 출제 예상
  거의 매년 출제가 이루어진다. 34회 시험에서도 출제되었다. 35회 시험에서는 출제가능성이 90% 정도로 보면 좋을 거 같다.

✦ 35회 중요도
  ★★★

✦ 학습방법
  법 제29조의 각하사유를 숙지하여야 한다, 특히 2호 사유는 규칙의 내용까지 숙지하여야 한다.

✦ 핵심쟁점
  ❶ 등기신청의 각하사유
  ❷ 등기신청의 취하

2 핵심 내용

❶ 등기신청의 각하

1. 등기관은 법 제29조 각 호의 어느 하나에 해당하는 경우에만 이유를 적은 결정으로 신청을 각하(却下)하여야 한다. 다만, 신청의 잘못된 부분이 보정(補正)될 수 있는 경우로서 신청인이 등기관이 보정을 명한 날의 다음 날까지 그 잘못된 부분을 보정하였을 때에는 그러하지 아니하다.(법 제29조)

2. 각하 사유

① 사건이 그 등기소의 관할이 아닌 경우
② 사건이 등기할 것이 아닌 경우 제23회, 제24회, 제26회, 제30회, 제34회
  ㉠ 등기능력 없는 물건 또는 권리에 대한 등기를 신청한 경우
  ㉡ 법령에 근거가 없는 특약사항의 등기를 신청한 경우

    ⓒ 구분건물의 전유부분과 대지사용권의 분리처분 금지에 위반한 등기를 신청한 경우

    ⓔ 농지를 전세권설정의 목적으로 하는 등기를 신청한 경우

    ⓜ 저당권을 피담보채권과 분리하여 양도하거나, 피담보채권과 분리하여 다른 채권의 담보로 하는 등기를 신청한 경우

    ⓗ 일부지분에 대한 소유권보존등기를 신청한 경우

    ⓢ 공동상속인 중 일부가 자신의 상속지분만에 대한 상속등기를 신청한 경우

    ⓞ 관공서 또는 법원의 촉탁으로 실행되어야 힐 등기를 신청한 경우

    ⓩ 이미 보존등기된 부동산에 대하여 다시 보존등기를 신청한 경우

    ⓧ 그 밖에 신청취지 자체에 의하여 법률상 허용될 수 없음이 명백한 등기를 신청한 경우

③ 신청할 권한이 없는 자가 신청한 경우

④ 제24조 제1항 제1호에 따라 등기를 신청할 때에 당사자나 그 대리인이 출석하지 아니한 경우

⑤ 신청정보의 제공이 대법원규칙으로 정한 방식에 맞지 아니한 경우

⑥ 신청정보의 부동산 또는 등기의 목적인 권리의 표시가 등기기록과 일치하지 아니한 경우

⑦ 신청정보의 등기의무자의 표시가 등기기록과 일치하지 아니한 경우. 다만, 제27조에 따라 포괄승계인이 등기신청을 하는 경우는 제외한다.

⑧ 신청정보와 등기원인을 증명하는 정보가 일치하지 아니한 경우

⑨ 등기에 필요한 첨부정보를 제공하지 아니한 경우

⑩ 취득세, 등록면허세 또는 수수료를 내지 아니하거나 등기신청과 관련하여 다른 법률에 따라 부과된 의무를 이행하지 아니한 경우

⑪ 신청정보 또는 등기기록의 부동산의 표시가 토지대장·임야대장 또는 건축물대장과 일치하지 아니한 경우(촉탁등기는 제외)

3. 법 제29조 각하사유를 간과하고 실행한 등기의 효력 ★★

	등기의 효력	직권말소	이의신청
제29조 1호, 2호 위반	절대(당연)무효	가능	이의신청 가능
제29조 3호 이하의 위반	실체관계 부합여부에 따라 결정	불가	이의신청 불가

4. 등기신청을 각하한 경우 신청서 이외의 서류를 환부하여야 한다.

❷ 등기신청의 취하

1. 취하의 시기 : 등기신청의 취하는 등기관이 등기를 마치기 전까지 할 수 있다.

2. 취하의 방법

① 방문신청 : 신청인 또는 그 대리인이 등기소에 출석하여 취하서를 제출하는 방법으로 하여야 한다.

② 전자신청 : 전산정보처리조직을 이용하여 취하정보를 전자문서로 등기소에 송신하는 방법으로 하여야 한다.

3. 취하권자 : 등기신청인이 취하권자가 된다. 공동으로 신청했으면 공동으로 취하하여야 하고 대리인이 등기신청 하였으면 취하할 수 있는 또 다른 특별수권이 있어야 한다.

4. 일괄신청시 일부만의 취하도 가능하다.

5. 취하시 신청서 및 첨부서류 일체를 반환하여야 한다.

방법	각하	취하	보정	보정통지
방문신청	서면	방문(서면)	방문	구두, 전화, 모사전송
전자신청	서면	전자	전자	구두, 전화, 모사전송, 전자우편

3 대표 기출문제

제29회 출제

01 등기신청의 각하사유에 해당하는 것을 모두 고른 것은?

> ㄱ. 매매로 인한 소유권이전등기 이후에 환매특약등기를 신청한 경우
> ㄴ. 관공서의 공매처분으로 인한 권리이전의 등기를 매수인이 신청한 경우
> ㄷ. 전세권의 양도금지 특약을 등기신청한 경우
> ㄹ. 소유권이전등기의무자의 등기기록상 주소가 신청정보의 주소로 변경된 사실이 명백한 때

① ㄱ, ㄴ   ② ㄴ, ㄷ   ③ ㄷ, ㄹ   ④ ㄱ, ㄴ, ㄷ   ⑤ ㄱ, ㄴ, ㄷ, ㄹ

> **해설**
> ㄱ. 환매특약등기는 매매로 인한 소유권이전등기와 동시에 신청하여야 한다. 이를 위반한 경우 법 제29조2호에 의하여 각하한다.
> ㄴ. 관공서의 공매처분으로 인한 권리이전의 등기는 관공서의 촉탁에 의하여 실행하고 이를 매수인이 신청한 경우, 법 제29조2호에 의하여 각하한다.
> ㄷ. 전세권의 양도금지 특약은 임의적 등기사항으로서 등기할 수 있다.
> ㄹ. 소유권이전등기의무자의 등기기록상 주소가 신청정보의 주소로 변경된 사실이 명백한 때에는 등기관이 주소변경 등기를 직권으로 할 수 있다.
>
> 目 ①

제34회 출제

02 부동산등기법 제29조 제2호의 '사건이 등기할 것이 아닌 경우'에 해당하는 것을 모두 고른 것은? (다툼이 있으면 판례에 따름)

> ㄱ. 위조한 개명허가서를 첨부한 등기명의인 표시변경등기신청
> ㄴ. 「하천법」상 하천에 대한 지상권설정등기신청
> ㄷ. 법령에 근거가 없는 특약사항의 등기신청
> ㄹ. 일부지분에 대한 소유권 보존등기신청

① ㄱ   ② ㄱ, ㄴ   ③ ㄷ, ㄹ   ④ ㄴ, ㄷ, ㄹ   ⑤ ㄱ, ㄴ, ㄷ, ㄹ

> **해설**
>
> ㄱ. 위조한 개명허가서를 첨부한 등기명의인 표시변경등기신청은 29조 제9호(등기에 필요한 첨부정보를 제공하지
> 아니한 경우) 각하사유에 해당한다.
>
> 답 ④

4 출제 예상문제

01 다음 중 등기신청의 각하사유가 <u>아닌</u> 것은?

① 신청할 권한이 없는 자가 신청한 경우

② 방문신청의 방법으로 등기를 신청할 때에 당사자나 그 대리인이 출석하지 아니한 경우

③ 신청정보의 등기의무자의 표시가 등기기록과 일치하지 아니한 경우. (다만, 법 제27조에 따라 포괄승계인이 등기신청을 하는 경우는 제외)

④ 등기에 필요한 첨부정보를 제공하지 아니한 경우

⑤ 신청정보 또는 등기기록의 등기명의인의 표시가 토지대장·임야대장 또는 건축물대장과 일치하지 아니한 경우

해설 ✦ ⑤ 구법에서는 등기명의인의 표시가 불일치 한느 경우 각하하였으나(구법 제55조 제11호) 개정법에서는 이를 삭제하였다. 신청정보 또는 등기기록의 부동산의 표시가 토지대장·임야대장 또는 건축물대장과 일치하지 아니한 경우만 각하사유이다(법 제29조 제11호).

정답 ✦ ⑤

02 부동산등기법 제29조 제2호의 "사건이 등기할 것이 아닌 경우"에 해당하는 것들의 묶음으로 옳은 것은?

> ㉠ 가등기상의 권리의 처분을 금지하는 가처분등기
> ㉡ 수인의 가등기권리자 중 1인이 신청하는 전원명의의 본등기
> ㉢ 가처분 등기후 그에 반하는 소유권이전등기
> ㉣ 공유지분에 대한 전세권설정등기
> ㉤ 일부공유자의 자기지분만에 대한 보존등기
> ㉥ 공동상속인 중 일부의 자기상속지분만에 관한 상속등기
> ㉦ 수인의 수증자중의 1인이 신청하는 자기지분만에 관한 유증을 원인으로 하는 소유권이전등기
> ㉧ 건물 소유를 목적으로 농지에 대하여 설정된 지상권등기

① ㉠, ㉡, ㉢, ㉥
② ㉡, ㉣, ㉤, ㉥
③ ㉠, ㉣, ㉤, ㉦
④ ㉣, ㉥, ㉦
⑤ ㉢, ㉣, ㉤, ㉧

해설✦ ② ㉠, ㉢, ㉦, ㉧은 등기할 수 있으나, ㉡, ㉣, ㉤, ㉥은 '사건이 등기할 것이 아닌 경우'에 해당되어 그 등기가 허용되지 않는다. ㉧ 타인의 농지에 건물 기타의 공작물이나 수목을 소유하기 위하여 지상권설정등기를 할 수 있다(1985.2.26 등기예규 제555호).

정답✦ ②

41 등기완료후의 절차

제24회, 제27회, 제31회, 제34회

1 출제예상과 학습포인트

✦ 기출횟수
24회, 27회, 31회

✦ 35회 출제 예상
통상 3년에 한번 정도씩 출제가 이루어진다. 35회 시험에서는 출제가능성이 70% 정도로 보면 좋을 거 같다.

✦ 35회 중요도
★

✦ 학습방법
등기완료 후의 절차로서 등기필정보의 통지, 등기완료통지, 소유권변경사실의 통지 등을 구분 이해하여야 한다.

✦ 핵심쟁점
❶ 등기필정보의 작성·통지 ❷ 등기완료통지 ❸ 소유권변경사실의 통지

2 핵심 내용

❶ 등기필정보의 작성 및 통지(등기필증 갈음)

1. 등기관이 새로운 권리에 관한 등기를 마쳤을 때에는 등기필정보를 작성하여 등기권리자에게 통지하여야 한다. 제27회

등기필정보 작성	등기필정보를 작성하지 않는 경우	등기필정보를 작성 통지하지 않는 경우

㉠ 권리보존, 설정, 이전
㉡ 가등기
㉢ 권리자 추가하는 경정, 변경
 	
▶ 말소등기 ✕
표시변경등기 ✕
	① 등기명의인이 신청하지 않은 등기
	  ㉠ 채권자대위 등기
	  ㉡ 직권에 의한 보존등기
	  ㉢ 승소한 등기의무자의 신청등기
	② 관공서 촉탁의 경우
	  단, 관공서가 등기권리자를 위해 등기를 촉탁하는 경우에는 작성.
		①②③④ 좌측의 등기필정보를 작성하지 않는 경우
		⑤ 등기권리자가 등기필정보의 통지를 원하지 않은 경우
		⑥ 3개월 이내에 전산정보 처리조직을 이용하여 수신하지 않은 경우
		⑦ 3개월 이내에 그 서면을 수령하지 않은 경우

2. 등기필정보의 통지방법

① 방문신청의 경우 : 등기필정보를 적은 서면(이하 "등기필정보통지서"라 한다)을 교부하는 방법으로 통지한다.

② 전자신청의 경우 : 전산정보처리조직을 이용하여 송신하는 방법으로 통지한다.

3. 등기필정보는 아라비아 숫자와 그 밖의 부호의 조합으로 이루어진 일련번호와 비밀번호로 구성한다.

4. 등기명의인 또는 그 상속인 그 밖의 포괄승계인은 등기필정보의 실효신고를 할 수 있다.

❷ 등기완료의 통지(사실의 통지) 제24회

등기관이 등기를 마쳤을 때에는 대법원규칙으로 정하는 바에 따라 신청인 등에게 그 사실을 알려야 한다.

① 등기신청인

공동신청에 있어서는 등기신청서에 등기완료사실의 통지를 원한다는 등기의무자의 의사표시가 기록되어 있는 경우에만 등기의무자에게 등기완료사실의 통지

② 기타의 자(등기명의인 등)

㉠ 승소한 등기의무자의 등기신청에 있어서 등기권리자

㉡ 대위채권자의 등기신청에 있어서 피대위자

㉢ 직권보존등기에 있어서 등기명의인

㉣ 등기필정보(등기필증 포함)를 제공해야 하는 등기신청에서 등기필정보를 제공하지 않고 확인정보 등을 제공한 등기신청에 있어서 등기의무자

㉤ 관공서의 등기촉탁에 있어서 그 관공서

❸ 소유권변경사실의 통지 제31회

등기관은 다음의 등기를 완료한 때에는 지체 없이 그 사실을 대장 소관청에 알려야 한다.(단, 가등기, 처분제한 등기는 제외)

① 소유권의 보존 또는 이전   ② 소유권의 등기명의인표시의 변경 또는 경정

③ 소유권의 변경 또는 경정   ④ 소유권의 말소 또는 말소회복

❹ 과세자료 제공

등기관이 소유권 보존 또는 이전등기(가등기포함)를 한 때에는 지체없이 그 부동산 소재지를 관할하는 세무서장에게 통지하여야 한다.

[등기예규 제1397호 별지 제1호]

등 기 완 료 통 지 서

접수번호 : 3456   대리인 : 법무사 홍길동

아래의 등기신청에 대해서 등기가 완료되었습니다.

신   청   인 : 김갑동
(주민)등록번호 : 730305-1******
주   소 : 서울특별시 서초구 서초동 200

부동산고유번호 : 1102-2006-002634
부 동 산 소 재 : [토지] 서울특별시 서초구 서초동 111

접 수 일 자 : 2011년 9월 15일
접 수 번 호 : 3456
등 기 목 적 : 근저당권설정등기말소
등기원인및일자 : 2011년 9월 15일 해지

2011년 9월 28일

서울중앙지방법원 등기국
등기관

PART 2 부동산등기법

(별지 3호)

등기필정보 및 등기완료통지

대리인 법무사 홍길동

권   리   자 : 김갑동
(주민)등록번호 : 451111-1234567
주   소 : 서울 서초구 서초동 123-4

부동산고유번호 : 1102-2006-002634
부 동 산 소 재 : [토지] 서울특별시 서초구 서초동 362-24

접 수 일 자 : 2006년6월11일   접 수 번 호 : 9578
등 기 목 적 : 소유권이전
등기원인및일자 : 2006년6월10일   매매

▶ 부착기준점

일련번호 : WTDI-UPRV-P6H1
비밀번호 (기재순서 : 순번-비밀번호)

01-7952	11-7072	21-2009	31-8842	41-3168
02-5790	12-7320	22-5102	32-1924	42-7064
03-1568	13-9724	23-1903	33-1690	43-4443
04-8861	14-8752	24-5554	34-3155	44-6994
05-1205	15-8608	25-7023	35-9695	45-2263
06-8893	16-5164	26-3856	36-6031	46-2140
07-5311	17-1538	27-2339	37-8569	47-3151
08-3481	18-3188	28-8119	38-9800	48-5318
09-7450	19-7312	29-1505	39-6977	49-1314
10-1176	20-1396	30-3488	40-6557	50-6459

2006년 6월 11일

서울중앙지방법원 등기과

* 이 서면은 부동산등기법 제177조의9에 따라 등기필증을 대신하여 발행한 것입니다.
* 앞으로 등기신청할 경우에는 일련번호와 50개의 비밀번호 중 1개를 선택하여 기재해야 합니다

3 대표 기출문제

제24회 출제

01 등기관이 등기를 마쳤을 때에 등기완료통지를 하여야 할 필요가 없는 자는?

① 행정구역변경으로 인하여 등기관이 직권으로 행한 주소 변경 등기에서 등기명의인

② 미등기부동산의 처분제한등기를 할 때에 등기관이 직권으로 행한 소유권보존등기에서 등기명의인

③ 관공서가 촉탁하는 등기에서 관공서

④ 판결에서 승소한 등기의무자의 등기신청에서 등기의무자

⑤ 등기필정보를 제공해야 하는 등기신청에서 등기필정보를 제공하지 않고 확인정보 등을 제공한 등기의무자

> **해설**
>
> 행정구역변경으로 인하여 등기관이 직권으로 행한 주소 변경 등기에서 등기명의인은 등기완료통지 대상이 아니다.
>
> 답 ①

4 출제 예상문제

01 다음은 등기완료후의 부수적 절차에 관한 설명이다. 옳지 않은 것은?

① 등기관이 등기를 마쳤을 때에는 신청인 등에게 등기완료통지를 하여야 한다.

② 등기관이 새로운 권리에 관한 등기를 마쳤을 때에는 등기필정보를 작성하여 등기권리자에게 통지하여야 한다.

③ 국가 또는 지방자치단체가 등기권리자인 경우에도 등기필정보를 작성하여 등기권리자에게 통지하여야 한다.

④ 등기관이 소유권에 관한 등기를 하였을 때에는 지체 없이 그 사실을 토지의 경우에는 지적소관청에, 건물의 경우에는 건축물대장 소관청에 각각 알려야 한다.

⑤ 등기관이 소유권의 보존 또는 이전의 등기[가등기를 포함]를 하였을 때에는 대법원규칙으로 정하는 바에 따라 지체 없이 그 사실을 부동산 소재지 관할 세무서장에게 통지하여야 한다.

해설✦ ③ 국가 또는 지방자치단체가 등기권리자인 경우에는 등기필정보를 작성·통지하지 않는다.
   ① 법 제30조
   ② 법 제50조 제1항
   ④ 법 제62조 (소유권변경사실의 통지)
   ⑤ 법 제63조 (과세자료의 제공)

정답✦ ③

02 다음 중 등기완료 후 대장소관청에 알려야 하는 등기를 모두 고르시오.

> ㉠ 소유권의 보존 또는 이전등기
> ㉡ 소유권의 등기명의인표시의 변경등기
> ㉢ 소유권의 말소등기
> ㉣ 소유권이전청구권 가등기
> ㉤ 근저당권설정등기

① ㉠ ㉡ ㉢   ② ㉡ ㉢ ㉣ ㉤   ③ ㉠ ㉡ ㉢ ㉣
④ ㉠ ㉡ ㉣ ㉤   ⑤ ㉠ ㉡ ㉢ ㉣ ㉤

해설✦ (소유권변경 사실의 통지)
   등기관이 다음 각 호의 등기를 하였을 때에는 지체 없이 그 사실을 토지의 경우에는 지적소관청에, 건물의 경우에는 건축물대장 소관청에 각각 알려야 한다.(법 제61조)
   1. 소유권의 보존 또는 이전
   2. 소유권의 등기명의인표시의 변경 또는 경정
   3. 소유권의 변경 또는 경정
   4. 소유권의 말소 또는 말소회복

정답✦ ①

테마 42 소유권보존등기

20회, 23회, 24회, 25회, 26회, 27회, 29회, 30회, 31회, 33회, 34회

1 출제예상과 학습포인트

✦ 기출횟수

20회, 23회, 24회, 25회, 26회, 27회, 29회, 30회, 31회, 33회, 34회

✦ 35회 출제 예상

거의 매년 출제가 이루어진다. 35회 시험에서는 출제가능성이 90% 정도로 보면 좋을 거 같다.

✦ 35회 중요도

★★★

✦ 학습방법

보존등기의 특징을 정리하고 신청에 의한 보존등기와 직권에 의한 보존등기 사유를 정리하여야 한다.

✦ 핵심쟁점

❶ 소유권보존등기의 특징 ❷ 소유권보존등기의 신청인 ❸ 직권 소유권보존등기

2 핵심 내용

❶ 의의

1. 소유권보존등기라 함은 아직 소유권의 등기가 되어 있지 아니한 미등기부동산에 관하여 새로이 등기기록을 개설하는 등기이다.

2. 등기관이 소유권보존등기를 할 때에는 등기원인과 그 연월일을 기록하지 아니한다.

❷ 소유권보존등기의 신청인(단독신청) 제24회

1. **토지대장, 임야대장 또는 건축물대장에 최초의 소유자로 등록되어 있는 자 또는 그 상속인, 그 밖의 포괄승계인(합병후 법인, 포괄수증자 포함)**

   ① 대장상 피상속인 명의로 등록된 경우에는 그 상속인이 바로 상속인명의로 보존등기를 신청할 수 있다.

② 소유자로 등록되어 있는 것을 증명하는 자라 함은 지적공부상 최초로 그 명의로 등록되어 있는 자를 말하고 이전등록을 받은 자는 포함되지 않는다.(단, 국가로부터 이전등록을 받은 자는 할 수 있다.)

2. 확정판결에 의하여 자기의 소유권을 증명하는 자

① 판결의 종류는 불문한다. 즉, 확인판결, 이행판결, 형성판결이든 관계없다.
  ㉠ 가능한 판결
    ⓐ 당해 부동산이 보존등기 신청인의 소유임을 이유로 보존등기의 말소를 명한 판결
    ⓑ 토지대장상 공유인 미등기토지에 대한 공유물 분할 판결
  ㉡ 불가능한 판결
    ⓐ 건물에 대하여 국가를 상대방으로 한 판결
    ⓑ 건물에 대하여 건축허가명의인(건축주)을 상대방으로 한 판결
② 소송의 상대방 : 대장상 최초소유자로 등록되어 있는 자를 피고로 한다. 다만 소유자의 등재가 없거나 소유자표시의 누락으로 소유자를 특정할 수 없는 때에는 토지는 국가, 건물은 시장·군수·구청장을 피고로 하여야 한다.
③ 건축물대장이 생성되어 있지 않은 건물에 대하여는 판결에 의해 소유권보존등기를 신청할 수 없다.(판례)

3. 수용으로 인하여 소유권을 취득하였음을 증명하는 자

4. 특별자치도지사, 시장, 군수 또는 구청장(자치구의 구청장을 말한다)의 확인에 의하여 자기의 소유권을 증명하는 자(건물의 경우로 한정한다) 제26회, 제34회

❸ 직권보존등기를 할 수 있는 경우 제26회, 제31회

① 미등기부동산에 대하여 법원의 소유권의 처분제한 등기의 촉탁(가압류, 가처분, 강제경매개시결정등기, 임차권등기명령에 따른 임차권등기)이 있는 경우
② 세무관서의 압류등기촉탁은 직권보존등기사유가 아니다.
③ 법원의 처분제한등기 말소촉탁이 있어도 소유권보존등기를 말소하지 않는다.
④ 건축물대장이 생성되어 있지 않은 경우라도 직권보존등기는 가능하다.

3 대표 기출문제

제33회 출제

01 대장은 편성되어 있으나 미등기인 부동산의 소유권 보존등기에 관한 설명으로 <u>틀린</u> 것은?

① 등기관이 보존등기를 할 때에는 등기원인과 그 연월일을 기록해야 한다.

② 대장에 최초 소유자로 등록된 자의 상속인은 보존등기를 신청할 수 있다.

③ 수용으로 인하여 소유권을 취득하였음을 증명하는 자는 미등기 토지에 대한 보존등기를 신청할 수 있다

④ 군수의 확인에 의해 미등기건물에 대한 자기의 소유권을 증명하는 자는 보존등기를 신청할 수 있다.

⑤ 등기관이 법원의 촉탁에 따라 소유권의 처분제한의 등기를 할 때는 직원으로 보존등기를 한다.

> **해설**
> ① 등기관이 보존등기를 할 때에는 등기원인과 그 연월일을 기록하지 아니한다.
>
> 답①

4 출제 예상문제

01 보존등기와 관련한 다음 설명 중 <u>틀린</u> 것은?

① 건물에 관한 보존등기상의 표시와 실제 건물과의 사이에 다소의 차이가 있더라도 사회통념상 동일성 또는 유사성이 인정되면, 그 등기는 당해 건물에 관한 등기로서 유효하다.

② 대장등본에 의하여 대장상 소유권이전 등록을 받은 소유명의인은 최초의 소유자명의로 하는 보존등기 없이 자기명의로 직접 소유권보존등기를 할 수 없다.

③ 건축물대장상 최초의 소유자를 알 수 없는 미등기건물의 경우에는 국가 또는 건축허가명의인을 상대로 소유권확인판결을 받아 소유권보존등기를 신청하여야 한다.

④ 미등기 토지의 지적공부상 국가로부터 소유권이전등록을 받은 소유명의인은 자기 명의로 직접 소유권보존등기를 신청할 수 있다.

⑤ 각 공유자는 단독으로 공유자 전원을 위하여 소유권보존등기를 신청할 수 있으나, 공유자 중의 1인이 자기 지분만의 소유권보존등기를 신청할 수는 없다.

해설 ✦ ③ '건물에 대하여 국가를 상대로 한 소유권확인판결'과 '건물에 대하여 건축허가명의인(또는 건축주)을 상대로 한 소유권확인판결'은 법 제65조 제2호 판결에 해당하지 않는다. 따라서 이 판결에 의해서는 소유권보존등기신 청인이 될 수 없다.

① 대판 1981.12.8, 80다163

② 대장상 최초의 소유자 명의로 소유권보존등기를 한 후, 소유권이전등록을 받은 자 명의로 소유권이전등기를 하여야 한다(등기예규 제1427호 참조).

④ 소유권보존등기는 대장상 최초명의인이 하는 것이 원칙이지만, '미등기토지를 국으로부터 이전등록을 받은 경 우'는 대장상 최초명의인이 아니더라도 가능하다(등기예규 제1427호).

정답 ✦ ③

02 건물의 소유권보존등기에 관한 다음 설명 중 가장 옳지 <u>않은</u> 것은? (다툼이 있는 경우 판례, 등기 예규·선례에 의함)

① 건축물대장에 최초의 소유자로 등록되어 있는 자 또는 그 상속인, 그 밖의 포괄승계인은 건 물의 소유권보존등기를 신청할 수 있다.

② 확정판결에 의하여 자기의 소유권을 증명하는 자는 소유권보존등기를 신청할 수 있는데, 형 성판결이나 이행판결이라도 그 이유 중에서 보존등기신청인의 소유임을 확정하는 내용의 것이면 이에 해당한다.

③ 특별자치도지사, 시장, 군수 또는 자치구청장이 발급한 사실확인서에 의하여 자기의 소유권 을 증명하는 자는 미등기건물의 소유권보존등기를 신청할 수 있다.

④ 건물의 소유권보존등기를 신청하는 경우 그 대지 위에 여러 개의 건물이 있을 때에도 건물 의표시를 증명하는 정보로서 건축물대장 정보를 등기소에 제공한 경우에는 그 대지 위에 있 는 건물의 소재도를 제공할 필요가 없다.

⑤ 건축물대장이 생성되어 있지 않은 건물에 대하여도 소유권확인판결을 받으면 그 판결을 근 거로 소유권보존등기를 신청할 수 있다.

해설 ✦ ⑤ 건축물대장이 생성되어 있지 않은 건물에 대하여는 판결에 의해 소유권보존등기를 신청할 수 없다(대법원 2009다93428). 결국 건축물대장이 생성되지 않은 건물에 대해서는 소유권확인판결을 받는다고 하더라도 법 제65조 제2호에 해당하는 판결이라고 볼 수 없어 이를 근거로 건물의 소유권보존등기를 신청할 수 없다.

정답 ✦ ⑤

1 출제예상과 학습포인트

✦ 기출횟수

21회, 22회, 26회, 29회, 30회

✦ 35회 출제 예상

통상 2년에 한번 정도씩 출제가 이루어진다. 35회 시험에서는 출제가능성이 70% 정도로 보면 좋을 거 같다.

✦ 35회 중요도

★★

✦ 학습방법

공유등기와 합유등기를 구분하고 그 특징을 정리하여야 한다. 공유등기는 소유권일부이전등기와 연결되는 내용이므로 그 의미를 숙지하여야 한다.

✦ 핵심쟁점

❶ 공유등기와 소유권일부 이전등기
❷ 합유등기

2 핵심 내용

공동소유	등기	비고
공유	공유등기 (지분 등기)	① 단독소유권를 공유로 하거나, 공유자 수의 증감이 있는 것은 소유권의 일부이전등기이다.(명의인표시변경×) ② 소유권의 일부에 관한 이전등기를 할 때에 등기원인에 공유물분할금지약정이 있을 때에는 그 약정에 관한 사항도 기록하여야 한다.(부기등기) ③ 공유물분할금지약정의 변경등기는 공유자 전원이 공동으로 신청하여야 한다. ④ 구분소유적 공유관계에 있는 1필의 토지를 특정된 부분대로 단독소유하기 위해서는 분필등기한 후 공유자 상호간에 명의신탁해지를 원인으로 하는 지분소유권이전등기를 신청한다. ⑤ 공유자 중 1인의 지분포기로 인한 소유권이전등기는 공동으로 신청하여야 한다.
합유 (조합원, 수인의 수탁자)	합유등기 (지분 등기×)	합유자 수의 증감이 있는 것은 합유명의인 변경등기이다. (일부이전×)
총유 (비법인사단의 구성원)	총유등기×	총유는 비법인사단명의의 단독소유로 등기

3 대표 기출문제

제29회 출제

01 공동소유에 관한 등기에 대한 설명으로 옳은 것은?

① 합유등기에 합유지분을 표시한다.

② 농지에 대하여 공유물분할을 원인으로 하는 소유권이전등기를 신청하는 경우, 농지취득자격증명을 첨부하여야 한다.

③ 미등기 부동산의 공유자 중 1인은 자기 지분만에 대하여 소유권보존등기를 신청할 수 있다.

④ 갑구 순위번호 2번에 기록된 A의 공유지분 4분의 3 중 절반을 B에게 이전하는 경우, 등기목적란에 "2번 A 지분 4분의 3 중 일부(2분의 1)이전"으로 기록한다.

⑤ 법인 아닌 사단 A 명의의 부동산에 관해 A와 B의 매매를 원인으로 이전등기를 신청하는 경우, 특별한 사정이 없는 한 A의 사원총회 결의가 있음을 증명하는 정보를 제출하여야 한다.

해설

① 합유등기에 합유지분을 표시하지 않는다.

② 공유물분할을 원인으로 하는 소유권이전등기를 신청하는 경우, 농지취득자격증명의 첨부를 요하지 않는다.

③ 소유권보존등기는 공유자 전원명의로 하여야 한다.

④ 갑구 순위번호 2번에 기록된 A의 공유지분 4분의 3 중 절반을 B에게 이전하는 경우, 등기목적란에 "2번 A 지분 4분의 3 중 일부(8분의 3)이전"으로 기록한다. 일부이전인 경우 괄호안에 들어갈 지분표시는 전체에 대한 지분으로 표시한다.

답⑤

4 출제 예상문제

01 소유권의 일부 이전에 관한 다음의 설명 중 틀린 것은?

① 소유권의 일부이전이라 함은 단독소유를 공유로 하는 것을 말한다.

② 소유권의 일부이전이라 함은 이미 성립하고 있는 공유물의 지분을 이전히는 것을 말한다.

③ 소유권의 일부이전이라 함은 1필의 토지의 일부를 양도하는 것을 말한다.

④ 소유권의 일부이전의 등기신청정보에는 그 지분을 표시하여야 하고, 등기원인에 공유물불분할특약이 있는 때에는 이를 기록하여야 한다.

⑤ 1개의 부동산이 수인의 공유에 속하고 분할의 결과 각자가 일부씩을 단독소유하게 되는 경우에는 우선 분필의 절차를 밟아야 한다.

해설 ✦ ③ 1필의 토지의 일부는 분필하기 전에는 이를 이전하는 등기를 할 수 없다. 즉, 분필하여 별개의 필지로 만든 후, 1필지 전부를 이전하여야 한다. 따라서 소유권의 일부이전이 아니다.

정답 ✦ ③

02 공동소유의 등기에 관한 설명으로 틀린 것은?

① 2인 이상의 등기권리자가 1필의 토지를 공유하고자 하는 경우에는 신청정보에 그 지분을 표시하여야 한다.

② 등기원인에 공유물을 분할하지 아니하는 약정이 있는 때에는 이를 기록하여야 한다.

③ 부동산을 조합체로서 소유하는 경우 합유등기를 하여야 하며, 합유등기는 합유라는 뜻을 적고 각 합유자의 지분을 표시하여야 한다.

④ 2인 이상인 공유인 미등기토지에 대하여 공유자 중 1인은 공유자 전원을 위하여 토지 전부에 대하여 소유권보존등기를 신청할 수 있다.

⑤ 공유물분할판결이 확정되면, 그 소송의 당사자는 원·피고에 관계없이 그 확정판결정본을 제공하여 단독으로 공유물분할을 원인으로 한 지분이전등기를 신청할 수 있다.

해설 ✦ ③ 부동산에 대한 합유는 합유등기를 하여야 하며, '합유라는 뜻'을 기록하여야 한다. 그러나 각 합유자의 지분은 표시하지 아니한다.

⑤ 등기예규 제1383호

정답 ✦ ③

44 소유권이전등기

17회, 19회, 20회, 22회, 24회, 27회, 29회, 31회, 32회, 33회

1 출제예상과 학습포인트

✦ 기출횟수
17회, 19회, 20회, 22회, 24회, 27회, 29회, 31회, 32회, 33회

✦ 35회 출제 예상
거의 매년 출제되는 부분이다. 35회 시험에서도 역시 출제가능성이 매우 높다.

✦ 35회 중요도
★★★

✦ 학습방법
각 등기원인별 소유권이전등기의 특징 및 그 절차를 숙지하여야 한다.

✦ 핵심쟁점
❶ 수용원인의 소유권이전등기
❷ 진정명의회복원인의 소유권이전등기
❸ 상속원인의 소유권이전등기
❹ 유증원인의 소유권이전등기

2 핵심 내용

❶ 의의

① 소유권 이전등기는 언제나 주등기로 실행하고 전소유자는 주말하지 아니한다.
② 등기관이 소유권의 일부에 관한 이전등기를 할 때에는 이전되는 지분을 기록하여야 한다.
③ 매매에 관한 거래계약서를 등기원인증명 정보로 하여 소유권이전등기를 하는 경우에는 거래가액을 갑구의 권리자 및 기타사항란에 등기한다(2006년 6월 1일 시행).

❷ 소유권의 일부이전등기 제25회

1. 소유권의 일부이전이란 ① 단독명의의 소유권을 공유로 하거나 ② 이미 등기된 공유물의 지분을 이전하는 것을 말한다.

2. 부동산의 특정한 일부를 이전하는 부동산의 일부이전은 할 수 없다.

3. 등기관이 소유권의 일부에 관한 이전등기를 할 때에는 이전되는 지분을 기록하여야 한다. 일부이전인 경우 괄호안에 들어갈 지분표시는 전체에 대한 지분으로 표시한다.

4. 공유물분할금지약정은 부기등기로 기록하고, 그 변경등기는 공유자 전원이 공동으로 신청하여야한다. 제22회, 제25회, 제28회

5. 공유자 중 1인의 지분포기로 인한 소유권이전등기는 공유지분권을 포기하는 공유자를 등기의무자로 다른 공유자를 등기권리자로 하여 공동신청에 의한 공유지분이전등기의 방식에 의한다. 제28회, 제30회

❸ 토지 수용으로 인한 소유권 이전등기

1. 신청정보의 내용 제30회

등기원인은 "토지수용"으로, 등기원인일자는 "수용의 개시일"(재결일 ×)을 기록한다.

2. 단독신청

① 원시취득이지만 등기편의상 소유권이전등기(단독신청) 형식을 취한다.
② 재결의 실효로 인한 소유권이전등기의 말소는 공동신청

3. 대위등기신청

기업자는 토지명의인 또는 상속인에 갈음하여 토지의 표시 또는 등기명의인의 표시변경, 경정 또는 상속으로 인한 소유권이전등기를 신청 또는 촉탁할 수 있다.

4. 다른 권리의 직권말소 제24회, 제27회, 제29회, 제31회

① 수용으로 인한 소유권이전등기를 하는 경우 그 부동산의 등기기록 중 소유권, 소유권 외의 권리, 그 밖의 처분제한에 관한 등기가 있으면 그 등기를 직권으로 말소하여야 한다.
② 예외(말소하지 않는 것)
　㉠ 수용이전의 소유권등기
　㉡ 그 부동산을 위하여 존재하는 지역권(요역지 지역권)의 등기
　㉢ 토지수용위 원회의 재결로써 존속이 인정된 권리의 등기

5. 재결의 실효를 원인으로 한 소유권이전등기의 말소신청

토지수용의 재결의 실효를 원인으로 하는 토지수용으로 인한 소유권이전등기의 말소의 신청은 등기의무자와 등기권리자가 공동으로 신청하여야 하며, 이에 의하여 토지수용으로 인한 소유권

이전등기를 말소한 때에는 등기관은 토지수용으로 말소한 등기를 직권으로 회복하여야 한다 (2011.10.11 등기예규 제1388호).

❹ 진정명의회복에 의한 소유권이전등기

1. 의의

진정한 소유자가 자기의 명의로 등기를 회복하려고 할 때 무권리자명의의 등기를 말소를 구하는 대신에 무권리자로부터 직접 소유권이전등기의 절차를 취하는 것을 말한다.

2. 신청정보 및 첨부정보

① 등기의 목적은 "소유권이전"으로, 등기원인은 "진정명의회복"으로 제공한다.
② 등기원인일자는 제공할 필요가 없다.
③ 행정관청의 허가 등의 첨부정보(토지거래허가서, 농지취득자격 증명 등)를 제공할 필요가 없다.

❺ 상속으로 인한 소유권이전등기

1. 의의

상속에 의하여 피상속인의 권리와 의무는 등기가 없어도 포괄적으로 상속인에게 이전된다. 다만 이를 처분하기 위해서는 상속등기를 하여야 한다. 단독신청(등기필증 불요)
✦ 상속이나 회사합병은 권리의 포괄적 승계이므로 권리의 이전등기를 한다.
  (명의인 표시변경등기 ✕)

2. 등기신청인

① 상속인이 단독신청한다. 상속인이 수인인 경우에는 공동상속인 전원 또는 공동상속인 중 1인이 전원을 위하여 전원명의의 상속등기를 신청할 수 있다.
② 단, 공동상속인 중 1인이 자기 지분 만에 관한 상속등기를 신청할 수는 없다.

상속등기의 종류	등기목적	등기원인	원인일자
법정상속분에 따른 상속등기	소유권이전	상속	상속 개시일(사망일자)
상속등기 전의 협의분할	소유권이전	협의분할에 의한 상속	상속개시일(사망일자)
상속등기 후의 협의분할	소유권경정	협의분할에 의한 상속	분할 협의일자

❻ 유증으로 인한 소유권이전등기

1. 등기신청인

① 유증으로 인한 소유권이전등기는 포괄유증이나 특정유증을 불문하고 수증자를 등기권리자, 유언집행자 또는 상속인을 등기의무자로 하여 공동으로 신청하여야 한다(등기필증 필요).

② 수증자가 수인인 포괄유증의 경우에는 수증자 전원이 공동으로 신청하거나 각자가 자기 지분만에 대하여 신청할 수 있다.

2. 등기원인과 그 연월일

등기원인은 "○년 ○월 ○일 유증"으로 기록하되, 그 연월일은 유증자가 사망한 날을 기록한다. 다만, 유증에 조건 또는 기한이 붙은 경우에는 그 조건이 성취한 날 또는 그 기한이 도래한 날을 기록한다.

3. 등기신청방법 제24회

① 수증자 명의로 직접 신청

유증으로 인한 소유권이전등기는 상속등기를 거치지 않고 유증자로부터 직접 수증자 명의로 등기를 신청하여야 한다. 그러나 유증으로 인한 소유권이전등기 전에 상속등기가 이미 경료된 경우에는 상속등기를 말소함이 없이 상속인으로부터 유증으로 인한 소유권이전등기를 신청 할 수 있다.

② 유증의 목적 부동산이 미등기인 경우

포괄수증자는 직접 소유권보존등기를 신청할 수 있으나 특정유증의 경우에는 수증자 명의로 소유권보존등기를 신청할 수는 없고, 유언집행자가 상속인 명의로 소유권보존등기를 한 다음 유증으로 인한 소유권이전등기를 신청하여야 한다.

③ 유증의 가등기

유증으로 인한 소유권이전등기청구권보전의 가등기는 유언자가 사망한 후인 경우에는 가능하나, 유언자가 생존중인 경우에는 유증원인의 가등기를 할 수 없다(사인증여는 생존 중 가등기 가능).

④ 유류분을 침해하는 등기신청이라도 이를 수리한다.

4. 첨부정보

유언집행자의 자격을 증명하는 정보, 유언자의 사망을 증명하는 정보, 등기의무자(유증자)의 등기필정보 등을 제공하여야 한다.

3 대표 기출문제

제33회 출제

01 2022년에 체결된 「부동산 거래신고 등에 관한 법률」 제3조제1항제1호의 부동산 매매계약의 계약서를 등기원인증서로 하는 소유권이전등기에 관한 설명으로 **틀린** 것은?

① 신청인은 위 법률에 따라 신고한 거래가액을 신청정보의 내용으로 등기소에 제공해야 한다.

② 신청인은 시장·군수 또는 구청장이 제공한 거래계약신고필증정보를 첨부정보로서 등기소에 제공해야 한다.

③ 신고 관할관청이 같은 거래부동산이 2개 이상인 경우, 신청인은 매매목록을 첨부정보로서 등기소에 제공해야 한다.

④ 거래부동산이 1개라 하더라도 여러명의 매도인과 여러명의 매수인 사이의 매매계약인 경우에는 매매목록을 첨부정보로서 등기소에 제공해야 한다.

⑤ 등기관은 거래가액을 등기기록 중 갑구의 등기원인란에 기록하는 방법으로 등기한다.

> **해설**
>
> 거래가액은 갑구의 권리자 및 기타사항란에 기록한다.
>
> 답 ⑤

02 소유권이전등기에 관한 설명으로 옳은 것을 모두 고른 것은? (다툼이 있으면 판례에 따름)

> ㄱ. 甲이 그 명의로 등기된 부동산을 乙에게 매도한 뒤 단독상속인 丙을 두고 사망한 경우, 丙은 자신을 등기의무자로 하여 甲에서 직접 乙로의 이전등기를 신청할 수는 없다.
> ㄴ. 甲소유 토지에 대해 사업시행자 乙이 수용보상금을 지급한 뒤 乙 명의로 재결수용에 기한 소유권이전등기를 하는 경우, 수용개시일 후 甲이 丙에게 매매를 원인으로 경료한 소유권이전등기는 직권 말소된다.
> ㄷ. 공동상속인이 법정상속분과 다른 비율의 지분이전등기를 상속을 원인으로 신청하는 경우, 그 지분이 신청인이 주장하는 지분으로 변동된 사실을 증명하는 서면을 신청서에 첨부하여 제출하지 않으면 등기관은 그 신청을 각하 한다.
> ㄹ. 甲소유 토지에 대해 甲과 乙의 가장매매에 의해 乙 앞으로 소유권이전등기가 된 후에 선의의 丙 앞으로 저당권설정등기가 설정된 경우, 甲과 乙은 공동으로 진정명의회복을 위한 이전등기를 신청할 수 없다.

① ㄱ, ㄴ   ② ㄱ, ㄹ   ③ ㄴ, ㄷ
④ ㄷ, ㄹ   ⑤ ㄴ, ㄷ, ㄹ

해설

ㄱ. 등기원인이 발생한 후에 등기권리자 또는 등기의무자에 대하여 상속이나 그 밖의 포괄승계가 있는 경우에는 상속인이나 그 밖의 포괄승계인이 그 등기를 신청할 수 있다(법 제27조). 따라서 丙은 자신을 등기의무자로 하여 甲에서 직접 乙로의 이전등기를 신청할 수 있다.
ㄴ. 수용기일 이후에 경료된 소유권이전등기는 재결수용에 기한 소유권이전등기를 하는 경우에 직권으로 말소한다.
ㄷ. 상속등기의 지분의 표시는 법정상속분에 의하는 것이 원칙이므로 공동상속인이 법정상속분과 다른 비율의 지분이전등기를 상속을 원인으로 신청하는 경우, 그 지분이 신청인이 주장하는 지분으로 변동된 사실을 증명하는 서면(분할협의서, 분할심판서 정본 등)을 신청서에 첨부하여 제출하지 않으면 등기관은 그 신청을 각하 한다.(대법원1990.10.29. 자 90마772 결정)
ㄹ. 丙의 승낙이 없는 한 乙명의의 소유권이전등기를 말소할 수 없지만 진정명의회복을 위한 이전등기는 신청할 수 있다. 이 경우에 丙의 등기는 말소되지 않는다.

정답 ③

4 출제 예상문제

01 소유권이전등기에 관한 설명으로 틀린 것은?

① 재결수용의 경우 관공서가 아닌 기업자(起業者)는 소유권이전등기를 단독으로 신청할 수 없다.

② 진정명의회복을 원인으로 하는 소유권이전등기에는 등기원인일자를 기재하지 않는다.

③ 자신의 토지를 매도한 자는 매수인에 대하여 소유권이전등기의 인수를 청구할 수 있다.

④ 특정유증의 목적 부동산이 미등기인 경우, 유언집행자가 상속인 명의로 소유권보존등기를 한 다음 유증을 원인으로 한 소유권이전등기를 신청해야 한다.

⑤ 토지거래허가구역 내의 토지를 매매하였으나 그 후 허가구역지정이 해제되었다면, 소유권이전등기 신청시 다시 허가구역으로 지정되었더라도 그 신청서에 토지거래허가서를 첨부할 필요가 없다.

해설 ✦ ① 재결수용의 경우 기업자는 단독으로 소유권이전등기를 단독으로 신청할 수 있다.

정답 ✦ ①

02 소유권등기에 관한 설명으로 틀린 것은? (다툼이 있으면 판례에 의함)

① 공유물의 소유권등기에 부기등기된 분할금지약정의 변경등기는 공유자의 1인이 단독으로 신청할 수 없다.

② 상속을 원인으로 하여 농지에 대한 소유권이전등기를 신청하는 경우, 농지취득자격증명은 필요하지 않다.

③ 소유권보존등기의 신청인이 그의 소유권을 증명하기 위한 판결은 그가 소유자임을 증명하는 확정판결이면 충분하며 그 종류는 불문한다.

④ 미등기건물의 건축물대장에 최초의 소유자로 등록된 자로부터 포괄유증을 받은 자는 그 건물에 관한 소유권보존등기를 신청할 수 있다.

⑤ 공유자 중 1인의 지분포기로 인한 소유권이전은 법률에 규정에 의한 물권변동이므로 등기 없이 지분이전의 효력이 생긴다.

해설 ✦ 지분포기로 인한 소유권이전은 법률행위(단독행위)에 의한 물권변동이므로 등기를 하여야 효력이 생긴다.

정답 ✦ ⑤

45 환매특약등기

20회, 32회, 33회

1 출제예상과 학습포인트

✦ **기출횟수**

20회, 32회, 33회

✦ **35회 출제 예상**

동시신청의 등기로서 종합문제의 지문하나 정도로 출제되었으나 32회, 33회에서는 단독 테마로 출제가 되었다. 환매특약등기의 절차와 등기사항은 언제나 출제될 수 있는 부분이다.

✦ **35회 중요도**

★

✦ **학습범위**

지금현재 이론에서 언급된 부분에서 더 이상 양을 늘리지 말고 반복해서 이 정도만 숙지하면 될 거 같다.

✦ **학습방법**

환매특약의 의미를 이해하고 그에 따른 등기절차 및 등기사항을 숙지하여야 한다.

✦ **핵심쟁점**

❶ 환매특약의 의의
❷ 환매특약의 등기절차
❸ 환매권의 행사

2 핵심 내용

❶ 의의

매매계약시 특약으로 일정한 기간 내에 매도인이 다시 매수할 수 있는 환매권을 보유한 경우의 등기로, 등기하면 제3자에 대하여 대항력이 생긴다.(민법 제592조)

❷ 등기의 절차

1. 동시신청

① 환매특약의 등기신청은 매매로 인한 소유권이전 등기신청과 동시신청.

② 신청서는 소유권이전등기신청서와 별개로 하여야 한다.

2. 신청인 : 매도인이 등기권리자가 되고 매수인이 등기의무자가 된다.

3. 신청정보의 내용

① 필요적 정보사항 : 매매대금, 매매비용

② 임의적 정보사항 : 환매기간(환매기간은 5년을 초과할 수 없으며, 5년을 넘는 신청이 있는 경우 법 제29조 2호에 해당하는 것으로 보아 각하한다.)

4. 첨부정보

① 등기의무자의 등기필정보와 인감증명서 제공은 불필요하다.

❸ 등기의 실행(등기원인 : 특약)

매수인의 환매특약부 소유권이전등기에 부기등기로 실행한다.

❹ 환매권의 말소등기

1. 신청말소 : 환매권의 행사 이외의 사유로 환매권이 소멸하는 경우(환매특약의 해제, 환매기간의 경과 등)에는 공동신청하여 환매등기를 말소한다.

2. 직권말소 : 환매권을 행사하여 소유권이전등기를 할 때 환매등기는 직권 말소한다.

❺ 환매권의 행사(등기원인 : 환매)

환매권의 행사로 인한 소유권이전등기시 매도인 또는 환매권의 양수인이 등기권리자이고 매수인 또는 제3취득자가 등기의무자로서 공동신청한다.

3 대표 기출문제

제32회 출제

01 환매특약등기의 등기사항인 것을 모두 고른 것은?

> ㄱ. 채권최고액 ㄴ. 이자지급시기
> ㄷ. 매매비용 ㄹ. 매수인이 지급한 대금

① ㄱ, ㄴ ② ㄱ, ㄹ ③ ㄴ, ㄷ ④ ㄴ, ㄹ ⑤ ㄷ, ㄹ

해설

등기관이 환매특약의 등기를 할 때에는 다음 각 호의 사항을 기록하여야 한다. 다만, 제3호는 등기원인에 그 사항이 정하여져 있는 경우에만 기록한다.(법 제53조)
1. 매수인이 지급한 대금 2. 매매비용 3. 환매기간

답 ⑤

제33회 출제

02 환매특약의 등기에 관한 설명으로 틀린 것은?

① 매매비용을 기록해야 한다.
② 매수인이 지급한 대금을 기록해야 한다.
③ 환매특약등기는 매매로 인한 소유권이전등기가 마쳐진 후 신청해야 한다.
④ 환매기간은 등기원인에 그 사항이 정하여져 있는 경우에만 기록한다.
⑤ 환매에 따른 권리취득의 등기를 한 경우, 등기관은 특별한 사정이 없는 한 환매특약의 등기를 직권으로 말소해야 한다.

해설

매매계약과 동시에 환매의 특약을 체결하여 그 환매특약의 등기를 신청하고자 하는 경우에는 매매에 의한 소유권이전등기신청과 동시에 환매특약의 등기를 별개 독립한 신청서에 매수인이 지급한 대금 및 매매비용을 기재하여 신청을 하여야 하며, 그 환매특약의 등기도 매수인의 소유권이전등기에 이를 부기하는 형식으로 기재한다. [등기선례 제4-443호, 시행]

답 ③

4 출제 예상문제

01 환매권에 관한 등기에 대한 다음의 설명 중 잘못된 것은?

① 환매특약의 등기신청은 매매로 인한 소유권이전등기신청과 1건의 신청정보로서 일괄하여 동시에 하여야 한다.

② 환매권이전등기는 환매특약등기에 부기등기로써 하므로 부기등기의 부기등기형태가 된다.

③ 환매권행사로 인한 등기는 환매특약부매매로 인한 종전의 소유권이전등기를 말소할 것이 아니고, 매도인 명의로의 환매를 원인으로 새로운 소유권이전등기를 하여야 한다.

④ 환매특약의 등기 이후에 당해 부동산에 경료된 제3자 명의의 소유권 이외의 권리에 관한 등기의 말소등기는 일반원칙에 따라 '공동신청'에 의하고 그 말소등기의 원인은 '환매권 행사로 인한 실효'로 기록한다.

⑤ 환매권의 행사가 없이 존속기간의 도과 또는 당사자 사이의 합의 등으로 소멸하는 경우 환매권자와 현재의 등기부상의 소유명의인이 공동신청하여 환매특약등기를 말소 할 수 있다.

해설 ✦ ① 환매특약의 등기신청은 매매로 인한 소유권이전등기신청과는 별개의 신청정보에 의하여야 하나, 매매로 인한 소유권이전등기신청과 동시에 하여야 하고 또 동일접수번호로 접수하여야 한다.

③ 환매권의 행사로 인한 소유권이전등기는 환매권부매매의 매도인이 등기권리자, 환매권부매매의 매수인이 등기의무자가 되어 환매권 행사로 인한 소유권이전등기를 공동으로 신청한다. 다만 환매권부매매의 매도인으로부터 환매권을 양수받은 자가 있는 경우에는 그 양수인이 등기권리자가 되고, 환매권부매매의 목적 부동산이 환매특약의 등기 후 양도된 경우에는 그 전득자(현재 등기부상 소유명의인)가 등기의무자가 된다(등기예규 제845호).

④ 환매특약의 등기 이후에 당해 부동산에 경료된 제3자 명의의 소유권 이외의 권리에 관한 등기의 말소등기는 일반원칙에 따라 '공동신청'에 의하고 그 말소등기의 원인은 '환매권 행사로 인한 실효'로 기록한다(1996.11.18 등기예규 제845호).

⑤ 등기예규 제845호, 환매권의 행사로 인한 소유권이전등기를 하는 경우에 환매권부매매의 매도인으로부터 환매권을 양수받은 자가 있는 경우에는 그 양수인이 등기권리자가 되고, 환매권부매매의 목적 부동산이 환매특약의 등기 후 양도된 경우에는 그 전득자(현재 등기부상 소유명의인)가 등기의무자가 된다(1996.11.18 등기예규 제845호).

정답 ✦ ①

02 환매특약등기에 관한 설명 중 옳은 것으로 모두 묶은 것은?

> ㉠ 환매권자는 매도인에 국한되는 것이 아니므로 제3자를 환매권자로 하는 환매특약의 등기를 할 수 있다.
>
> ㉡ 환매기간을 5년을 넘게 정한 경우에는 등기관은 그 등기신청을 각하하여야한다.
>
> ㉢ 환매특약 등기 후에 저당권설정등기가 이루어진 경우 그 저당권등기의 말소는 저당권자와 환매권 행사로 소유자가 된 자의 공동신청으로 말소한다.
>
> ㉣ 환매권의 실행에 따라 환매권자 명의로 이전등기를 마쳤으면 환매특약의 등기는 등기관이 직권으로 말소한다.

① ㉠   ② ㉡, ㉢   ③ ㉠, ㉡, ㉣

④ ㉡, ㉢, ㉣   ⑤ ㉠, ㉡, ㉢, ㉣

해설 ✦ ㉠ 매도인이 아닌 제3자를 환매권자로 하는 환매특약등기는 이를 수리할 수 없다.
　　　㉡㉢㉣은 모두 옳다.

정답 ✦ ④

테마 46 신탁등기

23회, 25회, 26회, 27회, 31회, 32회, 33회

1 출제예상과 학습포인트

◆ **기출횟수**

23회, 25회, 26회, 27회, 31회, 32회, 33회

◆ **35회 출제 예상**

최근에 자주 출제되는 부분이다. 35회 시험에 다시 출제될 가능성은 70% 정도로 보면 좋을 것 같다.

◆ **35회 중요도**

★★

◆ **학습범위**

지금현재 이론에서 언급된 부분에서 더 이상 양을 늘리지 말고 반복해서 이 정도만 숙지하면 될 거 같다.

◆ **학습방법**

신탁등기부분은 자주 출제되다 보나 점점 시험내용이 어려워지고 있다. 조문 위주로 정리를 하여야 한다.

◆ **핵심쟁점**

❶ 신탁등기 절차 ❷ 신탁등기의 실행

2 핵심 내용

❶ 의의

신탁등기는 신탁을 원인으로 하는 소유권이전의 등기와 별개의 등기로서, 수탁자에게 일정한 목적을 위하여 재산을 관리 처분하여야 할 구속적 의미를 갖는 등기이다. 신탁등기를 하지 아니하면 신탁관계를 제3자에게 대항하지 못한다(신탁법 제3조 제1항).

❷ 등기신청절차

1. 신청방법

신탁등기의 신청은 해당 신탁으로 인한 권리의 이전 또는 보존이나 설정등기의 신청과 함께 1건의 신청정보로 일괄하여 하여야 한다. 다만, 수익자나 위탁자가 수탁자를 대위하여 신탁등기를 신청하는 경우에는 그러하지 아니하다.

2. 단독신청 제25회

① 신탁재산에 속하는 부동산의 신탁등기는 수탁자가 단독으로 신청한다.

② 신탁종료로 신탁재산에 속한 권리가 이전된 경우, 수탁자는 단독으로 신탁등기의 말소등기를 신청할 수 있다.

③ 수탁자의 사망 ,해임 등으로 수탁자의 임무가 종료된 경우, 신수탁자는 단독으로 신탁재산에 속하는 부동산에 관한 권리이전등기를 신청할 수 있다.

❸ 등기의 실행

① 등기관이 권리의 이전 또는 보존이나 설정등기와 함께 신탁등기를 할 때에는 하나의 순위번호를 사용하여야 한다.

② 등기관이 신탁등기를 할 때에는 신탁의 각 조항을 기록한 신탁원부를 작성하고, 신탁원부의 번호를 기록하여야 한다. 신탁원부는 등기부의 일부로 그 기록은 등기로 본다.

③ 수탁자가 수인인 경우에 합유로 한다. 제23회, 제25회

④ 신탁가능기의 등기신청도 가능하다.

❹ 신탁등기의 말소

1. 신탁재산의 처분 또는 귀속

① 수탁자가 신탁재산을 제3자에게 처분하거나 신탁이 종료되어 신탁재산이 위탁자 또는 수익자에게 귀속되는 경우에는 그에 따른 권리이전등기와 신탁등기의 말소등기는 1건의 신청정보로 일괄하여 신청하여야 한다.

② 등기관이 권리의 이전등기와 함께 신탁등기의 말소등기를 할 때에는 하나의 순위번호를 사용하고, 종전의 신탁등기를 말소하는 표시를 하여야 한다.

2. 신탁재산이 수탁자의 고유재산으로 되는 경우

① 신탁재산이 수탁자의 고유재산으로 되는 경우에는 "수탁자의 고유재산으로 된 뜻의 등기 및 신탁등기의 말소등기"를 신청할 수 있다.

② 신탁재산이 수탁자의 고유재산이 되었을 때에는 그 뜻의 등기는 주등기로 하여야 한다. 등기기록상 이미 수탁자가 권리자로 기록되어 있기 때문에 권리이전등기를 하지 않고 등기기록에 그러한 뜻을 기록하고 신탁등기를 말소한다.

▶ 신탁재산 처분으로 인한 신탁등기의 말소등기 기록례

【 갑 구 】		(소유권에 관한 사항)		
순위번호	등 기 목 적	접 수	등 기 원 인	권 리 자 및 기 타 사 항
2	소유권이전	2012년1월9일 제670호	2012년1월8일 신탁	수탁자 대한부동산신탁 112601-8031111 서울특별시 강남구 테헤란로 15(삼성동)
				신탁 신탁원부 제2012-25호
3	소유권이전	2012년3월9일 제3005호	2012년3월4일 매매	소유자 이대한 701115-1201257 서울특별시 서초구 강남대로
				2번 신탁등기말소 원인 신탁재산의 처분

▶ 신탁재산이 수탁자의 고유재산으로 되는 경우 기록례

【 갑 구 】		(소유권에 관한 사항)		
순위번호	등기목적	접 수	등기원인	권리자 및 기타사항
2	소유권이전	2012년1월9일 제670호	2012년1월8일 매매	소유자 김우리 600104-1056429 서울특별시 서초구 반포대로 60(반포동) 거래가액 금200,000,000원
				신탁재산처분에 의한 신탁 신탁원부 제2012-25호
3	2번수탁자의 고유재산으로 된 뜻의등기	2012년3월5일 제3005호	2012년3월4일 신탁재산의 고유재산 전환	2번 신탁등기말소 원인 신탁재산의 고유재산 전환

❺ 신탁변경등기

1. 단독신청

수탁자는 촉탁 및 직권에 의한 신탁변경등기에 해당하는 경우를 제외하고 신탁원부의 내용이 변경되었을 때에는 지체 없이 신탁원부 기록의 변경등기를 신청하여야 한다.

2. 촉탁에 의한 신탁변경등기

① 법원은 수탁자 해임의 재판, 신탁관리인의 선임 또는 해임의 재판, 신탁 변경의 재판을 한 경우 지체 없이 신탁원부 기록의 변경등기를 등기소에 촉탁하여야 한다.

② 법무부장관은 수탁자를 직권으로 해임한 경우, 신탁관리인을 직권으로 선임하거나 해임한 경우, 신탁내용의 변경을 명한 경우 지체 없이 신탁원부 기록의 변경등기를 등기소에 촉탁하여야 한다.

③ 등기관이 법원 또는 주무관청의 촉탁에 의하여 수탁자 해임에 관한 신탁원부 기록의 변경등기를 하였을 때에는 직권으로 등기기록에 수탁자 해임의 뜻을 부기하여야 한다.

3. 직권에 의한 신탁변경등기

등기관이 신탁재산에 속하는 부동산에 관한 권리에 대하여 다음 어느 하나에 해당하는 등기를 할 경우 직권으로 그 부동산에 관한 신탁원부 기록의 변경등기를 하여야 한다.

① 수탁자의 변경으로 인한 이전등기

② 여러 명의 수탁자 중 1인의 임무 종료로 인한 변경등기

③ 수탁자인 등기명의인의 성명 및 주소(법인인 경우에는 그 명칭 및 사무소 소재지를 말한다)에 관한 변경등기 또는 경정등기

3 대표 기출문제

제27회 출제

01 신탁등기에 관한 설명으로 틀린 것은?

① 신탁등기시 수탁자가 甲과 乙인 경우. 등기관은 신탁재산이 甲과 乙의 합유인 뜻을 기록해야 한다.

② 등기관이 수탁자의 고유재산으로 된 뜻의 등기와 함께 신탁등기의 말소등기를 할 경우, 하나의 순위번호를 사용한다.

③ 수탁자의 신탁등기신청은 해당 부동산에 관한 권리의 설정등기, 보존등기, 이전등기 또는 변경등기의 신청과 동시에 해야 한다.

④ 신탁재산의 일부가 처분되어 권리이전등기와 함께 신탁등기의 변경등기를 할 경우, 각기 다른 순위번호를 사용한다.

⑤ 신탁등기의 말소등기신청은 권리의 이전 또는 말소등기나 수탁자의 고유재산으로 된 뜻의 등기신청과 함께 1건의 신청정보로 일괄하여 해야 한다.

해설

신탁재산의 일부가 처분되었거나 신탁의 일부가 종료되어 권리이전등기와 함께 신탁등기의 변경등기를 할 때에는 하나의 순위번호를 사용하고, 처분 또는 종료 후의 수탁자의 지분을 기록하여야 한다.(부동산등기규칙 제142조)

답 ④

제31회 출제

02 신탁법에 따른 신탁의 등기에 관한 설명으로 옳은 것은?

① 수익자는 수탁자를 대위하여 신탁등기를 신청할 수 없다.

② 신탁등기의 말소등기는 수탁자가 단독으로 신청할 수 없다.

③ 하나의 부동산에 대해 수탁자가 여러 명인 경우, 등기관은 그 신탁부동산이 합유인 뜻을 기록하여야 한다.

④ 신탁재산에 속한 권리가 이전됨에 따라 신탁재산에 속하지 아니하게 된 경우, 신탁등기의 말소신청은 신탁된 권리의 이전등기가 마쳐진 후에 별도로 하여야 한다.

⑤ 위탁자와 수익자가 합의로 적법하게 수탁자를 해임함에 따라 수탁자의 임무가 종료된 경우, 신수탁자는 단독으로 신탁재산인 부동산에 관한 권리이전등기를 신청할 수 없다.

① 수익자는 수탁자를 대위하여 신탁등기를 신청할 수 있다.

② 신탁등기의 말소등기는 수탁자가 단독으로 신청할 수 있다.

④ 신탁재산에 속한 권리가 이전됨에 따라 신탁재산에 속하지 아니하게 된 경우, 신탁등기의 말소신청은 신탁된 권리의 이전등기와 동시에 하여야 한다.

⑤ 위탁자와 수익자가 합의로 적법하게 수탁자를 해임함에 따라 수탁자의 임무가 종료된 경우, 신수탁자는 단독으로 신탁재산인 부동산에 관한 권리이전등기를 신청할 수 있다.

답 ③

제33회 출제

03 부동산등기법상 신탁등기에 관한 설명으로 틀린 것은?

① 수익자는 수탁자를 대위하여 신탁등기를 신청 할 수 있다.

② 신탁등기의 말소등기는 수탁자가 단독으로 신청할 수 있다.

③ 신탁가등기는 소유권이전청구권보전을 위한 가등기와 동일한 방식으로 신청하되, 신탁원부 작성을 위한 정보를 첨부정보로서 제공해야 한다.

④ 여러 명의 수탁자 중 1인의 임무종료로 인한 합유명의인 변경등기를 한 경우에는 등기관은 직권으로 신탁원부 기록을 변경해야 한다.

⑤ 법원이 신탁관리인 선임의 재판을 한 경우, 그 신탁관리인은 지체없이 신탁원부 기록의 변경등기를 신청해야 한다.

법원이 신탁관리인 선임의 재판을 한 경우, 그 신탁관리인이 등기신청하는 것이 아니라 법원이 지체 없이 신탁원부 기록의 변경등기를 등기소에 촉탁하여야 한다.

제85조【촉탁에 의한 신탁변경등기】① 법원은 다음 각 호의 어느 하나에 해당하는 재판을 한 경우 지체 없이 신탁원부 기록의 변경등기를 등기소에 촉탁하여야 한다.

1. 수탁자 해임의 재판

2. 신탁관리인의 선임 또는 해임의 재판

3. 신탁 변경의 재판

답 ⑤

4 출제 예상문제

01 신탁등기에 관한 설명으로 옳은 것은?

① 수탁자가 수인일 경우, 신탁재산은 수탁자의 공유로 한다.

② 수익자가 수탁자를 대위하여 신탁등기를 신청할 경우, 해당 부동산에 대한 권리의 설정등기와 동시에 신청하여야 한다.

③ 신탁으로 인한 권리의 이전등기와 신탁등기는 별개의 등기이므로 그 순위번호를 달리한다.

④ 신탁재산에 속하는 부동산의 신탁등기는 신탁의 수탁자를 등기권리자로 하고 수탁자를 등기의무자로 공동신청한다.

⑤ 신탁종료로 신탁재산에 속한 권리가 이전된 경우, 수탁자는 단독으로 신탁등기의 말소등기를 신청할 수 있다.

해설 ✦ ① 공유가 아니라 합유로 한다.
　　　② 수익자가 신탁등기를 대위신청하는 경우에는 동시에 신청하지 않아도 된다.
　　　③ 신탁으로 인한 권리의 이전등기와 신탁등기는 하나의 순위번호를 부여한다.
　　　④ ⑤ 신탁등기 및 신탁등기의 말소등기는 단독신청할 수 있다.

정답 ✦ ⑤

47 용익권 등기

22회, 24회, 25회, 26회, 27회, 29회, 30회, 31회, 32회, 33회, 제34회

1 출제예상과 학습포인트

✦ **기출횟수**

22회, 24회, 25회, 26회, 27회, 29회, 30회, 31회, 32회, 33회, 34회

✦ **35회 출제 예상**

매년 1문제 이상 출제가 이루어진다. 34회 시험에서 출제가 되었으며 35회 시험에서도 출제가능성은 90% 이상이다.

✦ **35회 중요도**

★★★

✦ **학습방법**

각 용익권별로 등기사항을 정리하여야 한다. 특히 전세권에서 전세금반환채권의 일부 양도를 원인으로 한 전세권 일부이전등기는 매우 자주 출제되는 부분이므로 숙지를 요한다.

✦ **핵심쟁점**

❶ 지상권의 등기사항 ❷ 지역권의 등기사항 ❸ 전세권의 등기사항 ❹ 임차권의 등기사항

2 핵심 내용

제1관 지상권 등기

❶ 지상권의 설정

지상권은 타인의 토지 위에 건물 기타 공작물이나 수목을 소유하기 위하여 그 토지를 사용하는 용익물권이다.

❷ 등기 사항

1. 필요적 등기사항 제28회

① 지상권 설정의 목적 : 목적에 따라 최소 존속기간이 달라지므로 이를 기재하여야 한다.

② 지상권 설정의 범위 : 지상권은 1필 토지의 전부 또는 일부에 설정할 수 있는데, 일부에 대하여는 그 범위를 표시한 지적도를 첨부하여야 한다. 다만 지분 상에는 설정할 수 없다.

③ 지상권설정의 범위가 토지의 일부인 경우에는 그 부분을 표시한 도면의 번호

2. 임의적 등기사항

① 존속기간(불확정 기간도 무방)

② 지료, 지료의 지급시기 등

❸ 구분지상권

① 구분지상권을 등기신청하는 경우에는 지하 또는 지상에서의 상하의 범위를 반드시 기록하여야 한다.

② 등기신청시 도면의 첨부는 필요하지 않다.

③ 동일토지에 관하여 지상권이 미치는 범위가 각각 다른 2개 이상의 구분지상권은 그 토지의 등기기록에 각기 따로 등기할 수 있다.

④ 이해관계 있는 제3자(통상의 지상권, 전세권, 임차권자)가 있는 경우 그 자의 승낙서를 첨부하여야 한다.

⑤ 수목을 소유목적의 구분지상권이나, 계층적 구분건물의 소유목적의 구분지상권은 등기할 수 없다.

제2관   지역권 등기

❶ 신청인 제24회

요역지 소유자가 등기권리자, 승역지 소유자가 등기의무자가 되어 공동신청한다.

또한 지상권자·전세권자나 임차권자도 그 권리의 존속기간의 범위 내에서 자기가 이용하는 토지를 위하여 또는 그 토지 위에 지역권을 설정하거나 취득할 수 있다. 승역지의 지상권·전세권·임차권을 목적으로 하는 지역권의 경우에는 '부기등기'로 실행하여야 한다.

❷ 등기 사항(승역지의 지역권설정등기)

1. 필요적 등기사항(권리자는 등기사항 아님)

① 요역지 표시 : 요역지는 1필지 전부이어야 하나, 승역지는 1필지 일부에도 설정이 가능하다.

② 지역권 설정의 목적 : 편익의 종류(통행, 인수, 관망)를 기록한다.

③ 범위 : 승역지는 토지의 전부 또는 일부에 설정이 가능하므로 토지의 일부에 지역권을 설정하는 경우에는 범위를 표시한 지적도를 제공하여야 한다.

④ 승역지의 일부에 지역권설정의 등기를 할 때에는 그 부분을 표시한 도면의 번호

2. 임의적 등기사항

① 부종성배제특약

❸ 요역지지역권의 등기사항 제31회

등기관이 승역지에 지역권설정의 등기를 하였을 때에는 직권으로 요역지의 등기기록에 다음의 사항을 기록하여야 한다.

① 순위번호   ② 등기목적   ③ 승역지   ④ 지역권설정의 목적   ⑤ 범위   ⑥ 등기연월일

❹ 지역권의 부종성

지역권은 요역지 소유권에 부종한다. 따라서 요역지의 소유권이전등기가 있으면 지역권이전등기 없이도 지역권은 이전된다.

▶ 승역지 지역권 등기 기록 예

(을 구) (소유권 외의 권리에 관한 사항)				
순위 번호	등기목적	접 수	등기원인	권리자 및 기타사항
1	지역권설정	2007년 5월 8일 제3456호	2007년 4월 4일 설정계약	목적 통행 범위 동측 50m² 요역지 경기도 부천시 소사구 소사동 50 도면의 번호 제90호

▶ 요역지 지역권 등기 기록 예

(을 구) (소유권 외의 권리에 관한 사항)				
순위 번호	등기목적	접 수	등기원인	권리자 및 기타사항
1	요역지 지역권			승역지 경기도 부천시 소사구 소사동 51 목적 통행 범위 동측 50m² 2007년 5월 8일 등기

제3관   전세권 등기 제26회

❶ 전세권의 설정등기

1. 필요적 등기사항

① 전세금 또는 전전세금

② 범위

③ 전세권설정이나 전전세의 범위가 부동산의 일부인 경우에는 그 부분을 표시한 도면의 번호

2. 임의적 등기사항

존속기간, 위약금 또는 배상금, 전세권의 양도 등 금지특약

3. 여러 개의 부동산에 관한 권리를 목적으로 하는 전세권설정의 등기도 가능하다. 제25회

❷ 전세권의 변경등기

① 이해관계인이 없거나, 이해관계인이 있더라도 그 자의 승낙서나 이에 대항할 수 있는 재판의 등본을 첨부하는 경우 부기등기를 한다. 이를 첨부하지 못한 경우는 주등기를 한다.

② 전세금을 감액하는 경우 : 전세권 목적의 저당권자가 있으면 저당권자는 이해관계인이므로 그 자의 승낙서나 이에 대항할 수 있는 재판의 등본을 첨부하여야 한다.

③ 전세금을 증액하는 경우 : 후순위 권리자가 있으면 그 자는 이해관계인이 되므로 그 자의 승낙서나 이에 대항할 수 있는 재판의 등본을 첨부하여야 한다.

④ 전세권의 존속기간 연장을 신청하는 경우 후순위 근저당권자의 승낙서를 첨부하여야만 부기등기로 그 변경등기를 신청할 수 있다(선례, 1998.11.17). 즉 근저당권자는 이해관계인이 된다.

❸ 전세권의 이전등기 제27회

① 등기관이 전세금반환채권의 일부 양도를 원인으로 한 전세권 일부이전등기를 할 때에는 양도액을 기록한다.

② 전세금반환채권의 일부 양도를 원인으로 한 전세권 일부이전등기의 신청은 전세권의 존속기간의 만료 전에는 할 수 없다. 다만, 존속기간 만료 전이라도 해당 전세권이 소멸하였음을 증명하여 신청하는 경우에는 그러하지 아니하다. 제25회, 제31회

▶ 지상권과 전세권등기의 구분

	지상권	전세권
양도금지특약등기	×	○
존속기간만료 후 이전등기	×	○
농지	○	×

제4관 임차권 등기

❶ 의의

① 임차권은 채권이므로 임차권 등기시에 발생하는 것이 아니고 임대차 설정계약시에 발생한다. 다만 등기함으로써 제3자에게 대항할 수 있다.

② 주택임대차에 대하여는 등기하지 않더라도 주택의 인도와 주민등록을 마친 때에는 그 익일부터 대항력을 취득한다.

❷ 등기사항

① **필요적 등기사항** : 차임, 범위(단, 차임을 정하지 아니하고 보증금의 지급만을 내용으로 하는 임대차 즉 "채권적 전세"의 경우에는 차임을 기재하지 아니한다.)

② **임의적 등기사항** : 존속기간, 차임지급시기, 임차보증금, 임차권의 양도 또는 임차물의 전대에 대한 임대인의 동의

❸ 임차권의 양도 또는 임차물의 전대에 대하여 임대인의 동의가 있는 뜻의 등기가 없는 경우에 임차권의 이전 또는 임차물의 전대의 등기를 신청하는 때에는 신청서에 임대인의 동의서를 첨부하여야 한다. 이를 첨부하지 않으면 각하된다(법 제29조 제9호 위반).

❹ 임차권등기명령제도

1. 의의

임대차 종료 후 보증금을 반환 받지 못한 임차인이 임차주택 소재지 관할 법원에 임차권등기명령을 신청하고 이에 따라 법원의 촉탁에 의하여 임차권의 등기가 실행되는 것을 임차권등기명령제도라고 한다.

2. 요건

① 임대차기간이 종료한 후일 것
② 보증금의 전부 또는 일부를 반환받지 못할 것
③ 법원에 대하여 임차인의 신청이 있을 것

3. 필요적 등기사항

① 임대차계약 체결한 날
② 임차보증금
③ 임차주택을 점유하기 시작한 날
④ 주민등록을 마친 날
⑤ 임대차계약서상의 확정일자를 받은 날

4. 임차권등기 이후에 「주택임대차보호법」상의 대항력을 상실하더라도 이미 취득한 대항력 또는 우선변제권은 소멸하지 않는다(주택임대차보호법 제3조의3 제5항).

5. '임대차의 존속기간이 만료된 경우'와 '임차권등기명령을 원인으로 한 주택임차권등기 및 상가건물임차권등기가 경료된 경우'에는 그 등기에 기초한 임차권이전등기나 임차물전대등기를 할 수 없다. 제25회, 제27회

6. 미등기주택이나 상가건물에 대하여 임차권등기명령에 의한 등기촉탁이 있는 경우에는 등기관은 직권으로 소유권보존등기를 한 후 주택임차권등기나 상가건물임차권등기를 하여야 한다.

3 대표 기출문제

제31회 출제

01 용익권에 관한 등기에 대한 설명으로 틀린 것은?

① 시효완성을 이유로 통행지역권을 취득하기 위해서는 그 등기가 되어야 한다.

② 승역지에 지역권설정등기를 한 경우, 요역지의 등기기록에는 그 승역지를 기록할 필요가 없다.

③ 임대차 차임지급시기에 관한 약정이 있는 경우, 임차권 등기에 이를 기록하지 않더라도 임차권 등기는 유효하다.

④ 1필 토지의 일부에 대해 지상권설정등기를 신청하는 경우, 그 일부를 표시한 지적도를 첨부정보로서 등기소에 제공하여야 한다.

⑤ 전세금반환채권의 일부 양도를 원인으로 하는 전세권 일부이전등기의 신청은 전세권 소멸의 증명이 없는 한, 전세권 존속기간 만료 전에는 할 수 없다.

> **해설**
> 등기관이 승역지에 지역권설정의 등기를 하였을 때에는 직권으로 요역지의 등기기록에 순위번호, 등기목적, 승역지, 지역권설정의 목적 및 범위, 등기연월일을 기록하여야 한다.
>
> 답 ②

제33회 출제

02 전세권 등기에 관한 설명으로 틀린 것은? (다툼이 있으면 판례에 따름)

① 전세권 설정등기를 하는 경우, 등기관은 전세금을 기록해야 한다.

② 전세권의 사용·수익 권능을 배제하고 채권담보만을 위해 전세권을 설정한 경우, 그 전세권설정등기는 무효이다.

③ 집합건물에 있어서 특정 전유부분의 대지권에 대하여는 전세권설정등기를 할 수가 없다.

④ 전세권의 목적인 범위가 건물의 일부로서 특정 층 전부인 경우에는 전세권설정등기 신청서에 그 층의 도면을 첨부해야 한다.

⑤ 乙 명의의 전세권등기와 그 전세권에 대한 丙 명의의 가압류가 순차로 마쳐진 甲 소유 부동산에 대하여 乙 명의의 전세권등기를 말소하라는 판결을 받았다고 하더라도 그 판결에 의하여 전세권말소등기를 신청할 때에는 丙의 승낙서 또는 丙에게 대항할 수 있는 재판의 등본을 첨부해야 한다.

> **해설**
>
> ④ 전세권의 목적인 범위가 건물의 일부라도 특정 층 전부인 경우에는 전세권설정등기 신청서에 그 층의 도면을 첨부할 필요가 없다.
>
> 답 ④

4 출제 예상문제

01 **용익권의 등기에 관한 설명으로 옳은 것은?**

① 토지의 전부에 지상권설정등기를 신청하는 경우에는 범위를 기록할 필요가 없다.

② 전세권의 존속기간을 연장하는 변경등기를 신청하는 경우, 후순위저당권자는 등기법상 이해관계인에 해당하지 않는다.

③ 토지의 공유자 중 1인을 등기의무자로 하여 그의 지분만을 목적으로 하는 구분지상권을 설정할 수 없다.

④ 토지 전세권의 존속기간 만료 후에도 토지 전세권에 대한 저당권설정등기를 할 수 있다.

⑤ 「상가건물임대차보호법」상 등기명령에 의한 임차권등기에 기초하여 임차권이전등기를 할 수 있다.

해설 ✦ ① 전부이건 일부이건 범위를 반드시 기록하여야 한다.

② 전세권의 존속기간을 연장하는 변경등기를 신청하는 경우, 후순위저당권자는 등기법상 이해관계인에 해당한다.

③ 토지의 공유자 중 1인을 등기의무자로 하여 그의 지분만을 목적으로 하는 구분지상권을 설정할 수 없다. 공유자 전원을 등기의무자로 하여야 한다.

④ 토지 전세권의 존속기간 만료 후에는 토지 전세권에 대한 저당권설정등기를 할 수 없다.

⑤ 상가건물임대차보호법상 등기명령에 의한 임차권등기에 기초하여 임차권이전등기를 할 수 없다. 임차기간이 만료된 임차권이기 때문이다.

정답 ✦ ③

02 **전세권에 관한 등기와 관련한 다음 설명 중 가장 옳지 않은 것은?** (다툼이 있는 경우 선례에 의함)

① 집합건물의 전유부분과 대지권을 동일한 전세권의 목적으로 하는 등기신청을 각하한다.

② 존속기간이 만료되고 전세금의 반환시기가 지난 전세권의 이전등기도 설정행위로 금지하지 않는 한 가능하다.

③ 등기기록상 존속기간이 만료되었으나 법정갱신된 건물 전세권에 대한 이전등기는 존속기간 연장등기 없이도 가능하다.

④ 이미 전세권설정등기가 마쳐진 주택에 대하여 전세권자와 같은 사람을 권리자로 하는 주택 임차권등기의 촉탁은 수리할 수 있다.

⑤ 농경지를 목적으로 한 전세권설정등기는 불가능하다.

해설 ✦ ① 집합건물의 전유부분과 대지권을 동일한 전세권의 목적으로 하는 전세권설정등기의 신청이 있는 경우 등기관은 그 등기신청을 각하하여야 한다.(선례 4-449)

② 전세금의 반환과 전세권설정등기의 말소 및 전세권목적물의 인도와는 동시이행의 관계에 있으므로 전세권이 존속기간의 만료로 인하여 소멸된 경우에도 해당 전세권설정등기는 전세금 반환채권을 담보하는 범위 내에서는 유효한 것이라 할 것이어서, 전세권의 존속기간이 만료되고 전세금의 반환시기가 경과된 전세권의 경우에도 설정행위로 금지하지 않는 한 전세권의 이전등기는 가능하다.(선례 7-263)

③ 등기기록상 존속기간이 만료되었으나 법정갱신된 전세권에 대하여 용익권으로서 이전등기를 하거나 저당권설정의 목적으로 하고자 할 때에는 존속기간 연장등기를 선행하거나 동시에 하여야 한다.(선례 201302-1)

정답 ✦ ③

테마 48 담보권등기

24회, 25회, 28회, 29회, 30회, 31회, 32회, 제34회

1 출제예상과 학습포인트

✦ 기출횟수

24회, 25회, 28회, 29회, 30회, 31회, 32회, 34회

✦ 35회 출제 예상

매년 1문제 이상 출제가 이루어진다. 35회 시험에서도 출제가능성은 90% 이상이다.

✦ 35회 중요도

★★★

✦ 학습방법

저당권과 근저당권을 구분하여 등기사항을 정리하여야 한다. 공동저당에 관한 문제도 최근에 자주 출제되고 있다.

✦ 핵심쟁점

❶ 저당권과 근저당권의 등기사항 구분
❷ 저당권이전등기와 변경등기의 등기원인
❸ 공동저당의 등기
❹ 공동저당의 대위등기

2 핵심 내용

제1관 저당권 등기 제26회, 제28회, 제29회

❶ 저당권의 설정

① 저당권의 목적이 될 수 있는 것은 소유권, 지상권, 전세권이다.
② 저당권을 부동산의 일부에는 설정할 수 없으나 지분에는 설정할 수 있다.

279

❷ 등기사항

① **필요적 등기사항** : 채권액(채권 평가액), 채무자의 성명 또는 명칭과 주소 또는 사무소 소재지
② **임의적 등기사항** : 변제기, 이자 및 그 발생기·지급시기, 원본 또는 이자의 지급장소, 채무불이행으로 인한 손해배상에 관한 약정, 효력범위 제한에 관한 약정, 채권의 조건
③ 민법상 조합은 등기능력이 없는 것이므로 이러한 조합 자체를 채무자로 표시하여 근저당권설정등기를 할 수는 없다.

❸ 등기의 실행 제24회

① **독립등기** : 저당권의 목적이 소유권일 때
② **부기등기** : 저당권의 목적이 지상권 또는 전세권일 때

❹ 저당권의 이전등기 제30회

① 저당권의 이전등기를 신청하는 경우에는 저당권이 채권과 같이 이전한다는 뜻을 신청정보의 내용으로 등기소에 제공하여야 한다. 제28회
② 채권양도에 관한 통지서면 또는 채무자의 승낙서는 불요.
③ 저당권이전등기는 언제나 부기등기로 한다.
④ 피담보채권의 일부양도를 이유로 저당권의 일부이전등기를 하는 경우에 양도액도 기록하여야 한다.

❺ 저당권의 변경등기

① 채무자 변경시 저당권자가 등기권리자가 되고 저당권설정자가 등기의무자가 되어 공동으로 변경등기를 신청한다. 이 경우 후순위권리자의 동의불요(항상 부기등기)
② 채권액 증액시 저당권자가 등기권리자가 되고 채권액 감액시에는 저당권설정자가 등기권리자이다.
③ 종전의 건물에 대한 저당권의 효력은 증축된 부분에 당연히 미치므로 증축된 부분에 저당권의 효력을 미치게 하는 뜻의 변경등기는 요하지 아니한다.

❻ 저당권 말소등기

① 저당권말소등기는 설정자가 등기권리자, 저당권자가 등기의무자가 되어 공동신청한다.
② 저당권설정 후 소유권이 제3자에게 이전된 경우에는 저당권설정자 또는 제3취득자가 저당권자와 공동으로 그 말소등기를 신청할 수 있다.

③ 저당권이 이전된 후 말소하는 경우에는 저당권의 양수인만이 등기의무자이다. 이 경우에는 저당권 이전등기필증을 첨부하여야 한다(설정등기필증 ×).

④ 저당권이 이전된 후 말소를 신청하는 경우에는 설정등기의 말소를 신청한다(주등기인 설정등기를 말소하면 저당권이전의 부기등기는 직권 말소).

❼ 공동저당에 관한 등기 제25회, 제28회

① **창설적 공동저당** : 신청서에는 각 부동산에 대한 권리를 표시하여야 한다.
② **추가적 공동저당** : 등기를 할 때에는 종전에 등기한 부동산과 같이 공동담보인 뜻을 기록하고 종전의 등기에도 같은 뜻을 직권으로 부기등기 한다.
③ 공동저당의 목적이 5개 이상일 때는 등기관은 공동담보목록을 작성하여야 한다.(신청인 제출 ×) 공동담보목록은 등기부의 일부로 본다.

❽ 공동저당의 대위등기

① 공동저당이 설정되어 있는 경우에 채권자가 그 중 일부 부동산에 대하여만 저당권을 실행하여 채권 전부를 변제받은 경우, 후순위 권리자는 공동담보로 제공된 다른 부동산에 대하여 선순위자를 대위 하여 저당권을 행사할 수 있다(민법 제368조 제2항). 이는 성질상 법률규정에 의한 권리의 이전이다.
② **공동신청**
　 선순위권리자가 등기의무자이고 대위자(후순위권리자)가 등기권리자이다.
③ **부기등기**
　 대위등기의 목적이 된 저당권등기에 부기등기로 한다.
④ **등기사항**
　 ㉠ 매각 부동산(소유권 외의 권리가 저당권의 목적일 때에는 그 권리를 말한다)
　 ㉡ 매각대금
　 ㉢ 선순위 저당권자가 변제받은 금액

❾ 근저당에 관한 등기

① **필요적 등기사항** : 채권의 최고액, 채무자의 성명과 주소
② **임의적 등기사항** : 저당권의 효력의 범위, 존속기간 (변제기×, 이자×)
③ 채권최고액은 반드시 단일하게 기록(채권자 또는 채무자가 수인 일지라도 이를 구분기록할 수 없다.) 채무 자는 수인의 연대채무자라도 단순히 채무자로만 기록한다.

PART 2 부동산등기법

근저당권등기 목적	등기원인	
	확정 전	확정 후
이전등기(채권자변경)	계약양도	확정채권양도
변경등기(채무자변경)	계약인수	확정채무인수

❿ 권리질권(채권담보권)의 등기

① 저당권부채권에 대한 질권의 등기는 부기등기로 한다. 제31회
② 「동산·채권 등의 담보에 관한 법률」에 따른 채권담보권의 등기는 저당권등기에 부기등기로 한다.
③ 등기사항
　㉠ 채권액 또는 채권최고액
　㉡ 채무자의 성명 또는 명칭과 주소 또는 사무소 소재지
　㉢ 변제기와 이자의 약정이 있는 경우에는 그 내용

	(특수)필요적 등기사항	임의적 등기사항
환매특약의 등기	1. 매수인이 지급한 대금 2. 매매비용	3. 환매기간
지상권의 등기	1. 지상권설정의 목적 2. 범위	3. 존속기간 4. 지료와 지급시기 5. 구분지상권의 행사를 위하여 토지의 사용을 제한하는 약정
지역권의 등기 (승역지)	1. 지역권설정의 목적 2. 범위 3. 요역지	4. 부종성배제특약 5. 용수지역권 특약
전세권의 등기	1. 전세금 또는 전전세금 2. 범위	3. 존속기간 4. 위약금 또는 배상금 5. 처분제한(양도금지) 특약
임차권의 등기	1. 차임 2. 범위	3. 차임지급시기 4. 존속기간. 다만, 처분능력 또는 처분권한 없는 임대인에 의한 「민법」 제619조의 단기임대차인 경우에는 그 뜻도 기록한다. 5. 임차보증금 6. 임차권의 양도 또는 임차물의 전대에 대한 임대인의 동의
저당권의 등기	1. 채권액 2. 채무자의 성명과 주소	3. 변제기 4. 이자 및 그 발생기·지급시기 5. 원본 또는 이자의 지급장소

		6. 채무불이행으로 인한 손해배상에 관한 약정
		7. 저당권의 효력범위에 관한 약정
		8. 채권의 조건
근저당권의 등기	1. 채권의 최고액 2. 채무자의 성명과 주소	3. 근저당권의 효력범위에 관한 약정 4. 존속기간
공동저당의 대위등기	1. 매각 부동산 2. 매각대금 3. 선순위 저당권자가 변제받은 금액 4. 대위자의 저당권 내용	

3 대표 기출문제

제30회 출제

01 저당권등기에 관한 설명으로 옳은 것은?

① 변제기는 저당권설정등기의 필요적 기록사항이다.

② 동일한 채권에 관해 2개 부동산에 저당권설정등기를 할 때는 공동담보목록을 작성해야 한다.

③ 채권의 일부에 대하여 양도로 인한 저당권 일부이전등기를 할 때 양도액을 기록해야 한다.

④ 일정한 금액을 목적으로 하지 않는 채권을 담보하는 저당권설정의 등기는 채권평가액을 기록할 필요가 없다.

⑤ 공동저당 부동산 중 일부의 매각대금을 먼저 배당하여 경매부동산의 후순위 저당권자가 대위등기를 할 때, 매각대금을 기록하는 것이 아니라 선순위 저당권자가 변제받은 금액을 기록해야 한다.

해설

① 변제기는 저당권설정등기의 임의적 기록사항이다.

② 동일한 채권에 관해 5개 부동산에 저당권설정등기를 할 때는 공동담보목록을 작성해야 한다.

④ 일정한 금액을 목적으로 하지 않는 채권을 담보하는 저당권설정의 등기는 채권평가액을 기록하여야 한다.

⑤ 공동저당 부동산 중 일부의 매각대금을 먼저 배당하여 경매부동산의 후순위 저당권자가 대위등기를 할 때, 매각부동산 위에 존재하는 차순위저당권자의 피담보채권에 관한 내용과 매각부동산, 매각대금, 선순위 저당권자가 변제받은 금액을 기록하여야 한다.

정답 ③

4 출제 예상문제

01 다음은 저당권설정등기의 신청절차와 관련된 사항에 관한 설명이다. 옳지 <u>않은</u> 것은?

① 소유권의 일부지분에는 할 수 있으나, 부동산의 일부에 대하여는 이를 설정할 수 없다.

② 채무자와 저당권설정자가 동일한 경우에는 채무자를 기록하지 않는다.

③ 피담보채권이 일정한 금액을 목적으로 하지 않는 경우에는 그 채권의 가격을 함께 기록하여야 한다.

④ 지상권·전세권을 목적으로 하는 저당권도 설정할 수 있으며, 이 경우에 신청정보에 그 권리를 표시하여야 한다.

⑤ 저당권설정등기는 을구에 주등기로 실행하나, 지상권 또는 전세권을 목적으로 하는 저당권은 그 권리의 등기에 부기등기로 실행한다.

해설 ✦ ② 채무자와 저당권설정자가 동일한 경우에도 반드시 채무자를 기록하여야 한다.

정답 ✦ ②

02 저당권등기에 관한 다음 설명 중 가장 옳지 <u>않은</u> 것은? (다툼이 있는 경우 등기예규·등기선례에 의함)

① 채무자 변경으로 인한 저당권변경등기신청은 저당권자가 등기권리자, 저당권설정자가 등기의무자로서 공동으로 신청하여야 한다는 것이 선례의 태도이다.

② 저당권설정등기의 말소등기를 함에 있어 저당권 설정 후 소유권이 제3자에게 이전된 경우에는 저당권설정자 또는 제3취득자가 저당권자와 공동으로 그 말소등기를 신청할 수 있다.

③ 저당권설정등기의 말소등기를 신청하는 경우에 그 등기명의인의 표시에 변경 또는 경쟁의 사유가 있는 때라도 신청서에 그 변경 또는 경정을 증명하는 서면을 첨부함으로써 등기명의인표시의 변경 또는 경정의 등기를 생략할 수 있다.

④ 근저당권의 피담보채권이 확정되기 전에 그 피담보채권이 양도 또는 대위변제된 경우 이를 원인으로 하여 근저당권이전등기를 신청할 수 있다.

⑤ 등기관이 저당권 전부의 이전등기를 할 때에는 종전 저당권자의 표시에 관한 사항을 말소하는 표시를 하여야 한다.

해설 ✦ ④ 근저당권의 피담보채권이 확정되기 전에 그 피담보채권이 양도된 경우, 이를 원인으로 하여 근저당권이전등기를 신청할 수 없다. '계약양도(계약일부양도, 계약가입)'를 등기원인으로 근저당권이전등기를 할 수 있다.

정답 ✦ ④

1 출제예상과 학습포인트

✦ 기출횟수

23회, 29회, 31회, 32회

✦ 35회 출제 예상

통상 2년에 한번 정도씩 출제가 이루어진다. 32회 시험에서 전세권변경등기의 형식과 관련된 지문이 출제되었다.
35회 시험에서는 출제가능성이 80% 정도로 보면 좋을 거 같다.

✦ 35회 중요도

★★

✦ 학습방법

변경등기의 등기형식에 관한 내용을 정리하여야 한다. 특히 권리의 변경등기를 주등기로 하는 경우와 부기등기로
하는 경우를 구분할 수 있어야 한다.

✦ 핵심쟁점

❶ 변경등기의 종류
❷ 변경등기의 형식

2 핵심 내용

▶ 변경등기의 종류 및 개관

종류		내용	신청	형식
표제부의 변경	부동산표시의 변경등기	형식적 내용변경	단독신청	주등기
	부동산의 변경등기	실질적 내용변경	단독신청	주등기
	대지권의 변경등기	대지권 발생, 변경, 소멸	일괄신청	주등기
갑구, 을구의 변경	권리의 변경등기	권리내용의 일부변경	공동신청	부기등기 또는 주등기
	등기명의인 표시변경등기	권리주체의 표시변경	단독신청	부기등기

❶ 권리의 변경등기 ★

1. 의의

등기된 권리의 내용(권리의 존속기간의 신축, 지료 또는 차임의 증감이나 지급 기일의 변경, 저당권의 피담보채권액, 전세금의 증감, 이율의 변경 등)에 변경이 생긴 경우에 하는 등기이다.

2. 등기의 실행 제31회

① **부기등기로 하는 경우** : 등기상 이해관계인이 없거나 이해관계인이 있더라도 이해관계인의 승낙서 또는 이에 대항할 수 있는 재판의 등본을 첨부한 때에는 부기등기로 한다. 이 경우 변경 전의 등기사항은 말소한다.

② **주등기로 하는 경우** : 등기상 이해관계인이 있음에도 불구하고 그의 승낙서 또는 이에 대항할 수 있는 재판의 등본을 첨부하지 못한 경우에는 주등기한다. 이 경우 변경 전의 등기사항은 말소하지 않는다.

3. 등기상 이해관계인

① 의의 : 등기상 이해관계인이란 어떤 등기가 실행되면 등기부상으로 보아 손해를 입을 가능성이 있는 자이다. 따라서 이익을 보거나 영향이 없는 자는 이해관계인이 되지 않는다.

② 판단기준 : 등기부의 기록에 따라 형식적으로 판단하므로 실질적 손해불문

③ 이해관계인에 해당하는 자

    ㉠ 1번 전세권의 전세금 증액에 대한 2번 저당권자

    ㉡ 1번 전세권 존속기간 연장에 대한 2번 저당권자

④ 이해관계인에 해당하지 않는 자

    ㉠ 1번 전세권의 전세금 감액에 대한 2번 저당권자

    ㉡ 2번 전세권의 전세금의 증액에 대한 1번 저당권자

❷ 등기명의인 표시의 변경등기

1. 의의

등기명의인이 개인인 경우 성명, 주소, 주민등록번호 / 법인인 경우에는 명칭, 사무소 소재지, 부동산등기용등록번호 등이 등기 후 변경됨으로써 이를 실체관계와 부합하게 시정하는 등기를 말한다.

2. 신청에 의한 등기

① 등기명의인이 단독신청한다.

② 등기의무자의 등기필증 제공의무가 없다.

③ 항상 부기등기 형식을 취하고, 변경 전의 사항은 말소표시를 하여야 한다.

3. 직권변경등기

① 소유권이전등기를 신청함에 있어서 등기의무자의 주소 변경 사실이 명백한 때에는 그 등기명의인의 표시변경등기는 등기관이 직권으로 하여야 한다.

② 행정구역의 변경 또는 행정구역의 명칭변경이 있는 경우 등기부에 기록한 행정구역 또는 행정구역의 명칭은 당연히 변경된 것으로 본다(직권변경).

4. 등기명의인 표시변경등기의 생략

① 등기명의인의 표시가 수 차례에 걸쳐 변경된 경우 등기부상의 표시로부터 현재의 표시로 직접 표시변경등기를 할 수 있다.

② 소유권 이외의 권리등기의 말소등기(가등기, 저당권의 말소)

③ 멸실등기

3 대표 기출문제

제31회 출제

01 권리에 관한 등기의 설명으로 틀린 것은?

① 등기부 표제부의 등기사항인 표시번호는 등기부 갑구(甲區), 을구(乙區)의 필수적 등기사항이 아니다.

② 등기부 갑구(甲區)의 등기사항 중 권리자가 2인 이상인 경우에는 권리자별 지분을 기록하여야 하고, 등기할 권리가 합유인 경우에는 그 뜻을 기록하여야 한다.

③ 권리의 변경등기는 등기상 이해관계가 있는 제3자의 승낙이 없는 경우에도 부기로 등기할 수 있다.

④ 등기의무자의 소재불명으로 공동신청할 수 없을 때 등기권리자는 민사소송법에 따라 공시최고를 신청할 수 있고, 이에 따라 제권판결이 있으면 등기권리자는 그 사실을 증명하여 단독으로 등기말소를 신청할 수 있다.

⑤ 등기관이 토지소유권의 등기명의인 표시변경등기를 하였을 때에는 지체 없이 그 사실을 지적소관청에 알려야 한다.

> **해설**
>
> ③ 권리의 변경등기는 등기상 이해관계가 있는 제3자가 있는 경우에 그의 승낙이 있어야 부기등기로 하고, 등기상 이해관계가 있는 제3자의 승낙이 없는 경우에는 주등기로 한다.
>
> 답 ③

4 출제 예상문제

01 다음은 변경등기에 대한 설명이다. **틀린** 것은? (다툼이 있는 경우 판례·예규 및 선례에 의함)

① 등기상 이해관계인이 있는 때에는 그의 승낙서 또는 그에 대항할 수 있는 재판의 등본을 신청시에 제공하여야만 부기에 의하여 권리변경등기를 할 수 있다.

② 등기명의인의 표시의 변경 또는 경정의 등기는 항상 부기등기에 의하여 한다.

③ 법원의 촉탁에 의하여 가압류등기가 경료된 후 그 등기명의인의 주소, 성명 및 주민등록번호가 변경된 경우에 법원의 촉탁에 의해야지, 등기명의인이 바로 변경등기를 신청할 수 없다.

④ 소유권이전등기를 신청할 때 등기명의인의 주소 변경으로 신청정보상의 등기의무자 표시가 등기부와 일치하지 아니한 경우에 그 등기신청시 제공한 시·구·읍·면의 장이 발행한 주소를 증명하는 정보에 등기의무자의 등기부상 주소가 신청정보상의 주소로 변경된 사실이 명백히 나타날 때에는 등기관이 직권으로 등기명의인 표시의 변경등기를 하여야 한다.

⑤ 행정구역 또는 그 명칭이 변경되었을 때에는 등기부에 적은 행정구역 또는 그 명칭은 변경된 것으로 본다.

해설 ✦ ③ 법원의 촉탁에 의하여 가압류등기, 가처분등기, 주택임차권등기 및 상가건물임차권등기가 경료된 후 등기명의인의 주소, 성명 및 주민등록번호의 변경으로 인한 등기명의인표시변경등기는 등기명의인이 신청할 수 있다 (2002.11.1 등기예규 제1064호).

정답 ✦ ③

02 다음 권리변경등기에 관한 설명으로 틀린 것은?

① 권리의 변경등기라 함은 등기된 권리의 내용이 후발적 사유에 의하여 변경이 생긴 경우에 이를 실체관계와 부합하게 하는 등기를 말한다.

② 일반원칙에 따라 등기권리자와 등기의무자의 공동신청에 의한다.

③ 신청정보에 이해관계인의 승낙서 또는 이에 대항할 수 있는 재판의 등본을 제공한 때에는 부기등기로 하며, 변경전의 등기사항을 말소하는 표시를 하여야 한다.

④ 전세권의 존속기간 연장과 전세금의 감액을 함께 신청하는 경우에는 후순위 근저당권자의 승낙서 등을 제공하지 아니하여도 부기등기로 그 등기를 할 수 있다.

⑤ 등기상 이해관계인이 있음에도 신청시에 이해관계인의 승낙서 등을 제공하지 아니한 경우에는 주등기로 하며, 변경 전의 등기사항을 말소하는 표시를 하지 않는다.

해설 ✦ ④ 전세권설정등기 후에 제3자 명의의 근저당권설정등기가 경료된 후 전세권설정등기의 변경등기를 신청하는 경우, 그 내용이 전세금의 감액인 경우에는 근저당권자의 승낙서 등을 제공하지 않아도 부기에 의하여 그 등기를 할 것이나, 전세권의 존속기간 연장과 전세금의 감액을 함께 신청하는 경우에는 근저당권자의 승낙서 등을 제공한 때에 한하여 부기에 의하여 그 등기를 할 수 있다(1998.11.17 등기선례 5-421).

정답 ✦ ④

1 출제예상과 학습포인트

✦ 기출횟수

　25회, 26회

✦ 35회 출제 예상

　통상 3년에 한번 정도씩 출제가 이루어진다. 35회 시험에서는 출제가능성이 50% 정도로 보면 좋을 거 같다.

✦ 35회 중요도

　★

✦ 학습방법

　경정등기의 요건 중 동일성에 관한 내용을 숙지하고 직권경정등기의 요건과 절차를 정리하여야 한다.

✦ 핵심쟁점

　❶ 변경등기와 경정등기의 구분

　❷ 경정등기의 요건

　❸ 직권경정등기

2 핵심 내용

경정등기란 원시적인 착오 또는 유루로 인하여 등기와 실체관계와의 사이에 불일치가 생긴 경우에 이를 시정하기 위하여 기존 등기의 해당부분을 보충 또는 정정하여 실체대로 등기사항을 변경하는 등기이다.

제1관 경정등기의 요건

1. "등기에 관하여"착오나 유루가 있을 것. 등기번호, 등기기록의 매수표시, 표시번호 등은 등기사항이 아니므로 경정등기의 대상이 아니라 자구정정으로 족하다.

2. "절차상의 착오 또는 유루"가 있을 것(변경등기와 구분)

3. 등기사항의 "일부"에 관한 착오 또는 유루일 것(말소등기와 구분)

4. "등기완료 후에 착오나 유루가 발견"될 것(등기완료 전에 발견되면 자구정정)

5. 경정 전후의 "동일성"이 유지될 것(새로운 기입등기가 아님)

제2관 경정등기의 절차

❶ 당사자의 신청에 착오가 있는 경우

1. 부동산표시에 관한 경정등기

등기명의인이 대장 등 경정사유를 소명하는 서면을 첨부하여 단독으로 신청.

2. 권리에 관한 경정등기

① 권리 자체의 경정이나 권리자 전체를 바꾸는 경정의 불허

권리 자체를 경정(소유권이전등기를 저당권설정등기로 경정하거나 저당권설정등기를 전세권설정등기로 경정하는 경우 등)하거나 권리자 전체를 경정(권리자를 갑에서 을로 경정하거나, 갑과 을의 공동소유에서 병과 정의 공동소유로 경정하는 경우 등)하는 등기신청은 수리할 수 없다.

② 경정등기를 할 수 있는 경우의 예시

㉠ 소유권보존등기의 경정 : 등기명의인의 인감증명이나 소유권확인판결서 등을 첨부하여 단독 소유의 소유권보존등기를 공동소유로 경정하거나 공동소유를 단독소유로 경정하는 경우

㉡ 상속으로 인한 소유권이전등기의 경정 : 법정상속분대로 등기된 후 협의분할에 의하여 소유 권경정등기를 신청하는 경우 또는 협의분할에 의한 상속등기 후 협의해제를 원인으로 법정 상속분대로 소유권경정등기를 신청하는 경우(상속인 전원의 인감필요)

③ 등기의 실행방법

등기상 이해관계 있는 제3자의 동의서나 이에 대항할 수 있는 재판의 등본을 첨부한 때 또는 등기상 이해관계 있는 제3자가 없는 경우에는 부기등기로 하고, 등기상 이해관계 있는 제3자가 있으나 그 이해관계 있는 제3자의 동의서나 이에 대항할 수 있는 재판의 등본이 없는 경우에는 주등기로 한다. 단 일부말소의미의 경정등기는 승낙서 미첨부시 수리 불가.

3. 등기명의인표시의 경정

① 등기명의인표시경정이라 함은 등기명의인의 성명, 주소, 또는 주민등록번호 등을 경정하는 것을 말하고, 등기명의인의 수를 증감하는 것(단독소유를 공유로 하거나 공유를 단독소유로 하는 경우 등)은 등기명의인표시경정이 아니며, 이는 권리에 관한 경정등기절차에 의한다.

② 법인 아닌 사단을 법인으로 경정하는 등기를 신청하는 등 동일성을 해하는 등기명의인표시경정 등기신청은 수리할 수 없다.

③ 등기부상 권리를 이전하여 현재 등기명의인이 아닌 종전 등기명의인 또는 이미 사망한 등기명의인에 대한 등기명의인표시경정등기신청은 수리할 수 없다.

❷ 등기관의 과오로 등기의 착오 또는 유루가 발생한 경우(동일성 심사불요)

1. 직권에 의한 경정 ★★ 제25회

① 등기관의 과오로 등기의 착오가 발생한 경우, 그 착오를 발견한 등기관은 직권으로 경정등기를 하여야 한다. 다만, 등기상 이해관계 있는 제3자가 있는 경우에는 그의 승낙이 있어야 한다.

② 등기를 마친 등기관은 경정등기를 한 뜻을 지방법원장에게 보고하고, 등기권리자와 등기의무자(등기권리자 또는 등기의무자가 없으면 등기명의인)에게 통지하여야 한다(사후통지). 다만, 등기권리자, 등기의무자 또는 등기명의인이 각 2인 이상인 경우에는 그 중 1인에게 통지하면 된다. 제25회

2, 신청에 의한 경정(단독신청 가능)

① 등기완료 후 등기관의 과오로 인한 등기의 착오를 발견한 경우, 등기권리자 또는 등기의무자는 등기필증 등 그 사실을 증명하는 서면을 첨부하여 착오발견으로 인한 경정등기를 신청할 수 있으며, 이 경우 등기관이 경정등기를 한 뜻을 지방법원장에게 보고할 필요는 없다.

② 등기권리자 또는 등기의무자 일방의 신청에 의하여 착오발견으로 인한 등기를 마친 경우 등기관은 그 경정등기의 뜻을 상대방에게 통지하여야 한다.

> **참고** 소유권 일부말소의미의 경정등기

1. 단독소유를 공유로 경정하는 등기는 그 실질은 말소등기의 의미이므로 말소등기의 절차로 등기를 하여야 한다. 따라서 공동으로 신청하고 등기상 이해관계인이 있는 경우에는 그의 승낙서를 첨부하여야 한다. (미첨부시 각하)

2. 다만 일부를 말소할 수 있는 등기방법은 없으므로 등기형식상 경정등기를 신청하여야 한다. 이 경우 등기의무자가 등기신청에 협력하지 아니하는 경우 등기권리자는 소유권일부말소판결에 의하여 단독으로 등기를 신청할 수 있다.

일부말소의미의 경정등기	소유권일부말소판결
공동신청	단독신청
경정등기(부기등기)	경정등기
이해관계인의 승낙서 필요	이해관계인의 승낙서 필요

제19회 출제

01 경정등기에 관한 설명으로 옳은 것은? (다툼이 있으면 판례에 의함)

① 소유권이 이전된 후에도 종전 소유권에 대한 등기명의인의 표시경정등기를 할 수 있다.

② 부동산의 표시에 관한 경정등기에서는 등기상 이해관계있는 제3자의 승낙의 유무가 문제될 여지가 없다.

③ 등기사항의 일부가 부적법하게 된 경우에는 일부말소 의미의 경정등기를 할 수 없다.

④ 법인 아닌 사단이 법인화된 경우에는 등기명의인을 법인으로 경정하는 등기를 신청할 수 있다.

⑤ 법정상속분에 따라 상속등기를 마친 후에 공동상속인 중 1인에게 재산을 취득케 하는 상속 재산분할협의를 한 경우에는 소유권경정등기를 할 수 없다.

해설

② 부동산표시에 관한 경정등기는 권리의 경정등기와는 달리 이해관계 있는 제3자에게 손해를 끼칠 일이 없기 때문에 그 자의 승낙의 유무가 문제될 여지가 없다.

① 등기부상 권리를 이전하여 현재 등기명의인이 아닌 종전 등기명의인 또는 이미 사망한 등기명의인에 대한 등기명의인표시경정등기신청은 수리할 수 없다(2009.3.24 등기예규 제1280호).

③ 예컨대, 단독소유를 공유로 또는 공유를 단독소유로 하는 경정등기, 전부이전을 일부이전으로 또는 일부이전을 전부이전으로 하는 경정등기, 공유지분만의 경정등기 등은 경정등기라는 명칭을 사용하고는 있으나 그 실질은 말소등기(일부말소 의미의)에 해당하므로 등기를 실행함에 있어 경정등기의 방식이 아닌 말소등기의 방식으로 등기를 하여야 한다(2001.7.5 등기예규 제1027호). 따라서 등기사항의 일부가 부적법하게 된 경우에는 일부말소 의미의 경정등기를 할 수 있다.

④ 등기명의인표시 경정등기는 경전 전후의 등기가 표창하고 있는 등기명의인이 인격의 동일성을 유지하는 경우에만 신청할 수 있다. 그러므로 법인 아닌 사단을 법인으로 경정하는 등기를 신청하는 등 동일성을 해하는 등기명의인 표시경정등기신청은 수리할 수 없다(2009.3.24 등기예규 제1280호).

⑤ 법정상속분대로 등기된 후 협의분할에 의하여 소유권경정등기를 신청하는 경우 또는 협의분할에 의한 상속등기 후 협의해제를 원인으로 법정상속분대로 소유권경정등기를 신청하는 경우에는 상속으로 인한 소유권이전등기의 경정등기를 신청할 수 있다(2009.3.24 등기예규 제1280호).

답②

02 등기사무에 관한 설명으로 틀린 것은?

① 등기신청은 신청정보가 전산정보처리조직에 저장된 때 접수된 것으로 본다.

② 1동의 건물을 구분한 건물의 경우, 1동의 건물에 속하는 전부에 대하여 1개의 등기기록을 사용한다.

③ 등기의무자가 2인 이상일 경우, 직권으로 경정등기를 마친 등기관은 그 전원에게 그 사실을 통지하여야 한다.

④ 등기관이 등기를 마친 경우, 그 등기는 접수한 때부터 효력이 생긴다.

⑤ 등기사항증명서의 발급청구는 관할등기소가 아닌 등기소에 대하여도 할 수 있다.

해설

등기관이 직권으로 경정등기를 한 경우에 전원이 아니라 그 등기의무자 중 1인에게 통지하면 된다.

답 ③

4 출제 예상문제

01 경정등기에 관한 설명 중 옳지 않은 것은?

① 경정등기는 원시적 착오 또는 유루가 있는 경우에 할 수 있고, 등기완료 후에 발생한 사유에 의해서는 할 수 없다.

② 권리 자체의 경정이나 권리자 전체를 바꾸는 경정하는 등기신청은 수리할 수 없다.

③ 등기명의인의 인감증명이나 소유권확인판결서 등을 첨부하여 단독 소유의 소유권보존등기를 공동소유로 경정하거나 공동소유를 단독소유로 경정하는 등기는 이를 할 수 있다.

④ 경정등기의 형식으로 이루어지나 그 실질이 말소등기(일부말소 의미의)에 해당하는 경우에는 등기상 이해관계 있는 제3자가 있는 때에 그의 승낙서 등을 첨부한 경우에는 부기등기로 하고, 이를 첨부하지 아니한 경우에는 주등기로 실행한다.

⑤ 등기명의인의 수를 증감하는 것은 등기명의인표시경정이 아니며, 이는 권리에 관한 경정등기절차에 의한다.

해설 ✦ 단독소유를 공유로 또는 공유를 단독소유로 하는 경정등기로 하는 것과 같이 일부말소의 의미의 경정등기를 실행함에 있어서는 말소등기의 방식으로 등기를 하여야 하므로 등기상 이해관계 있는 제3자가 있는 때에 그의 승낙서 등을 제공한 경우에는 부기등기로 하고, 이해관계인의 승낙서 등이 제공되어 있지 않은 경우 등기관은 그 등기신청을 수리하여서는 아니 된다(등기예규 제1366호).

정답 ✦ ④

테마 51 말소등기

23회, 26회, 28회, 29회, 31회

1 출제예상과 학습포인트

✦ 기출횟수
  23회, 26회, 28회, 29회, 31회

✦ 35회 출제 예상
  통상 2년에 한번 정도씩 출제가 이루어진다. 34회 시험에서 출제가 되지 않았기에 35회 시험에서는 출제가능성이 70% 정도로 보면 좋을 거 같다.

✦ 35회 중요도
  ★★

✦ 학습범위
  지금현재 이론에서 언급된 부분에서 더 이상 양을 늘리지 말고 반복해서 이 정도만 숙지하면 될 거 같다.

✦ 학습방법
  단독신청의 말소등기와 직권말소등기를 정리하고 말소등기의 등기상 이해관계인을 정리하여야 한다.

✦ 핵심쟁점
  ❶ 말소등기의 등기상 이해관계 있는 제3자
  ❷ 단독신청의 말소등기
  ❸ 직권말소등기

2 핵심 내용

말소등기란 기존 등기사항 전부가 원시적 또는 후발적 사유로 인하여 실체관계와 부합하지 아니하여 그 등기사항의 전부를 등기로부터 소멸시키기 위한 등기이다.

제1관 말소등기 요건 제28회

1. 등기의 전부가 부적법할 것 → 일부만이 부적법하면 변경, 경정등기

2. 이해관계 있는 제3자가 있는 경우 제3자의 승낙서 또는 이에 대항할 수 있는 재판의 등본을 첨부하여야 한다.

3. 말소등기의 말소등기는 허용 안 됨 → 말소회복등기를 해야 한다.

> **참고** **말소등기의 등기상 이해관계인**
>
> (1) 말소등기의 등기상 이해관계인은 말소할 권리를 목적으로 하는 권리자를 말한다.
> (2) 말소할 권리와 선후관계에 있는 권리자는 이해관계인이 아니다.
> (3) 이해관계인에 해당하는 경우
> ① 소유권보존등기 말소시 그 부동산에 관한 저당권자, 지상권자, 가압류권자
> ② 지상권 말소시 지상권을 목적으로 하는 저당권자
> (4) 이해관계인에 해당하지 않는 경우
> ① 저당권 말소시 그 선후의 저당권자
> ② 지상권 말소시 그 선후의 저당권자
> ③ 선순위 소유권말소시 후순위 소유권자

제2관   말소등기절차

❶ 공동신청의 원칙

❷ 단독신청의 특례 ★★ 제23회, 제31회

① 판결에 의한 신청
② 가등기의 말소
③ 가처분에 의하여 실효된 등기의 말소
④ 권리의 혼동으로 인한 말소
⑤ 등기의무자가 소재불명된 경우의 말소등기
⑥ 사망 등으로 소멸한 권리의 말소등기
  등기명의인인 사람의 사망 또는 법인의 해산으로 권리가 소멸한다는 약정이 등기되어 있는 경우에 사람의 사망 또는 법인의 해산으로 그 권리가 소멸하였을 때에는, 등기권리자는 그 사실을 증명하여 단독으로 해당 등기의 말소를 신청할 수 있다.

❸ 직권말소 ★★ 제23회, 제28회

① 절대무효인 등기(법 제29조 제1호, 제2호 위반등기)
② 환매권의 행사에 따른 환매특약등기의 말소등기
③ 토지수용으로 인한 소유권이전등기시 소유권 또는 소유권 이외의 권리의 말소등기
④ 지상권(전세권)을 목적으로 하는 저당권이 있는 경우 그 지상권(전세권)을 말소한 경우의 저당권말소
  등기
⑤ 가등기에 기한 본등기를 한 때 본등기와 저촉되는 중간처분의 등기의 말소등기

❹ 등기의 실행

① 말소등기시 기존 등기사항은 주말한다.
② 말소등기는 항상 독립등기(주등기)로 한다.

3 │ 대표 기출문제

제26회 출제

01 말소등기에 관련된 설명으로 틀린 것은?

① 말소등기를 신청하는 경우, 그 말소에 대하여 등기상 이해관계 있는 제3자가 있으면 그 제3
  자의 승낙이 필요하다.
② 근저당권설정등기 후 소유권이 제3자에게 이전된 경우, 제3취득자가 근저당권설정자와 공
  동으로 그 근저당권말소등기를 신청할 수 있다.
③ 말소된 등기의 회복을 신청하는 경우, 등기상 이해관계 있는 제3자가 있을 때에는 그 제3자
  의 승낙이 필요하다.
④ 근저당권이 이전된 후 근저당권의 양수인은 소유자인 근저당설정자와 공동으로 그 근저당
  권말소등기를 신청할 수 있다.
⑤ 가등기의무자는 가등기명의인의 승낙을 받아 단독으로 가등기의 말소를 신청할 수 있다.

PART 2 부동산등기법

해설

저당권설정 후 소유권이 제3자에게 이전된 경우에는 저당권설정자 또는 제3취득자가 저당권자와 공동으로 그 말소등기를 신청할 수 있다. 제3취득자와 근저당권설정자가 공동신청하는 것이 아니다.

답 ②

제28회 출제

02 말소등기에 관한 설명으로 틀린 것은? (다툼이 있으면 판례에 따름)

① 말소되는 등기의 종류에는 제한이 없으며, 말소등기의 말소등기도 허용된다.

② 말소등기는 기존의 등기가 원시적 또는 후발적인 원인에 의하여 등기사항 전부가 부적법할 것을 요건으로 한다.

③ 농지를 목적으로 하는 전세권설정등기가 실행된 경우, 등기관은 이를 직권으로 말소할 수 있다.

④ 피담보채무의 소멸을 이유로 근저당권설정등기가 말소되는 경우, 채무자를 추가한 근저당권 변경의 부기등기는 직권으로 말소된다.

⑤ 말소등기신청의 경우에 '등기상 이해관계 있는 제3자'란 등기의 말소로 인하여 손해를 입을 우려가 있다는 것이 등기기록에 의하여 형식적으로 인정되는 자를 말한다.

해설

말소등기의 말소등기도 허용되지 않는다. 말소등기가 부적법한 경우에는 말소회복등기를 한다.

답 ①

제29회 출제

03 말소등기를 신청하는 경우 그 말소에 관하여 승낙서를 첨부하여야 하는 등기상 이해관계 있는 제3자에 해당하는 것을 모두 고른 것은?

> ㄱ. 지상권등기를 말소하는 경우 그 지상권을 목적으로 하는 저당권자
> ㄴ. 순위 2번 저당권등기를 말소하는 경우 순위 1번 저당권자
> ㄷ. 순위 1번 저당권등기를 말소하는 경우 순위 2번 저당권자
> ㄹ. 토지에 대한 저당권등기를 말소하는 경우 그 토지에 대한 지상권자
> ㅁ. 소유권보존등기를 말소하는 경우 가압류권자

① ㄱ, ㄹ　　　　② ㄱ, ㅁ　　　　③ ㄴ, ㄷ　　　　④ ㄴ, ㅁ　　　　⑤ ㄷ, ㄹ

해설

말소대상인 권리를 목적으로 하는 제3자의 권리에 관한 등기가 있는 경우 그 제3자는 말소등기의 등기상 이해관계인에 해당한다.

답 ②

4 출제 예상문제

01 말소에 관한 등기절차에 대한 설명 중 옳은 것은?

① 농지를 목적으로 하는 전세권설정등기가 실행된 경우 당사자의 신청이 있어야 말소할 수 있다.

② 근저당권이전의 부기등기는 주등기인 근저당권설정등기가 말소되는 경우에도 별도의 말소신청에 의하여 말소하여야 한다.

③ 순위 1번 저당권설정등기를 말소하는 경우 순위 2번으로 설정한 지상권자로부터는 저당권설정등기말소에 관한 승낙서를 받을 필요가 없다.

④ 혼동으로 인한 권리소멸은 직권말소등기 사유이다.

⑤ 저당권의 목적이 된 소유권의 말소등기에 있어서는 저당권자의 승낙이 필요 없다.

해설 ✦ ③ 순위 1번 저당권설정등기를 말소하는 경우 순위 2번으로 설정한 지상권자는 이익을 보는 자이기 때문에 등기상 이해관계 있는 제3자에 해당하지 않기 때문이다.

① 농경지는 전세권의 목적으로 할 수 없다(민법 제303조 제2항). 이를 위반한 등기는 부동산등기법 제29조 제2호(사건이 등기할 것이 아닌 경우)에 해당하여 절대무효이고, 등기관이 이를 직권으로 말소할 수 있다.

② 근저당권이전의 부기등기는 주등기인 근저당권설정등기가 말소되는 경우에 등기관이 직권으로 말소한다.

④ 혼동으로 인한 권리 소멸은 단독 말소등기 사유이지 직권말소등기 사유가 아니다.

⑤ 이 경우, 저당권자는 등기상 이해관계 있는 제3자이다. 따라서 이 경우 저당권자의 승낙이 있어야 한다.

정답 ✦ ③

1 출제예상과 학습포인트

✦ 기출횟수

22회

✦ 35회 출제 예상

자주 출제되는 부분은 아니지만 종합문제에서 지문 하나정도는 언제나 출제될 수 있다. 35회 시험에서는 출제가능성
이 40% 정도로 보면 좋을 거 같다.

✦ 35회 중요도

★

✦ 학습방법

말소회복등기의 요건과 절차를 정리하고 등기상 이해관계 있는 제3자를 구분하여야 한다.

✦ 핵심쟁점

❶ 말소회복등기의 요건
❷ 전부말소회복등기와 일부말소회복등기
❸ 등기상 이해관계 있는 제3자

2 핵심 내용

❶ 의의

등기의 전부 또는 일부가 부적법하게 말소되어 종전의 등기로 효력을 회복하는 등기.

❷ 요건

① 등기의 전부 또는 일부가 부적법하게 말소되었을 것. 자발적으로 말소된 경우 ×
② 말소된 등기를 회복하려는 것일 것
③ 회복으로 제3자에게 불측의 손해를 줄 염려가 없을 것 : 제3자가 있는 경우 그 자의 승낙서 또는 재판의
등본을 첨부해야 한다.

❸ 등기의 실행

① 등기 전부에 대한 말소회복등기 : 주등기(독립등기)
② 등기 일부에 대한 말소회복등기 : 부기등기

❹ 말소회복등기시의 이해관계인

1. 이해관계인의 성립요건

① 등기부에 기록되어 있는 자만 가능하므로 이미 말소된 자는 이해관계인이 아니다.
② 실제 손해발생 여부는 따지지 않고 손해발생 우려가 있는 자로 족하다.
③ 손해의 판단시점은 회복등기시를 기준으로 한다.(권리취득시×)
④ 회복등기와 양립할 수 없는 등기명의인은 이해관계인이 될 수 없고 회복의 전제로서 말소의 대상이 될 뿐이다.

2. 구체적인 예

① 이해관계인에 해당하는 경우
　㉠ 순위1번 저당권 회복에 있어서 1번 저당권 말소 후에 등기한 순위 2번의 저당권자
　㉡ 순위1번 저당권 회복에 있어서 1번 저당권 말소 전에 등기한 순위 2번의 저당권자
② 이해관계인에 해당하지 않는 경우
　㉠ 순위2번의 소유권등기의 회복에 있어서 소유권등기가 말소한 후에 등기한 현재의 소유권의 등기명의인
　㉡ 지상권등기를 회복함에 있어서 그 지상권을 목적으로 하였던 저당권자

❺ 등기절차 개시의 특칙

① 신청에 의한 회복 : 당사자 또는 제3자에 의해 말소된 경우(공동신청의 원칙)
　적법한 제한물권의 등기를 설정자가 불법말소한 후 소유권을 제3자에게 이전한 경우에 제한물권자는 말소회복등기의 등기권리자이고 말소될 당시의 소유자가 등기의무자로서 공동신청, 현재의 소유자 ×
② 직권으로 소멸케 한 등기는 직권으로 회복하고, 촉탁으로 이루어진 등기가 불법말소 된 경우에는 촉탁으로 회복한다. 따라서 당사자는 그 회복등기를 구하는 소송을 구할 수 없다.
　가등기에 기한 본등기시 중간처분의 등기는 직권말소 되는데 본등기가 말소된 경우에 직권말소 된 중간처분의 등기는 등기관이 직권으로 회복한다.

❻ 말소회복등기의 효력 : 등기의 효력과 순위는 종전과 동일하다.

3 대표 기출문제

제15회 출제

01 등기절차에 관한 판례의 내용으로 틀린 것은?

① 소유권이전등기절차 중 하자가 있다 하여도 현재의 등기부상 명의인에 대한 소유권취득이 정당한 것인 경우에는 그 등기는 실체에 부합한 것으로서 유효하다.

② 말소회복등기와 양립할 수 없는 등기의 등기명의인은 부동산등기법상에서의 등기상 이해관계 있는 제3자라고 볼 것이다.

③ 소유권이전등기가 등기부 멸실 후에 회복등기절차에 따라서 이루어진 경우에 그 회복등기는 등기관에 의하여 적법하게 수리되어 처리된 것으로 추정된다.

④ 복수의 권리자가 소유권이전등기청구권을 보전하기 위하여 가등기를 마쳐 둔 경우, 특별한 사정이 없는 한 그 권리자 중 한 사람은 자신의 지분에 관하여 단독으로 그 가등기에 기한 본등기를 청구할 수 있다.

⑤ 소유권이전등기절차이행을 명하는 확정판결에 기하여 소유권이전등기 신청을 하였으나 등기관의 착오로 인하여 그 일부 토지에 관하여 소유권이전등기가 경료되지 아니하였다면 소정의 경정등기절차에 의하여 이를 할 수 있다.

> **해설**
>
> 회복등기와 양립할 수 없는 등기는 회복의 전제로서 말소의 대상이 될 뿐이고 그 등기명의인은 회복등기절차에 있어서의 이해관계인이 아니다(대판 1982.1.26., 81다2329,2330).
>
> 답 ②

4 출제 예상문제

01 다음은 말소회복등기에 관한 설명이다. 틀린 것은?

① 말소회복등기는 어떤 등기가 전부 또는 일부 부적법하게 말소된 경우에 한다.

② 부적법하게 말소된 이유는 실체적 이유이건 절차적 하자에 기인한 것이든 이를 불문한다.

③ 등기관이 직권 또는 법원의 촉탁에 의하여 말소한 등기가 부적법한 것인 때에 그 등기의 회복은 등기관의 직권 또는 법원의 촉탁에 의하여 회복등기를 하여야 한다.

④ 회복등기와 양립할 수 없는 등기의 명의인은 회복등기절차에 있어서의 이해관계인이므로 그 승낙서 등을 제공하여야 한다.

⑤ 어느 등기 중의 일부의 등기사항만이 부적법하게 말소된 경우에는 부기등기로 회복등기를 한다.

해설 ✦ ④ 회복등기와 양립할 수 없는 등기는 회복의 전제로서 말소의 대상이 될 뿐이고, 그 등기명의인은 회복등기절차에 있어서의 이해관계인이 아니다(대판 1982.1.26, 81다2329,2330). 말소등기에 있어 등기상의 이해관계있는 제3자란 '등기 기록의 형식상 말소된 등기가 회복됨으로 인하여 손해를 입을 우려가 있는 제3자'를 의미하며, 손해를 입을 우려가 있는지의 여부는 '회복등기시'를 기준하여 판별하여야 한다(대판 1990.6.26, 89 카5673).

① 전부의 말소회복등기는 '주등기'에 의하고, 일부의 말소회복등기는 '부기등기'에 의한다(규칙 제118조 참조).

정답 ✦ ④

02 다음의 등기명의인 중 말소회복등기에 대한 등기상의 이해관계인은?

① 전세권등기를 회복함에 있어서 그 전세권을 목적으로 하였던 저당권자

② 순위 1번의 지상권등기를 회복함에 있어서 순위 2번으로 등기한 지상권자

③ 후순위의 가압류등기를 회복함에 있어서 선순위의 저당권자

④ 순위 1번의 저당권등기를 회복함에 있어서 그 저당권의 말소등기 전에 설정등기를 한 순위 2번의 저당권자

⑤ 순위 2번의 소유권이전등기를 회복함에 있어서 순위 3번으로 이전등기를 경료한 소유권의 등기명의인

해설 ✦ 말소회복등기에 있어서 '등기 기록의 형식상 말소된 등기가 회복됨으로 인하여 손해를 입을 우려가 있는 제3자'를 말한다. 이해관계의 유무는 회복등기시를 기준으로 하여 판단하므로(대판 1982.1.26, 89카5673) 1번 저당권등기가 회복되면 1번 저당권이 말소됨에 따라 순위가 승진되어 1번 저당권자가 되었던 2번 저당권자는 다시 2번 저당권자가 됨으로써 불이익을 받는다는 것이 등기부상 나타나므로 이해관계인이 된다.
②,⑤회복등기와 양립할 수 없는 등기는 회복의 전제로서 말소의 대상이 될 뿐이고 그 등기명의인은 회복등기절차에 있어서의 이해관계인이 아니다(대판 1982.1.26., 81다2329,2330).

정답 ✦ ④

테마 53 부기등기

20회, 22회 23회, 28회, 30회, 31회, 32회, 33회

1 출제예상과 학습포인트

✦ 기출횟수

20회, 22회 23회, 28회, 30회, 31회, 32회, 33회

✦ 35회 출제 예상

매년 관련 내용이 출제가 이루어진다. 33회 시험에서 전세권등기에서 지문으로 출제가 되었다. 35회 시험에서는 출제가능성이 90% 정도로 보면 좋을 거 같다.

✦ 35회 중요도

★★★

✦ 학습방법

각 등기의 종류별로 부기등기와 주등기를 구분할 수 있어야 한다.

✦ 핵심쟁점

❶ 부기등기의 취지
❷ 주등기와 부기등기의 구분

2 핵심 내용

❶ 의의

① 독립된 순위번호를 갖지 않고 주등기의 번호를 사용하여 이루어지는 등기로서 주등기의 순위나 효력을 보유한다.
② 등기관이 부기등기를 할 때에는 그 부기등기가 어느 등기에 기초한 것인지 알 수 있도록 주등기 또는 부기등기의 순위번호에 가지번호를 붙여서 하여야 한다.

❷ 부기등기와 주등기의 구분 ★★★ 제23회, 제28회, 제30회, 제31회

	주등기	부기등기
~이전등기	소유권이전등기	소유권 외의 권리 이전등기
~설정등기	소유권 목적의 ~설정등기	소유권 외의 권리 목적의 ~설정등기
~처분제한등기 (가압류, 가처분, 경매개시결정등기)	소유권의 처분제한 등기	소유권 외의 권리의 처분제한등기
권리의 변경등기	이해관계인의 승낙이 없으면	이해관계인의 승낙이 있으면
말소회복등기	전부말소회복등기	일부말소회복등기
가등기	본등기를 주등기로 할 경우	본등기를 부기등기로 할 경우
기타	표제부의 등기 부동산표시변경등기 멸실등기 말소등기 대지권(뜻)의 등기	환매특약등기, 공유물분할금지약정등기, 권리소멸약정등기 권리질권등기(채권담보권) 등기명의인 표시변경(경정)등기 공동저당의 대위등기

❸ 부기등기의 효력

① 부기등기의 순위는 주등기의 순위에 의한다. 따라서 주등기가 말소되면 부기등기도 말소된다.
② 같은 주등기에 관한 부기등기 상호간의 순위는 그 등기한 순서에 의한다.
③ 환매권 이전등기의 경우에는 부기등기의 부기등기가 허용된다.

3 대표 기출문제

제33회 출제

01 부기로 하는 등기로 옳은 것은?

① 부동산멸실등기
② 공유물 분할금지의 약정등기
③ 소유권이전등기
④ 토지분필등기
⑤ 부동산 표시변경등기 등 표제부의 등기

해설

부기로 하는 등기
1. 등기명의인표시의 변경이나 경정의 등기
2. 소유권 외의 권리의 이전등기
3. 소유권 외의 권리를 목적으로 하는 권리에 관한 등기
4. 소유권 외의 권리에 대한 처분제한 등기
5. 권리의 변경이나 경정의 등기(등기상 이해관계 있는 제3자의 승낙이 있는 경우)
6. 환매특약등기
7. 권리소멸약정등기
8. 공유물 분할금지의 약정등기

4 출제 예상문제

01 부기등기에 관한 설명으로 틀린 것을 모두 고른 것은?

> ㉠ 지상권설정등기는 부기등기로 실행한다.
> ㉡ 환매권의 이전등기는 부기등기의 부기등기로 실행한다.
> ㉢ 권리변경등기는 등기상 이해관계인의 승낙을 얻으면 부기등기로 실행할 수 있다.
> ㉣ 소유권 이외 권리에 대한 처분제한의 등기는 부기등기로 실행한다.
> ㉤ 1개의 주등기에 여러 개의 부기등기가 있는 경우 그 부기등기 상호간의 순위는 동일한 순위이다.

① ㉠, ㉡   ② ㉡, ㉢   ③ ㉢, ㉣   ④ ㉣, ㉤   ⑤ ㉠, ㉤

해설 ✦ ㉠ 지상권설정등기는 '주등기'로 실행한다.
　　　㉤ 부기등기의 순위는 주등기의 순위에 따른다. 그러나 부기등기 상호간의 순위는 그 등기순서에 따른다.
　　　㉡ 환매권의 이전등기는 부기등기인 환매특약의 등기에 다시 부기등기의 형식으로 하므로 '부기등기의 부기등기'로 실행한다.
　　　㉣ 소유권의 처분제한의 등기는 '주등기'로 실행하고, 소유권 이외의 권리의 처분제한의 등기는 '부기등기'로 실행한다.

정답 ✦ ⑤

02 다음 중 부기등기의 방법에 의하여 등기하는 경우를 모두 고른 것은?

> ㉠ 환매특약의 등기
> ㉡ 가등기상 권리의 이전등기
> ㉢ 근저당권부 채권에 대한 채권담보권등기
> ㉣ 권리의 소멸에 관한 약정의 등기
> ㉤ 등기사항의 일부의 말소회복등기
> ㉥ 대지권이 있다는 뜻의 등기(대지권인 취지의 등기)
> ㉦ 부동산의 표시변경·경정등기

① ㉠, ㉡, ㉣
② ㉠, ㉢, ㉥
③ ㉡, ㉣, ㉤, ㉥
④ ㉠, ㉡, ㉢, ㉣, ㉤
⑤ ㉡, ㉣, ㉤

해설 ✦ ㉠ 매수인의 권리취득등기에 '부기등기'로 한다.
㉡ 소유권 이외의 권리이전등기로서 동일한 순위의 유지를 위하여 '부기등기'로 한다.
㉢ 근저당권을 목적으로 하므로 '부기등기'로 의한다.
㉣ 소멸약정의 목적인 권리의 등기에 '부기등기'로 한다.
㉤ 등기사항의 '일부'의 말소회복등기는 '부기등기'로 하나, 등기사항의 '전부'의 말소회복등기는 '주등기'로 함을 주의하여야 한다.
㉥, ㉦ 항상 '주등기'로 한다.
※ 부기등기와 주등기의 구분 ★★★

정답 ✦ ④

54 가등기

1 출제예상과 학습포인트

✦ **기출횟수**

매년 출제

✦ **35회 출제 예상**

매년 출제가 되는 매우 중요한 테마이다. 34회 시험에서는 출제가능성이 90% 이상이다.

✦ **35회 중요도**

★★★

✦ **학습방법**

가등기의 기본 개념과 절차를 숙지하여야 한다. 기출지문은 모두 그 의미를 숙지하여야 한다.

✦ **핵심쟁점**

❶ 가등기의 가부
❷ 가등기 절차

2 핵심 내용

❶ 의의

등기할 수 있는 권리의 설정, 이전, 변경, 소멸의 청구권을 보전하기 위하여 가등기 할 수 있다.

가등기 가능	가등기 불가능
① 물권적변동을 목적으로 하는 채권적청구권	① 소유권보존등기의 가등기
② 시기부 또는 정지조건부의 청구권(사인증여)	② 처분제한등기의 가등기
③ 장래에 있어서 확정될 청구권	③ 물권적청구권 보전의 가등기
④ 이중의 가등기	④ 말소등기의 가등기
⑤ 가등기의 가등기(부기등기 형식)	⑤ 종기부, 해제조건부 청구권 가등기
★ 가등기상 권리의 처분금지 가처분 등기 O	⑥ 환매권설정의 가등기
★ 가등기에 기한 본등기금지 가처분 등기 ×	⑦ 유증자 생존 중 유증원인의 가등기

❷ 가등기의 신청

1. 원칙 : 가등기권리자와 가등기의무자가 공동신청하는 것이 원칙이다.

2. 가등기 권리자 단독신청의 특칙

① 가등기의무자의 승낙이 있는 경우

② 가등기를 명하는 법원(부동산 소재지관할)의 가처분명령이 있을 때(촉탁등기 ×)

3. 첨부정보

구분	(소유권이전청구권)가등기	본등기
등기의무자의 등기필정보	×	○
등기의무자의 인감증명	○	○
검인계약서 농지취득자격증명	×	○
토지거래허가서	○	×

❸ 가등기의 실행

해당구 사항란에 기록하며, 본등기의 형식에 따라 가등기형식을 결정한다.

㉠ 소유권이전가등기 → 갑구에 주등기, 저당권이전가등기 → 을구에 부기등기

❹ 가등기의 효력

① 실체법상 효력

가등기만으로는 실체법상 효력을 갖지 아니한다(단 담보가등기는 저당권효력 있음).

그 본등기를 명하는 판결이 확정된 경우라도 본등기를 경료하기까지는 마찬가지이므로, 중복된 소유권보존등기가 무효이더라도 가등기권리자는 그 말소를 청구할 권리가 없다(대법원 2001. 3. 23. 선고 2000다51285 판결).

② 순위보전적 효력

가등기에 의한 본등기를 한 경우 본등기의 순위는 가등기의 순위에 따른다.

주의) 실체법상 물권변동의 효력이 소급하는 것이 아님

③ 가등기의 추정력 ×

소유권이전청구권 보전을 위한 가등기가 있다 하여, 소유권이전등기를 청구할 어떤 법률관계가 있다고 추정되지 아니한다(대판 1979.5.22. 79다239).

소유권 이전청구권의 보전을 위한 가등기가 있었다하여 반드시 금전채무에 관한 담보계약이나 대물변제의 예약이 있었던 것이라고 단정할 수 없다(대판 1963.4.18. 63다114).

❺ 가등기에 기한 본등기(본등기 실행시 가등기를 말소하지 아니한다)

1. 신청 : 공동신청 원칙

① **본등기권리자** : ㉠ 가등기권리자 ㉡ 가등기권리자의 상속인 ㉢ 가등기상 권리의 양수인

② **본등기의무자** : ㉠ 가등기의무자 ㉡ 가등기의무자의 상속인

　　주의) 가등기 후에 소유권이 제3자에게 이전되었다 하더라도 본등기의무자는 가등기 당시의 소유명의인이며, 현재의 소유명의인 ✕

2. 공동가등기권리자의 경우

① 가등기권리자 모두가 공동의 이름으로 본등기를 신청하거나, 그 중 일부의 가등기권리자가 자기의 가등기 지분만에 대하여 본등기를 신청할 수 있다.

② 그러나, 일부의 가등기권리자가 공유물보존행위에 준하여 가등기 전부에 대하여 본등기를 신청할 수 없다.

③ 담보가등기에 의한 본등기를 신청할 경우에는 판결에 의하여 본등기를 신청하는 경우를 제외하고는 청산절차를 거쳤음을 증명하기 위하여 청산금 평가통지서와 청산금을 채무자에게 지급(공탁)하였음을 증명하는 정보를 첨부정보로서 등기소에 제공하여야 한다.

④ 청산절차를 거치지 아니하여 위의 첨부정보를 제공하지 아니한 채 담보가등기에 기한 본등기가 이루어진 경우라도 「부동산등기법」 제29조 제2호의 '사건이 등기할 것이 아닌 경우'에 해당하는 것은 아니므로, 등기관이 그 본등기를 직권으로 말소할 수는 없다.[등기선례 제201405-1호]

	상속·보존등기	가등기에 기한 본등기
일부공유자의 자기지분만의 등기	✕	○
일부공유자의 전원명의의 등기	○	✕

❻ 본등기 후의 조치(등기예규 제1408호) 제25회, 제27회, 제28회

구분	직권말소대상	직권말소대상이 아닌것
소유권이전등기 청구권보전 가등기에 의한 본등기시	가등기 후 본등기 전에 마쳐진 등기 중 우측의 등기를 제외하고는 모두 직권으로 말소한다.	① 해당 가등기상 권리를 목적으로 하는 가압류등기나 가처분등기 ② 가등기 전에 마쳐진 가압류에 의한 강제경매개시결정등기 ③ 가등기 전에 마쳐진 담보가등기, 전세권 및 저당권에 의한 임의경매개시결정등기 ④ 가등기권자에게 대항할 수 있는 주택임차권등기, 주택임차권설정등기, 상가건물임차권등기, 상가건물임차권설정등기
지상권,전세권 또는 임차권의 설정등기청구권 보전 가등기에 의한 본등기시	가등기 후 본등기 전에 경료된 ① 지상권설정등기 ② 지역권설정등기 ③ 전세권설정등기 ④ 임차권설정등기	① 소유권이전등기 및 소유권이전등기청구권보전 가등기 ② 가압류 및 가처분 등 처분제한의 등기 ③ 체납처분으로 인한 압류등기 ④ 저당권설정등기 ⑤ 가등기가 되어 있지 않은 부분에 대한 지상권, 지역권, 전세권 또는 임차권의 설정등기와 주택임차권등기등
저당권설정등기 청구권보전 가등기에 의한 본등기시	없음	가등기 후 본등기 전에 마쳐진 등기는 직권말소의 대상이 되지 아니한다.

※ 등기관이 가등기 이후의 등기를 직권말소한 경우에는 말소하는 이유 등을 명시하여 지체없이 말소된 권리의 등기명의인에게 통지하여야 한다.(사전통지×)

❼ 가등기의 말소

1. 신청

① 공동신청 원칙
② 단독신청의 특칙
  ㉠ 가등기명의인의 단독으로 가등기의 말소를 신청할 수 있다.
  ㉡ 가등기의무자 또는 가등기에 관하여 등기상 이해관계 있는 자는 가등기명의인의 승낙을 받아 단독으로 가등기의 말소를 신청할 수 있다.

2. 첨부정보

① 가등기명의인의 가등기필정보
② 소유권가등기를 말소하는 경우에는 가등기명의인의 인감증명서를 첨부하여야 한다.

3 대표 기출문제

제31회 출제

01 가등기에 관한 설명으로 틀린 것은?

① 가등기권리자는 가등기의무자의 승낙이 있는 경우에 단독으로 가등기를 신청할 수 있다.

② 가등기명의인은 단독으로 가등기의 말소를 신청할 수 있다.

③ 가등기의무자는 가등기명의인의 승낙을 받아 단독으로 가등기의 말소를 신청할 수 있다.

④ 부동산소유권이전의 청구권이 정지조건부인 경우에 그 청구권을 보전하기 위해 가등기를 할 수 있다.

⑤ 가등기를 명하는 가처분명령은 가등기권리자의 주소지를 관할하는 지방법원이 할 수 있다.

> **해설**
> 가등기를 명하는 가처분명령은 가등기권리자의 주소지가 아니라 부동산의 소재지를 관할하는 지방법원이 가등기권리자의 신청으로 가등기 원인사실의 소명이 있는 경우에 할 수 있다.
>
> 답 ⑤

제32회 출제

02 가등기에 관한 설명으로 틀린 것은?

① 가등기권리자는 가등기를 명하는 법원의 가처분명령이 있는 경우에는 단독으로 가등기를 신청할 수 있다.

② 근저당권 채권최고액의 변경등기청구권을 보전하기 위해 가등기를 할 수 있다.

③ 가등기를 한 후 본등기의 신청이 있을 때에는 가등기의 순위번호를 사용하여 본등기를 하여야 한다.

④ 임차권설정등기청구권보전 가등기에 의한 본등기를 한 경우 가등기 후 본등기 전에 마쳐진 저당권설정등기는 직권말소의 대상이 아니다.

⑤ 등기관이 소유권이전등기청구권보전 가등기에 의한 본등기를 한 경우, 가등기 후 본등기 전에 마쳐진 해당 가등기상 권리를 목적으로 하는 가처분등기는 직권으로 말소한다.

> **해설**
>
> 등기관이 소유권이전등기청구권보전 가등기에 의하여 소유권이전의 본등기를 한 경우에는 가등기 후 본등기 전에 마쳐진 등기는 직권으로 말소한다.
> 다만 다음의 등기는 말소할 수 없다.(규칙 제147조①)
> 1. 해당 가등기상 권리를 목적으로 하는 가압류등기나 가처분등기
> 2. 가등기 전에 마쳐진 가압류에 의한 강제경매개시결정등기
> 3. 가등기 전에 마쳐진 담보가등기, 전세권 및 저당권에 의한 임의경매개시결정등기
> 4. 가등기권자에게 대항할 수 있는 주택임치권등기, 주택임차권설정등기, 상가건물임차권등기, 싱가건물임차권설정 등기
>
> 답⑤

제33회 출제

03 가등기에 관한 설명으로 옳은 것은?

① 가등기명의인은 그 가등기의 말소를 단독으로 신청할 수 없다.

② 가등기의무자는 가등기명의인의 승낙을 받더라도 가등기의 말소를 단독으로 신청할 수 없다.

③ 가등기권리자는 가등기를 명하는 법원의 가처분명령이 있더라도 단독으로 가등기를 신청할 수 없다.

④ 하나의 가등기에 관하여 여러 사람의 가등기권자가 있는 경우, 그 중 일부의 가등기권자는 공유물 보존행위에 준하여 가등기 전부에 관한 본등기를 신청할 수 없다.

⑤ 가등기목적물의 소유권이 가등기 후에 제3자에게 이전 된 경우, 가등기에 의한 본등기 신청의 등기의무자는 그 제3자이다.

> **해설**
>
> ① 가등기명의인은 그 가등기의 말소를 단독으로 신청할 수 있다.
> ② 가등기의무자는 가등기명의인의 승낙을 받아 가등기의 말소를 단독으로 신청할 수 있다.
> ③ 가등기권리자는 가등기를 명하는 법원의 가처분명령이 있으면 단독으로 가등기를 신청할 수 있다.
> ⑤ 가등기목적물의 소유권이 가등기 후에 제3자에게 이전 된 경우, 가등기에 의한 본등기 신청의 등기의무자는 가등기를 할 때의 소유자이다.
>
> 답④

4 출제 예상문제

PART 2 부동산등기법

01 다음은 가등기에 관한 설명이다. 틀린 것은?

① 가압류·가처분 등 처분제한등기에 대한 가등기를 할 수 있다.

② 가등기권리자는 가등기의무자의 승낙이 있거나 가등기를 명하는 법원의 가처분명령이 있을 때에는 단독으로 가등기를 신청할 수 있다.

③ 가등기에 의한 본등기의 순위는 가등기의 순위에 따르나, 물권변동의 시기는 가등기시로 소급하지 않는다.

④ 가등기상 권리를 제3자에게 양도하는 경우에 양도인과 양수인이 공동신청으로 그 가등기상의 권리의 이전등기를 신청할 수 있고, 그 이전등기는 가등기에 대한 부기등기의 형식으로 한다.

⑤ 가등기명의인은 단독으로 가등기의 말소를 신청할 수 있다.

해설 ✦ ① 압류·가압류·가처분·경매신청 등 처분제한의 경우에는 당사자 간에 보전할 청구권이 존재하지 않으므로 청구권보전이 목적인 가등기를 할 수 없다(법 제88조 참조).
② 법 제37조
③ 법 제91조. 가등기에 기하여 본등기를 하더라도 물권의 변동의 효력은 어디까지나 그 '본등기를 한 때'에 발생한다(대판 1981.5.26, 80다3117).
④ 대판[전합] 1998.11.19, 98다24105
⑤ 법 제93조 제1항

정답 ✦ ①

02 가등기에 관한 현행 등기실무에 관한 설명이다. 옳은 것은?

① 원인행위의 무효로 인한 소유권말소등기청구권을 보전하기 위한 가등기는 할 수 없다.

② 가등기 후 소유권이 제3자에게 이전된 경우, 본등기신청의 등기의무자는 그 제3자(현재의 소유권의 등기명의인)가 된다.

③ 가등기권자가 사망한 경우 가등기에 대한 상속등기를 먼저 하여야만 본등기를 할 수 있다.

④ 하나의 가등기에 관하여 여러 사람의 가등기권자가 있는 경우 그 중 일부의 가등기권자는 자기의 가등기지분에 관하여 본등기를 신청하거나 공유물보존행위에 준하여 가등기 전부에 관한 본등기를 신청할 수 있다.

⑤ 소유권이전청구권가등기권자가 가등기에 의한 본등기를 하지 않고 다른 원인에 의한 소유권이전등기를 한 후에는 어떤 경우에도 다시 그 가등기에 의한 본등기를 할 수 없다.

해설 ✦ ① 말소등기의 가등기는 말소원인이 채권적 청구권인 때에는 그 소멸청구권을 보전하기 위하여 가등기를 할 수 있으나, 말소원인이 물권적 청구권인 때에는 허용되지 않는다. 그런데 원인무효로 인한 소유권말소등기청구권은 물권적 청구권이므로 그 보전을 위한 가등기는 할 수 없다(등기예규 제1408호).

② 가등기에 기한 소유권이전본등기 신청의 등기의무자는 '가등기를 할 때'의 소유자이며, 가등기 후에 제3자에게 소유권이 이전된 경우에도 등기의무자는 변동되지 않는다(등기예규 제1408호).

③ 가등기를 마친 후에 가등기권자가 사망한 경우, 가등기권자의 상속인은 상속등기를 할 필요 없이 상속을 증명하는 정보를 제공하여 가등기의무자와 공동으로 본등기를 신청할 수 있다(등기예규 제1408호).

④ 하나의 가등기에 관하여 여러 사람의 가등기권자가 있는 경우에, 가등기권자 모두가 공동의 이름으로 본등기를 신청하거나, 그 중 일부의 가등기권자가 자기의 가등기지분에 관하여 본등기를 신청할 수 있지만, 일부의 가등기권자가 공유물보존행위에 준하여 가등기 전부에 관한 본등기를 신청할 수는 없다(등기예규 제1408호).

⑤ 소유권이전청구권가등기권자가 가등기에 의한 본등기를 하지 않고 다른 원인에 의한 소유권이전등기를 한 후에는 다시 그 가등기에 의한 본등기를 할 수 없다. 다만, 가등기 후 위 소유권이전등기 전에 제3자 앞으로 처분제한의 등기가 되어 있거나 중간처분의 등기가 된 경우에는 그러하지 아니하다(등기예규 제1408호).

정답 ✦ ①

테마 55 이의신청

26회, 28회, 30회, 31회, 제34회

1 출제예상과 학습포인트

✦ 기출횟수
26회, 28회, 30회, 31회, 34회

✦ 35회 출제 예상
한동안 출제되지 않았다가 최근에 자주 출제되었다. 35회 시험에서는 출제가능성이 70% 정도로 보면 좋을 거 같다.

✦ 35회 중요도
★

✦ 학습방법
이의신청에 대한 기본절차를 숙지하고 기출문제 위주로 정리하면 될 것이다.

✦ 핵심쟁점
❶ 이의신청의 요건
❷ 이의신청의 절차

2 핵심 내용

❶ 이의제도

이의신청방법으로 그 등기의 시정을 구할 수 있는 경우에는 민사소송이나 행정소송으로 그 시정을 구할 수 없다(판례).

❷ 이의신청의 요건

1. 등기관의 결정 또는 처분이 부당할 것

2. 등기의 신청을 각하 하거나 등기의 실행을 게을리 하는 소극적 부당 처분은 모두 이의신청 대상이 된다.

3. **적극적 부당 처분**: 각하요건이 있음에도 불구하고 등기를 실행한 경우로 등기법 제 29조 제1호 및 제2호 위반은 이의신청 대상이 되나 제3호~제11호 위반은 이의신청 대상이 아니다.

4. 이의 결정의 당·부당 판단은 결정 또는 처분 시를 기준으로 한다.

5. 새로운 사실이나 새로운 증거방법으로써 이의신청을 하지 못한다. 제26회, 제27회, 제28회, 제31회

구분	내용	효력	사유	이의신청인	
				당사자	이해관계인
소극적 부당	등기신청의 각하			○	×
적극적 부당	각하사유를 간과 하고 등기를 실행	절대무효	29조 1호, 2호	○	○
		절대무효는 아님	29조 3호 이하의 사유	×	×

❸ 이의 신청의 절차 및 효력

1. 이의 신청인

① **소극적 부당처분(등기신청의 각하)** : 등기신청인(등기권리자와 등기의무자)

② **적극적 부당처분(법 제29조 제1호 제2호 위반)** : 등기신청인(등기권리자와 등기의무자)과 이해관계 있는 자만 신청이 가능하다.

2. 구체적 예시

① 채권자가 채무자를 대위하여 경료한 등기가 채무자의 신청에 의하여 말소된 경우에는 그 말소 처분에 대하여 채권자는 등기상 이해관계인으로서 이의신청을 할 수 있다.

② 상속인이 아닌 자는 상속등기가 위법하다 하여 이의신청을 할 수는 없다.

③ 저당권설정자는 저당권의 양수인과 양도인 사이의 저당권이전의 부기등기에 대하여 이의신청 을 할 수 없다.

④ 등기의 말소신청에 있어 이해관계 있는 제3자의 승낙서 등 서면이 첨부되어 있지 아니하였다는 사유로, 말소등기의무자는 말소처분에 대하여 이의신청을 할 수 없다.

⑤ 동일한 부동산에 관하여 후순위로 접수된 등기신청을 받아들여 먼저 소유권이전등기를 경료한 경우, 선순위로 접수된 등기신청인은 등기신청서류의 접수번호의 순서만을 내세워 이의를 제기 할 수 없다.

3. 이의 신청은 관할 지방 법원에 제기하여야 하나 등기소에 이의신청서를 제출하는 방법으로 한다. 제34회

4. 이의신청은 기간의 제한 없이 이익이 있는 한 언제나 가능하다.

5. 이의신청에는 집행 정지의 효력이 없다. 제27회, 제28회, 제31회

❹ 이의 신청에 대한 조치

1. 등기관의 조치

① 등기관은 이의가 이유없다고 인정한 때에는 3일 이내에 의견을 첨부하여 사건을 관할지방법원에 송부하여야 한다. 제31회

② 등기관은 이의가 이유있다고 인정한 때에는 상당한 처분을 하여야 한다.

③ 만일 등기완료후일 때에는 그 등기에 이의신청이 있다는 사실을 등기상의 이해관계인에게 통지하고 또 ①의 절차를 하여야 한다.

2. 관할 지방 법원의 조치

① 이의 신청에 대한 재판

  ㉠ 이의신청에 대한 이유가 있으면 등기관에게 상당한 처분(기록명령, 말소명령)을 명하고 그 뜻을 이의신청인과 등기상 이해관계인에게 통지하여야 한다.

  ㉡ 이의신청에 대한 이유가 없으면 기각결정을 하고 그 등본을 등기관과 신청인에게 송달한다.

② 결정 전의 가등기 및 부기등기의 명령

  관할지방법원은 이의에 대하여 결정하기 전에 등기관에게 가등기 또는 이의가 있다는 뜻의 부기등기를 명할 수 있다(등기관의 직권 ×). 제28회

③ 기록명령에 따른 등기를 할 수 없는 경우 제30회

  등기신청의 각하결정에 대한 이의신청에 따라 관할 지방법원이 그 등기의 기록명령을 하였더라도 다음 어느 하나에 해당하는 경우에는 그 기록명령에 따른 등기를 할 수 없다.

  ㉠ 권리이전등기의 기록명령이 있었으나, 그 기록명령에 따른 등기 전에 제3자 명의로 권리이전등기가 되어 있는 경우

  ㉡ 지상권, 지역권, 전세권 또는 임차권의 설정등기의 기록명령이 있었으나, 그 기록명령에 따른 등기 전에 동일한 부분에 지상권, 전세권 또는 임차권의 설정등기가 되어 있는 경우

  ㉢ 말소등기의 기록명령이 있었으나 그 기록명령에 따른 등기 전에 등기상 이해관계인이 발생한 경우

  ㉣ 등기관이 기록명령에 따른 등기를 하기 위하여 신청인에게 첨부정보를 다시 등기소에 제공할 것을 명령하였으나 신청인이 이에 응하지 아니한 경우

3. 관할 법원의 결정에 대한 불복

① 비송사건절차법에 의하여 기각결정에 대하여 항고, 재항고할 수 있다.

② 인용결정(이유인정)에 대하여는 등기관은 항고할 수 없다.

3 대표 기출문제

제31회 출제

01 등기관의 결정 또는 처분에 대한 이의에 관한 설명으로 틀린 것을 모두 고른 것은?

> ㄱ. 이의에는 집행정시의 효력이 있다.
> ㄴ. 이의신청자는 새로운 사실을 근거로 이의신청을 할 수 있다.
> ㄷ. 등기관의 결정에 이의가 있는 자는 관할 지방법원에 이의신청을 할 수 있다.
> ㄹ. 등기관은 이의가 이유없다고 인정하면 이의신청일로부터 3일 이내에 의견을 붙여 이의신청서를 이의신청자에게 보내야 한다.

① ㄱ, ㄷ   ② ㄴ, ㄹ   ③ ㄱ, ㄴ, ㄹ
④ ㄱ, ㄷ, ㄹ   ⑤ ㄴ, ㄷ, ㄹ

해설

ㄱ. 이의에는 집행정지의 효력이 없다.
ㄴ. 이의신청자는 새로운 사실을 근거로 이의신청을 할 수 없다.
ㄹ. 등기관은 이의가 이유 없다고 인정하면 이의신청일부터 3일 이내에 의견을 붙여 이의신청서를 관할 지방법원에 보내야 한다.

정답 ③

4 출제 예상문제

01 부동산등기법령상 등기관의 처분에 대한 이의절차에 관한 설명으로 틀린 것은?

① 등기신청의 각하결정에 대한 이의신청은 등기관의 각하결정이 부당하다는 사유로 족하다.

② 새로운 사실이나 새로운 증거방법을 근거로 이의신청을 할 수 있다.

③ 관할 지방법원은 이의신청에 대하여 결정하기 전에 등기관에게 이의가 있다는 뜻의 부기등기를 명령할 수 있다.

④ 이의에는 집행정지의 효력이 없다.

⑤ 이의에 대한 결정의 통지는 결정서 등본에 의하여 한다.

해설 ✦ 새로운 사실이나 새로운 증거방법을 근거로 이의신청을 할 수 없다.

정답 ✦ ②

02 등기관의 결정 및 처분에 대한 이의에 관한 다음 설명 중 가장 옳지 않은 것은? (다툼이 있는 경우 등기예규·선례에 의함)

① 저당권설정자는 저당권의 양수인과 양도인 사이의 저당권이전의 부기등기에 대하여 이의신청을 할 수 없다.

② 상속인이 아닌 자는 상속등기가 위법하다 하여 이의신청을 할 수는 없다.

③ 등기관의 결정 또는 처분시에 주장되거나 제출되지 아니한 새로운 사실이나 증거방법으로써 이의사유를 삼을 수는 없다.

④ 각하결정에 대한 이의신청은 결정을 송달받은 때로부터 10일 이내에 하여야 한다.

⑤ 채권자대위에 의하여 경료 된 등기가 채무자의 신청에 의하여 말소된 경우 채권자는 이의신청을 할 수 있다.

해설 ✦ ④ 이의신청은 이의의 이익이 있는 한 언제라도 이의신청이 가능하다.

정답 ✦ ④